古典文獻研究輯刊

三四編

潘美月・杜潔祥 主編

第 37 冊

上海博物館藏戰國楚竹書（七）研究（下）

蔡樹才 著

國家圖書館出版品預行編目資料

上海博物館藏戰國楚竹書（七）研究（下）／蔡樹才 著 -- 初
版 -- 新北市：花木蘭文化事業有限公司，2022〔民111〕
目 2+182 面；19×26 公分
（古典文獻研究輯刊 三四編；第 37 冊）
ISBN 978-986-518-892-4（精裝）
1.CST：簡牘文字 2.CST：研究考訂
011.08　　　　　　　　　　　　　　　　　　　11002268

ISBN-978-986-518-892-4

9 789865 188924

古典文獻研究輯刊
三四編　第三七冊　　　　　　　ISBN：978-986-518-892-4

上海博物館藏戰國楚竹書（七）研究（下）

作　　者　蔡樹才
主　　編　潘美月、杜潔祥
總 編 輯　杜潔祥
副總編輯　楊嘉樂
編輯主任　許郁翎
編　　輯　張雅淋、潘玟靜、劉子瑄　美術編輯　陳逸婷
出　　版　花木蘭文化事業有限公司
發 行 人　高小娟
聯絡地址　235 新北市中和區中安街七二號十三樓
　　　　　電話：02-2923-1455 ／傳真：02-2923-1452
網　　址　http://www.huamulan.tw 信箱 service@huamulans.com
印　　刷　普羅文化出版廣告事業
初　　版　2022 年 3 月
定　　價　三四編 51 冊（精裝）台幣 130,000 元

上海博物館藏戰國楚竹書（七）研究（下）

蔡樹才 著

目

次

第四節 《凡物流形》篇章結構與學術體例

　　整理者曹錦炎先生提出：「《凡物流形》是一篇有層次，有結構的長詩，體裁、性質與之最為相似，幾乎可以稱之為姊妹篇的，當屬我國古代偉大詩人屈原的不朽之作——《楚辭‧天問》」，「清代學者王夫之指出，『《天問》篇內事雖雜舉，而自天地山川，次及人事；追述往古，終之以楚先，未嘗無次序存焉。』用王夫之的『自天地山川，次及人事』來概括楚竹書《凡物流形》篇，也是十分妥帖的。從文章體裁，與《天問》內容的參照，以及文字的地域特色等，我們將《凡物流形》篇歸入楚辭類作品。」〔註24〕竹書《凡物流形》和《天問》確實存在非常相似的地方，最明顯的表現乃是二者都對天地萬物來源、萬物人事為何會如此這般提出了一系列的疑問，一氣呵成發問數十百個，「天地之大，有非恒情所可測者，設難以問之」（戴震《屈原賦注》）。但《天問》有問無答，而從內容和形式兩方面來說，《凡物流形》都可以自然地分出兩個大的部分。只不過曹錦炎先生認為全篇可以分為九章，每一章都以「問之曰」（或省為「問」、「曰」）開頭，前四章為第一部分，主要是涉及自然規律，後五章為第二部分，主要是圍繞人事的。認為「全篇有問無答，層次清晰，結構嚴密，步步深入，中心突出。這種採用問而不答的啟迪語氣，更加促使人們對真理的不斷求索」〔註25〕雖然沒有明確指出前後兩個部分到底有何關係，但整理者無疑還是把握到其中存在的某種內在思想聯繫的，也因此，曹錦炎先生把它們作為了一個有機整體而定為一篇文獻。

　　上半部分，即甲本第1簡到第14簡前半，屬於「問而未見其答」的前半篇，類似於《天問》，對天地萬物的生成、來源，人類鬼神的生死以及社會的種種現狀為什麼會呈現出如此這般的情態提出疑問，各章押韻明顯；而下半部分，即甲本第14簡後半句以下，不再發問，而是重點闡述「守一」或「執一」、「察道」對於認識萬事萬物甚至「先知四海」的作用，句式比較接近戰國時代諸子論述性散文，雖偶有韻文但並不規律。

　　這樣，就存在另一種意見。淺野裕一先生認為，竹書應該分為沒有什

〔註24〕馬承源主編：《上海博物館藏戰國楚竹書（七）》，上海古籍出版社2008年，第222頁。

〔註25〕馬承源主編：《上海博物館藏戰國楚竹書（七）》，上海古籍出版社2008年，第222頁。

麼內在聯繫的完全不同的兩個文獻。前面的部分與《楚辭·天問》基本相同，為採取「有問無答」形式的楚賦，可以暫且命名為《問物》。不過相比於《天問》的一百七十四個發問，此處只代表性地收錄了四十三個疑問。後面的部分是採取敘述形式的道家系統文獻，各章節以「聞之曰」的形式開始，與上博簡《從政》篇相同，屬於記言性質，可以暫且名之為《識一》。他認為這兩篇實際並沒有什麼足以合成一篇的緊密內在思想聯繫，實際是兩個文獻。僅僅是由於《問物》的末尾與《識一》的開頭都有與草木、禽獸相關的記述，因此被收錄到了同一個冊子裏，在反覆轉抄的過程中，二者發生了混亂而被連接在了一起。也就是說，淺野裕一先生認為二者之所以會連在一起，只是因為某種偶然性的「誤」置行為〔註26〕。

曹峰先生在《從〈逸周書·周祝解〉看〈凡物流形〉的思想結構》一文中對淺野裕一先生分離為兩個文獻的觀點表示懷疑。認為下半篇的「有一」、「執一」就是對上半篇「草木奚得而生？禽獸奚得而鳴？」的回答，上下兩部分是相對應的有機整體；而《逸周書·周祝解》與之存在結構和思想上的相似性和可比性，通過《逸周書·周祝解》可以更好地理解《凡物流形》的思想結構〔註27〕。在《上博楚簡《凡物流形》的文本結構與思想特徵》一文中，曹峰先生對此再次作了申述，認為後面六章乃是是在對前面三章的發問作出回答，下半部分「是故有一，天下無不有；無一，天下亦無一有。無〔目〕而知名，無耳而聞聲。草木得之以生，禽獸得之以鳴。遠之薄天，邇之施人」是對上半部分「土奚得而平？水奚得而清？草木奚得而生？禽獸奚得而鳴？」等疑問的解答」，就是說只要懂得了「一」的原理，那你就能理解為何「草木得之以生，禽獸得之以鳴」了〔註28〕。

〔註26〕 淺野裕一：《凡物流形結構新解》，簡帛網 2009 年 2 月 2 日；淺野裕一還有一篇題為《〈凡物流形〉的結構》的論文，發表於簡帛網 2009 年 1 月 23 日。《〈凡物流形〉的結構新解》應是對前文的修正，故本文引用時，以後文為準。以上二文只是中文概要，其詳細論述可以參照淺野裕一：《上博楚簡〈凡物流形〉的全體構成》，《中國研究集刊》第 48 號，大阪大學中國學會發行，2009 年 6 月。

〔註27〕 曹峰：《從〈逸周書·周祝解〉看〈凡物流形〉的思想結構》，本文是提交2009 年 6 月 13 日在復旦大學舉辦的「出土文獻與傳世典籍的詮釋——紀念譚樸森先生逝世兩週年國際學術研討會」的論文。本文初稿於 2009 年 3 月 9 日發布於簡帛研究網站。本次發布有大量改動，增加了很多新內容。

〔註28〕 曹峰：《上博楚簡〈凡物流形〉的文本結構與思想特徵》，《清華大學學報》

但對於作為認識論的君「心」、「執一」命題和篇題萬物「流形」問題以及治邦家、天下問題到底有和內在關聯並沒有能夠作出回答，對篇題之「形」、文篇前部數十個關於「物」的來源問題與文篇後部政治哲學問題到底如何聯繫在一起並沒有作出令人信服的解答。客觀地講，籠統地用「道」來解釋《凡物流形》中數十個帶有根本性意義的發問以及作為文篇前半部分同後半部分的內在思想關聯，對於《逸周書・周祝解》一類的文獻或許足夠，但顯然還無法理解《凡物流形》的內在結構和思想內涵。正因為如此，學界只能把《凡物流形》看成是沒有多少原創性的普及性讀物，認為前面的那些提問僅僅是為了「語不驚人誓不休」的類似《天問》的文學效果，提出的問題越誇張、越不可思議，也只是一個和後面的話題沒有太多緊密關聯的引子；也因此只能注意到簡文對《管子》心術思想的某種繼承。

大體而言，《凡物流形》排列出九個「聞之曰」，借助前人之言或經典之言，加上後人的一些體會，通過對「道」、「一」、「心」的論述，試圖對世間萬物的存在原理作出解答。部分學者認為《凡物流形》可以分作上下兩篇，上篇為前三章，重在提問，下篇為前六章，重在回答，上下兩篇應是一個合諧的整體。

《凡物流形》的文本結構其實非常清晰。文內總共有八個「聞之曰」，另外還有一個「聞（問）」，應該就是「聞（問）之省」。第 28 簡還有一個省略的「曰：……」應該仍屬於回答語句中的總結部分。這樣，不計殘缺簡，全書就是由九個「聞之曰」引領的一部文獻。整理者曹錦炎先生認為「聞」即「聞」字異體字，讀為「問」。「問之曰」云云，即詰問之辭。其依據之一就是《楚辭・天問》以「曰」字起首，前人指出，此「曰」為「問曰」之省。「問曰」即「問之曰」。這種釋讀，與他理解全文均由問句構成有關〔註29〕。復旦大學出土文獻與古文字研究中心研究生讀書會：《〈上博（七）・凡物流形〉重編釋文》〔註30〕僅將第二個「聞之曰」讀為「問之

2010 年第 1 期，77 頁。

〔註29〕馬承源主編：《上海博物館藏戰國楚竹書》（七），上海古籍出版社 2008 年，第 221 頁。

〔註30〕復旦大學出土文獻與古文字研究中心研究生讀書會：《〈上博（七）・凡物流形〉重編釋文》，鄔可晶執筆，復旦大學出土文獻與古文字研究中心網首發，2008 年 12 月 31 日。

曰」。李銳均讀為「聞之曰」，但未說明理由〔註31〕。曹峰先生亦全部讀作
「聞之曰」。仔細分辨可以發現，第一個和第二個「䎜」應該讀為「問」，
屬於直接發問：「聞之曰：民人流形，奚得而生？流形成體，奚失而死？有
得而成，未知左右之請。天地立終立始，天降五度，吾奚衡奚縱？……」「䎜
（問）〈之曰〉：天箸（孰）高與。墬（地）箸（孰）㣪（遠）與（與）。箸
（孰）為天。箸（孰）為墬（地）。箸（孰）為䨫（雷）。」自設問的傾向
很明顯，如此，就不能簡單視為前人或經典中的「問之曰」〔註32〕。

其餘幾個並沒有直接發問，而是引用一些前人或時人所習知的精練言
語。這七個「䎜之曰」應該讀為「聞之曰」。因為如後文詳述的那樣，《凡
物流形》的大部分內容並非原創，而是來自前人或經典，當然可能有些部
分簡文作者作了某種文字詞句的改動。即便讀為「問之曰」，仍可視為前
人或經典中的「問之曰」，因此實質上還是「聞之曰」。

文章起始一章「凡物流形，奚得而成？流形成體，奚得而不死？既成
既生，奚（顧？）而鳴（名）？既本既根，奚後之奚先？陰陽之處，奚得
而固？水火之和，奚得而不危？」和下一章中的部分內容「聞之曰：民人
流形，奚得而生？流形成體，奚失而死？有得而成，未知左右之請。天地
立終立始，天降五度，吾奚衡奚縱？五氣並至，吾奚異奚同？五言在人，
孰為之公？九有出謀，孰為之封？」所討論的問題及行文的方式都極為相
似，故有理由認為起始一章最前面本來也有「聞之曰」，只不過沒有抄寫
而已。因此，《凡物流形》可以說是由九個「聞之曰」所領起構成的結構
分明、線索清楚的文章。

這種結構使我們馬上想到上博楚簡《從政》、《文子》等。《從政》是
一篇記言性質的文章，殘損比較嚴重，但從中至少可以歸納出十三個「聞
之曰」，以這十三個「聞之曰」為形式，《從政》從不同角度論述了為政者
所要注意的事項。有類似文章結構的還有郭店楚簡《緇衣》和郭店楚簡《成
之聞之》。《緇衣》由「子曰」引領了二十三個章節；《成之聞之》也多見
類似的結構，如「君子曰」、「聞之曰」、「昔者君子有言曰」，或者先引某
一段文獻，再加以展開。又如《文子》是平王與老子或老子與文子的一問

〔註31〕 李銳：《〈凡物流形〉釋讀札記》（孔子2000網首發，2008年12月31日。
〔註32〕 曹峰：《上博簡〈凡物流形〉的文本結構與思想特徵》一文如此認為。見《清
　　　　華大學學報》2010年第1期，73頁～82頁。

一答格式,問者語句簡短,答者則相對詳細。還值得注意的是,簡文這些「聞之曰」的後面,往往用「是以」、「是故」作進一步的闡發。《從政》篇殘損嚴重,但這種結構還是可以清楚地看到的。如「聞之曰:善人,善人也。是以得賢士一人……是故君子慎言,而不慎事」。《成之聞之》有「君子曰……是故」、「聞之曰……是以」、「昔者君子有言曰……是故」、「《君奭》曰……是以」這樣的明顯行文形式。

總的來看,這類以「聞之曰」或類似用語起首的簡文,第一,這類文章常缺乏非常明確的論證主旨,往往收集了很多內容相似或相近的格言諺語,因此是一種相對鬆散的結構。第二,「聞之曰」的部分應是在社會上流行並得到一定認可的內容。而用「是故」、「是以」表示的部分有可能是後人進一步的闡發。這樣的著書在先秦文獻中並不少見,《文子》即其典型代表。從先秦學術體制和著述體例來看,這體現了接受老師與前賢影響的弟子對「經」、或其他前賢著作的一個引申、解釋和發揮,簡單說就是「傳」和「解」。從上面的分析來看,《凡物流形》顯然也是這樣一種著作。當然,這也說明一種開放的、學派對立並不森嚴的學術潮流和依託前賢著作不斷作「解」和「傳」的著述體例與學術風氣。

以此進一步對照《凡物流形》的文章結構,我們發現,《凡物流形》前面三個「聞之曰」和後面六個「聞之曰」結構是不一樣的。

前面三個「聞之曰」總體上都是在提問,也沒有類似「是故」的構造。而後面六個「聞之曰」不同,雖有個別地方類似疑問句,但從整體看並不是提問,不像整理者曹錦炎說的那樣「每章均是問句」〔註33〕。第五章以「夫此之謂少成」為界限可以分為上下兩部分,乙本「夫此之謂少成」下有一個非常明顯的符號,應該是提醒讀者此處上下文有別。下文的「曰:百姓之所貴唯君,君之所貴唯心,心之所貴唯一。得而解之,上賓於天,下蟠於淵。坐而思之,謀於千里;起而用之,通於四海」可能是一個總結。

在後面幾個「聞之曰」領起的章節中,還有「是故」這一明顯的著述印記:

1. 聞之曰:察道,坐不下席。端冕箸不與事,先知四海,至聖(聽)千里,達見百里。是古(故)聖人處於其所,邦家之危安存亡,賊

〔註33〕馬承源主編:《上海博物館藏戰國楚竹書》(七),上海古籍出版社 2008 年,第 221 頁。

盜之作，可先知。

2. 聞之曰：至情而知，執知而神，執神而同，〔執同〕而，執而困，執困而復。是故陳為新，人死復為人，水復於天咸，百物不死，如月，出則又入，終則又始，至則又反。

3. 聞之曰：一生兩，兩生三，三生女（四），四成結。是故有一，天下無不有；無一，天下亦無一有。……是故察道，所以修身而治邦家〔註34〕。

4. 聞之曰：能執一，則百物不失；如不能執一，則百物具失。如欲執一，……毋遠求度，於身稽之。……是故一，咀之有味，嗅〔之有臭〕，鼓之有聲，近之可見，……。

前面用「聞之曰」領起，後面用「是故」來引申或作總結，顯然，這是接受了前賢、時賢著作或格言的影響和啟發，然後自己再作闡發和引申性理解。往往既保存了前人或時賢的著作精華，又對之作了自己的獨到理解和發揮。不能說它就純粹是一種普及性的通俗讀本而毫無創造性可言。

與此類似的篇章結構和著述體例亦見於《管子》部分篇章，《凡物流形》也確實吸收了《管子·內業》等篇的部分思想和說法。如「心之所貴唯一。得而解之，上賓於天，下蟠於淵」即見於《管子》的《內業》篇和《心術下》篇，《內業》作「道滿天下，普在民所，民不能知也。一言之解，上察於天，下極於地，蟠滿九州」。《心術下》作「是故聖人一言解之，上察於天，下察於地」。郭沫若主張《心術下》是對《內業》的引申或為其副本〔註35〕。《內業》中不見類似「是故」之類用語，到了《心術》上下篇則大量出現，這表明《心術》屬於經文加解的結構，「是故」所引發之語有時是後人新的闡發。

《凡物流形》第五章中還有「能寡言乎？能一乎？」相似的句子也出現於《管子》的《內業》篇和《心術下》篇。《內業》篇：「搏氣如神，萬

〔註34〕簡 21 和簡 13A 及簡 12B 相編聯，以及在「無」字和「而知名」中補一「目」字，最早由李銳提出，參見李銳：《〈凡物流形〉釋文新編（稿）》，又曹峰：《從〈老子〉的「不見而名」說〈凡物流形〉的一處編聯》，簡帛研究網首發，2009 年 3 月 9 日。

〔註35〕參見郭沫若：《宋鈃尹文遺著考》，收入《郭沫若全集》歷史編第 1 卷，北京：人民出版社，982 年，第 553〜557 頁；陳鼓應也持此觀點，見《管子四篇詮釋》，商務印書館，2009 年，第 169 頁〜170 頁。

物備存。能摶乎？能一乎？能無卜筮而知吉凶乎？能止乎？能已乎？能勿求諸人而得之己乎？思之，思之，又重思之。思之而不通，鬼神將通之。非鬼神之力也，精氣之極也。《心術下》作：「專於意，一於心，耳目端，知遠之近。能專乎？能一乎？能毋卜筮而知凶吉乎？能止乎？能已乎？能毋問於人而自得之於己乎？故曰：思之。思之不得，鬼神教之。非鬼神之力也，其精氣之極也。」

仔細比較可以看出，《內業》和《心術下》語言區別並不大，《心術下》解說上段經文之一明顯，而《凡物流形》顯然吸收了《內業》、《心術下》一類著作作為經典名言。而且《凡物流形》中後六章的「聞之曰」中的不少內容也可以和《內業》篇對讀。

可見，《凡物流形》的確是吸收了早些時候某些思想文獻的部分內容甚至語句。

由大量「聞之曰」或類似套話構成的文章，往往呈現為一種鬆散的結構。但其內容、主題是基本一致的，即使是吸收了來自多方面的經典語句，也是圍繞某個相關的問題或主題展開來的，雖然各章之間可能沒有非常嚴格的邏輯關係，作者也沒有像戰國中後期的莊子、荀子、韓非子等作家那樣嚴密論證，這一點《凡物流形》也和《管子》四篇等很相近。但是，《凡物流形》並不是隨意、漫無目的地收集、堆砌經典語句，而是有一個雖不甚明確但依然存在的論述線索和脈絡。簡文先從諸多事物的生滅變化開始提問、追思，然後嘗試性的作出回答：「十圍之木，其始生如蘖」，即事物的任何變化以及任何事物都有其發展的起點和初始。接著簡文繼續提問，意在說明日月、草木等都應該有其之所以如此的規律。然後才提出聖人有「先知四海」、「至聽千里」的智慧，以及「心如能勝心」、「心之所貴唯一」等內容。

通過以上對比，可以確認「聞之曰」應是早先形成的、已被視為經典的內容，而「是故」以後的內容很有可能是晚起的、甚至是由《凡物流形》的作者所附加、增衍的內容。

因此，我們可以推測，《凡物流形》在著述體例上很可能和《管子·心術下》、《韓非子·解老》等一樣也是對「經」、前賢著作或流行經典格言、諺語、警句的「解」或「傳」；而且，其中也保留了部分「經」的內容。而且，這種對「經」作「解」或「傳」、「經」和「解」在一篇著作中的學術

性格在先秦戰國中後期是一個普遍現象，實際形成了當時學術界的一個著述慣例。

那麼，前面的數十個疑問同後面的那些有關「一」的引證和發揮性文字又有什麼關係？抑或根本就毫無關聯？

第五節　《凡物流形》「物」論與先秦學術思潮

一、《凡物流形》「問物」〔註36〕章釋義

簡文《凡物流形》前半部分以「聞（問）之曰」領起，連續發問，顯然都是一些根本性的哲學問題。數十個問題一氣而下，更能啟發人們對真理的不斷求索。

> 斟（聞之曰：）呂（凡）勿（物）流型（形），系（奚）尋（得）而城（成）。流型（形）城（成）豊（體），系（奚）尋（得）而不死。既城（成）既生，系（奚）募（顧）而鳴（名）。既杲（本）既槿（根），系（奚）遙（後）（1）之系（奚）先。会（陰）邦（陽）之屖（處），系（奚）尋（得）而固。水火之味（和），系（奚）尋（得）而不㞷（危）。

「募」，整理者定為「呱」。此恐不可從，因為從上下句看，這裡應該是以植物為例來說明自然物如此存在的原因，既為植物自然「鳴叫」也無從談起。「募」從廖名春先生釋讀為「顧」更好，即「念」〔註37〕，「鳴」從陳偉先生讀為「名」，《廣雅‧釋詁三》：「鳴，名也。」此指命名、稱謂。郭店楚簡《語叢一》簡2：「有物有名」，可參考。皆與形名之學有關。

這種發問是表示思考的，並不是一種問答。「物」主要是指自然形成的各種物，即簡22所說的「百物」，古代哲學中又稱「萬物」、「品物」、「庶物」。這一段是問自然之物變動不居，顯現出各種變化情態，那麼它們又是如何才得以形成的；形成之後為什麼又不會死；又是怎麼樣獲得那種命名；陰陽相處相調為什麼會形成天地萬物以及這樣穩定的秩序；水和火相對相和，為什麼不會有危險；等等。在這些對根本問題的思考中既涉及到不少

〔註36〕此從淺野裕一先生而將簡書前半發問的部分概括為「問物」。
〔註37〕廖名春：《〈凡物流形〉校讀零札（一）》，清華大學簡帛研究網 2008 年 12 月 31 日。

日常生活經驗，又與形名、《易》之陰陽等往來已有的哲學成果和術語有密切關係。

> 齘（問）之曰：民人流型（形），系（奚）旻（得）而生。（2）流型（形）城（成）豊（體），系（奚）遊（失）而死。又（有）旻（得）而成，未智（知）左右之請。天陞（地）立冬（終）立慈（始），天陞（降）五厄（度），虘（吾）系（奚）（3）奠（衡）系（奚）從（縱）。五既（氣）竝至，虘（吾）系（奚）異系（奚）同。五言才（在）人，箮（孰）為之公。九區出誨（誨），箮（孰）為之佳（封？）。虘（吾）既長而（4）或老，箮（孰）為鈇（侍）奉。魂（鬼）生於人，系（奚）古（故）神翲（盟—明）。骨＝（骨肉）之既杶（靡），亓（其）智（知）愈暲，亓（其）夫（慧）—系（奚）壹（適—敵）。箮（孰）智（知）（5）亓（其）疆（彊）。魂（鬼）生於人，虘（吾）系（奚）古（故）事之。骨＝（骨肉）之既杶（靡），身豊（體）不見，虘（吾）系（奚）自飲（食）之。亓（其）坴（來）亡厄（託）（6）虘（吾）系（奚）岢（時）之窒，祭員系（奚）迚（升）。虘（吾）女（如）之可（何）思歔（餐—飽）。川（順）天之道，虘（吾）系（奚）呂（以）為頁（首）。虘（吾）既旻（得）（7）百眚（姓）之咊（和），虘（吾）系（奚）事之。昭天之翲（明）系（奚）旻（得）。魂（鬼）之神系（奚）飲（飼、食）。先王之智—系（奚）備。

馬王堆帛書《十問》：「爾察天地之請（情）」，故簡書「左右之請」當即「左右之情」〔註38〕。曹峰先生認為這裡是說人類雖然「流行成體」，在形體上「有得而成」，卻不懂得世界萬物的基本原理，於是天地為之立定「終始」，降下「五厄（度）」、「五氣」等，作為人應當遵循的法則〔註39〕。其實人未知的「左右之情」還包括人類自身的各種現象，即人不僅對自然天地法則不能理解，對人類自身存在的各種紛爭等弄不明白，也無法給它立定秩序。天地在先秦哲學中有特別的地位，往往被看成是「百物」的生成

〔註38〕鄔可晶先生通過馬王堆漢墓帛書《十問》的用例來解釋「未知左右之請」當讀為「未知左右之情」。見復旦研究生讀書會《上博（七）·凡物流形》重編釋文》一文討論區。

〔註39〕曹峰：《〈凡物流形〉中的「左右之情」》，簡帛研究網 2009 年 1 月 4 日。

根源，但又在「道」之下。《凡物流形》認為「天地立終立始」、「天降五度」即是肯定天地對於萬物的特殊意義。有時「天」又和「道」一起組成「天道」，即「道」，則「天地」和「道」對於萬物來說有著相同的本源意義。如《凡物流形》下文提出「順天之道」。

「厇」，通「度」，五度，見《鶡冠子・天權》：「五度既正，無事不舉。」未知具體何指。吳國源先生認為「五度」應是五種系統配套的測度標準、方法或工具，或引申為五種治國的法度〔註40〕。「五氣」，一般認為即五行之氣，或五方之氣。《史記・五帝本紀》：「軒轅乃修德振兵，治五氣，藝五種，撫萬民，度四方。」裴駰《集解》引王肅曰：「五行之氣。」似乎作者接受了萬物由五氣所生成的觀念，從陰陽至五氣、五度，這是一個明顯的分化與增衍過程。當然也不自覺地接受了有關「氣」的理論〔註41〕。

「鬼生於人，奚故神明？」、「骨肉之既靡，其智愈彰」相呼應。人死後是否有知（智），是否承認有鬼神的存在，這是先秦諸子爭論的焦點之一。顯然《凡物流形》是承認這個的。《論衡・訂鬼》：「鬼者，本生於人。時不成人，變化而去。天地之性，本有此化，非道術家所能論辯。」可以參考。《老子》第六十章：「治大國，若烹小鮮，以道蒞天下，其鬼不神。非其鬼不神，其神不傷人。非其神不傷人，聖人亦不傷人。夫兩不相傷，故德交歸焉。」《中庸・鬼神之為德》：子曰：「鬼神之為德，其盛矣乎！視之而弗見，聽之而弗聞，體物而不可遺。使天下之人齊明盛服，以承祭祀。洋洋乎！如在其上，如在其左右。詩曰：』神之格思，不可度思！矧可射思！』夫微之顯，誠之不可揜如此夫。」《墨子・明鬼》：「子墨子言曰：『是以天下亂。此其故何以然也？則皆以疑惑鬼神之有與無之別，不明乎鬼神之能賞賢而罰暴也。今若使天下之人，偕若信鬼神之能賞賢而罰暴也，則夫天下豈亂哉！』……子墨子曰：『古之今之為鬼，非他也，有天鬼，亦有山水鬼神者，亦有人死而為鬼者。』」而上博簡五《鬼神之明》曰：「今夫鬼神又（有）所明，又（有）所不明。」與墨子的主張有矛盾。《周易・繫辭上》：「神而明之，存乎其人」正與此同。「神」，在此不是一種人格化的超自然力量，《易・繫辭》曰：「一陰一陽之謂道，陰陽不測之

〔註40〕吳國源：《上博七〈凡物流形〉零釋》，清華大學簡帛研究網2009年1月1日。
〔註41〕淺野裕一：《〈凡物流形〉的結構》，簡帛網2009年1月23日。

謂神。」《素問・天元紀大論》曰：「物生謂之化，物極謂之變，陰陽不測謂之神，神用無方謂之聖」。先秦人大體還是承認有鬼神存在的，但同時對「神」的理解已經逐步理性化，往往又用「神」來表示一種常人和邏輯無法解釋的智慧和洞明。而且，一般也都把鬼神視為與人差不多、「生於人」的生命存在，同樣是在自然之「道」的法則範圍內的。

上面問一般的天然之物，接著又問人是如何生成的；人形成之後，為什麼卻會死。接下來又問與人的存在和社會密切相關的天地社會秩序。如天下各種說法，包括學說，到底哪個是公正的呢等等。然後問與鬼神相關的存在機理，最後問如何「敬天之明」，「順天之道」又以哪個為首要？

很明顯，《凡物流形》在論物時，先綜論不分彼此的天地萬物的全部，進一步思考下去又區分出彼此二元，如「陰陽（之屠）」和「水火（之和）」、「先後」、「終始」、「縱衡」、「異同」等。這種「物」論，從語言邏輯上講，用一種人們在自然中所習用、習見的二元語言習慣和邏輯來提問、設問，顯然與《老子》、《易傳》等所提示的二元論有一定聯繫。而下文的「五度」、「五氣」、「五言」之說則可能和五行相關。那麼，不管是陰陽二元還是五行，這種「物」論哲學，最終都要從「五」、「二」追問到「一」，這是語言與數理邏輯本身的必然結果，「天道」這個先秦哲學的共同根基已經出現了。

> 聞之曰：「進（升）高從埤，至遠從邇。十圍之木，其句（始）生如蘖（蘖）。足將至千里，必從寸句（始）。日之有（9）耳（珥），牀（將）可（何）聖（聽）。月之又（有）軍（暈），牀（將）可（何）正（征）。水之東流，牀（將）可（何）浧（盈）。日之句（始）出，可（何）古（故）大而不嚣（燿）。亓（其）人（入）（10）审（中），系（奚）古（故）少（小）雁（焉）暲敔？

《書・太甲》：「若升高，必自下；若陟遐，必自邇。」《禮記・中庸》：「辟如行遠必自邇，辟如登高必自卑。」《老子》：「合抱之木，生於毫末；九層之臺，起於累土；千里之行，始於足下。」皆與簡文「水之東流」前面的內容相近。老子這段話的是希望人注意觀察事物發展變化的徵兆，注意事物發展變化的最微細與最原初發生瞬間和契機。《老子》第六十三章同樣表達了此意，「圖難於其易，為大於其細。天下難事，必作於易。天下大事，必作於細。是以聖人終不為大，故能成其大」《荀子・勸學》：「是

故不積跬步，無以致千里；不積小流，無以成江海。」《大戴禮記・勸學》：「是故不積跬步，無以致千里。」《說苑・正諫》：「夫十圍之木，始生於蘖。」《漢書・賈鄒枚路傳》記枚乘諫吳王書曰：「夫十圍之木，始生於蘖。」張衡《東京賦》：「尋木起於蘖栽。」皆可參考。

　　起首的那幾句話並不是問，而是在講萬事萬物都是從微末開始生長、發展起來的。這與上面的那些提問又有什麼關聯呢？顯然這是緊接著上下文的這些問題而來的，其實可能就是簡文作者對前面那些「聞之曰」中問句的一個初步回答。這句話是說百物的生變都有一個起始的過程，而起始時任何事物都是微小的，如果我們善於發現、捕捉這些「微小」的「形」，那麼我們就能掌握到事物生長變化的過程及其規律。自然，上面所提到的物是如何生長出來的之類的問題也就能夠解答了。簡書認為要把握事物的規律、特性等就必須理解事物發展變化的過程，過程中蘊含著一切，特別是事物初生的那一段時間更是理解和掌握某一事物的關鍵。這幾句話不是一般的格言、諺語，其特別之處就在於它是作為一種哲學理論來論述的，它提示，事物是變動不居的，要在變動不已的世界裏把握事物的「形」進而把握事物本身，我們就必須從事物的運動變化過程本身著手，而不是靜態地分析和實體化地給事物定性。而要捕捉事物的「形」，就必須從事物的初生、起始處用力，善於「見小」。這幾句話在簡書的上半部分的「物」、「形」之問和下半部分的「一」、「道」之間起到一個關鍵性的銜接作用。

　　整理者將「日耳」、「月軍」分別讀為「日珥」、「月暈」，讀「聖」為「聽」，「正」為「征」，根據古代占星術，指出日珥與人事、月暈和人間征伐有關〔註42〕。廖名春認為，「聖」當讀為「聲」，意思是言、說明；「正」當讀為「證」，意思是證明、象徵，認為這兩句話是問太陽有日珥、月亮有月暈，其說明和象徵的是什麼〔註43〕。宋華強認為「軍」當讀為「輪」；「正」讀為「征」，意思是「行進」。「月之有輪，將何征」說的是月有輪，將要去往何方〔註44〕。凡國棟贊成原整理者意見，因為馬王堆帛書《日月風雨雲氣占》中的「日珥」之「珥」和「月暈」之「暈」，都分別寫作「耳」

〔註42〕馬承源主編：《上海博物館藏戰國楚竹書》（七），上海古籍出版社 2008 年，第 221 頁。

〔註43〕廖名春：《〈凡物流形〉校讀零札（一）》，清華大學簡帛研究網 2008 年 12 月 31 日。

〔註44〕宋華強：《上博七〈凡物流形〉札記四則》，簡帛網 2009 年 1 月 2 日。

和「軍」，並補充作了解釋。「日珥」和「月暈」，是日食和月食時，日月周邊出現的狀況和現象〔註45〕。

簡文在此對幾種天文、地理現象發問：「日之有（9）耳（珥），牉（將）可（何）聖（聽）。月之又（有）軍（暈），牉（將）可（何）正（征）。水之東流，牉（將）可（何）涅（盈）。」這是無法回答的。一種意見認為簡文這是借用自然現象來對人事道理進行引申發問〔註46〕，認為日月變化與人間政治有某種關聯，但沒能很好地解釋與上下文的關係。王中江先生認為，「兩句的大意是，日食出現日珥，人將（從中）得到什麼啟示；月食出現月暈，人將（從中）得到什麼諫爭。這兩句話反映了天人感應的意識。」〔註47〕綜合來看，廖名春、王中江二先生的意見可能更合乎簡文篇意，如整理者、宋華強等先生那樣對天人感應的理解不免有些僵化。受廖、王二先生啟發，我們認為這裡存在兩種理解可能：一，其實《凡物流形》的作者其實是認為日月的徵兆會預示人間大的行動，水向東流會盈滿大海，以此來說明事情的發展總是由小到大，並會顯現出一定的徵兆的，即簡文的目的是要說明通過已然把握未然、有形把握無形，以毫末見於巨大、初萌見於成熟、過去見於未來的深刻道理。二，此處與下一句問「日」大小、亮熱的關係一樣，與人事沒有什麼關係，只是兩個人們都不能作答的自然科學問題，作者在此是要闡明，這些自然現象雖然無法直接解答，但肯定預示著什麼天地之象，必有其規律可循，如果經常留意，就可加以掌握。至於後一句問太陽為何始出大而不亮，至中午雖小反而更亮，可與《列子‧湯問》「兩小兒辯日」對讀。但《凡物流形》沒有僅僅停留在這種疑問或科學式的好奇當中，而是借這個連聖人都無法回答的問題來說明，事物發展變化有其一定的規律，如果我們善於見「小」、識「始」，把握事物顯現出來的某些徵兆、「形」，這個規律是可以掌握的。上述兩種理解可能都可以同上下文相銜接。

　　馤（問）（之曰）：天篙（孰）高與，陛（地）篙（孰）後（遠）與（與）。篙（孰）為天，篙（孰）為陛（地）。篙（孰）為靁（雷）

〔註45〕凡國棟：《也說〈凡物流形〉之月之有暈》，簡帛網 2009 年 1 月 3 日。

〔註46〕吳國源：《上博七〈凡物流形〉零釋》，清華大學簡帛研究網 2009 年 1 月 1 日。

〔註47〕王中江：《〈凡物流形〉的宇宙觀、自然觀和政治哲學》，《哲學研究》2009 年第 6 期，52 頁。

神，篙（孰）為啻（帝？霆？）。土系（奚）昪（得）而坪（平），
水系（奚）昪（得）而清。卉（草）木系（奚）昪（得）而生，（12A）
含（禽）獸系（奚）昪（得）而鳴。（13B）夫雨之至，篙（孰）雺
漆之，夫舀（風）之至，篙（孰）颮（披）飄而迸（屏）之。

起首一個「問」字，則簡文前半篇的提問也可能是設想師生之間的對
答，前面的那些問題設想為學生的提問，而「升高從卑，至遠從邇」等句
可能是老師的簡要回答。這裡是問各種自然現象是怎樣造成的，為何會有
這些自然現象。

二、作為一種社會思潮的「問物」

值得注意的是，這種對於世界本源性追問和好奇在先秦並不是一個偶
然現象。

如馬王堆漢墓帛書《十問》：「黃帝問於天師曰：『萬勿（物）何得而
行？草木何得而長？日月何得而明？』天師曰：『璽（爾）察天地之請（情），
陰陽為正，萬勿（物）失之而不繼，得之而贏。……』」和《凡物流形》簡
文「聞之曰：民人流型（形），系（奚）得而生？【2】流型（形）城（成）
豊（體），系（奚）遊（失）而死？又（有）得而城（成），未智（知）左右
之請（情）？」非常相像。

《十問》與《凡物流形》相似而有關聯的語句還有：

> 黃帝問於容成曰：「民始賦淳流形，何得而生？流形成體，何
> 失而死？何世之人也，有惡有好，有天有壽？欲聞民氣贏屈、弛
> 張之故。」容成答曰：「君若欲壽，則順察天地之道。天氣月盡、
> 月盈，故能長生。地氣歲有寒暑，險易相取，故地久而不腐。」

> 黃帝問於曹熬曰：「民何失而死？何得而生？」曹熬答曰：「□
> □□□□取其精，待彼合氣，而微動其形。能動其形，以致五聲，
> 乃入其精。虛者可使充盈，壯者可使久榮，老者可使長。」〔註48〕

可見，這種對萬物如何生成、變化等自然和社會現象進行思考已經是
許多智者所關心的問題了。其中「民始賦淳流形，何得而生？流形成體，
何失而死？」句與《凡物流形》「民人流形，奚得而生？流形成體，奚失而

〔註48〕陳惠玲最早揭示這兩條材料，參見陳惠玲：《〈凡物流形〉簡3「左右之請」
考補釋》，復旦出土文獻與古文字研究中心網 2009 年 4 月 22 日。

死？」也非常接近，可能《凡物流形》正是在前者的基礎上改寫而成，那麼《凡物流形》「聞（或問）之曰」所「聞（或問）」的部分內容可能就是來源於黃老帛書。不過，馬王堆帛書《十問》主要圍繞人的生死、夭壽提出並回答了這些問題，是說如果不能詳察「天地之情」、「陰陽之正」，不能順應「天地之道」、不能把握「天氣」、「地氣」以及「陰陽」之「合氣」，那麼人就無法強生長壽。雖然結構相似，但論述的主旨和《凡物流形》不同。另一個區別是，帛書的回答是「精」、「精氣」，這一點和《管子》相同，如《管子‧內業》篇：「凡物之精，此則為生。下生五穀，上為列星，流於天地之間，謂之鬼神。藏於胸中，謂之聖人。」也認為有了「精氣」五穀、列星等才能生成。《呂氏春秋‧盡數》：「精氣之集也，必有入也。集於羽鳥，與為飛揚。集於走獸，與為流行。集於珠玉，與為精朗。集於樹木，與為茂長。集於聖人，與為夐明。」認為鳥之能飛、玉之精朗的原因就是因為有精氣，或者說飛鳥之為飛鳥、聖人之為聖人的原因就是因為有精氣。但從後文來看，簡書《凡物流形》似乎故意不採納這種回答。

　　這種對天地萬物乃至宇宙充滿好奇而不斷追問的現象在《逸周書‧周祝解》也有記載〔註49〕：

　　　　故惡姑幽？惡姑明？惡姑陰陽？惡姑短長？惡姑剛柔？故海之大也，而魚何為可得？山之深也，虎豹貔貅何為可服？人智之遷也，奚為可測？跂動噭息而奚為可牧？玉石之堅也，奚可刻？陰陽之號也孰使之？牝牡之合也孰交之？君子不察福不來。

　　前面幾句問為什麼有暗有明？哪裏陰又哪裏陽？等等。明暗、陰陽、短長、剛柔等兩兩相對的術語，和人們對世界的基本法則和對這種法則的思考與描述直接相關。而《凡物流形》在總問了萬物「流形」，「奚得而成」之後，也用了死生、後先、陰陽、水火、天地、終始等二元術語來發問，其實也是人們思考的結果，只是人們對這種二元的描述不滿意而已。《逸周書‧周祝解》下文中還提出了諸如海那麼大，為什麼魚還能夠抓得到？雌雄的結合是誰讓它們交配的？之類的問題，也與《凡物流形》近似。《逸周

〔註49〕曹峰：《從〈逸周書‧周祝解〉看〈凡物流形〉的思想結構》，本文發布日期為 2010 年 2 月 16 日。本文初稿曾發表於簡帛研究網（2009 年 03 月 09日），現作了大量修改，增加了不少新的內容。又曹峰：《上博楚簡〈凡物流形〉的文本結構與思想特徵》，《清華大學學報》2010 年第 1 期，73 頁～82 頁。

書‧周祝解》總結說「君子不察福不來」，就是要察天地萬物的生變、運行過程和規律，這與《凡物流形》也是接近的。

《逸周書‧周祝解》在以十二個問句領起之後，要闡述的中心意旨是「不聞道，恐為身災」。《逸周書‧周祝解》是用「道」來概稱上述天地萬物之所以如此存在、生成、成長、變化和消亡的過程與規律，認為如果不能瞭解、認識和真正掌握這種「道」，就難以做到避禍趨福，避凶趨吉，即「不知道者福為禍」、「不知道者以福亡」。《逸周書‧周祝解》認為天地萬物的存在和變化是有規律可循的，「日之中也仄，月之望也食」，如果能把握這些「常」和「道」，自然治國、養生都可以無害：「善用道者終無盡」、「善用道者終無害」、「善用道者終不竭」，甚至可以「君」臨天下萬物：「維彼大道，成而弗改。用彼大道，知其極。加諸事則萬物服，用其則必有群，加諸物則為之君，舉其修則有理，加諸物則為天子。」《逸周書‧周祝解》反覆申述「執道」、「知道」、「用道」的對於個人特別是「治邦」、理天下的重要性，這一點《凡物流形》在後半部分也是贊同的。所以，從論述的思路和邏輯來看，《逸周書‧周祝解》與《凡物流形》都是先對天地萬物等事物的生滅變化的過程及其原因提出疑問和思索，引起人們的注意，然後再給出一個答案，那就是要「執道」、「知道」，並且都從個人存在到治國為君兩方面一起論述。這樣看，《凡物流形》是有其淵源的，其所謂的「聞之曰」也有了相應的根據。

三、《凡物流形》以「形」論「物」淵源初議

不過需要特別提出的是，簡書《凡物流形》不是從「問」直接過渡到作為解答的「道」——「知道」、「用道」，而是把這個論述的內在邏輯解釋得更為細密。首先，《凡物流形》在天地萬物本身和其所顯現出來的「形」之間做了區分，所以雖然簡文關乎萬物的「生成」、「起源」問題，但透過「形」這個術語就表明，《凡物流形》和《逸周書‧周祝解》等先秦中國哲學所思考的這些根本性問題並不是如西方形而上學和神學那樣追蹤質料性的「物」是如何最終被突然創造、創生的，而是希望探明自然而然、不可言說最終也必然說之不盡的「物」是如何顯現、開顯的，物在向世界澄明的過程中又表現出了什麼樣的生滅規律？簡文認為，可感、質料性的事物通過「形」向我們敞亮出來，我們也是通過「形」來認識、掌握這些

「物」。其次，《凡物流形》認為，要把握通過事物之「形」來把握事物，或者說事物通過其生變之「形」顯現自身的關鍵是其存在過程中的「起始」，所以，事物的方生方死之時、還處於毫末的階段對於我們特別重要，培養一種見微知著、「見小」的洞察力和「慎始而敬終」的態度就很有必要。《管子·水地》：「生而目視耳聽心慮；目之所以視，非特山陵之見也，察於荒忽。耳之所聽，非特雷鼓之聞也，察於淑湫。心之所慮，非特知於粗粗也，察於微眇。故修要之精。」即認為人應該努力察於微眇，即「始」、「小」。《逸周書》：「允德以慎，慎微以始而敬終，終乃不困。」《左傳·襄公二十五年》：「書曰，慎始而敬終，終以不困。」賈誼《新書·胎教》：「故君子慎始。」《戰國策·秦策五》：「故先王之所重者，唯始與終。」《老子》六十四章：「為之於未有，治之於未亂。合抱之木，生於毫末；九層之臺，起於累土；千里之行，始於足下。……民之從事，常於幾成而敗之，慎終如始，則無敗事。」而楚簡甲本作：「臨事之紀，慎終如始，此亡敗事矣。」都是強調要善於把握一個事物發生的起始和前一個事物消亡的最後時刻。《莊子·田子方》引老耼曰：「吾遊心於物之初。」《管子·幼官》：「聽於鈔，故能聞未極；視於新，故能見未形；思於濬，故能知未始。」注意事物新生和微妙之時，就能知道其還沒有出現時的情形。《經法·論約》：「故執道者之觀於天下也，必審觀事之所始起，審其刑名……乃定禍福死生存亡之所在。」是說循「道」以觀天下的人，必定是注意事物形成的最開始階段，仔細思考、瞭解其顯現的形跡和名號，就能知道禍福、死生、存亡等發生的原因和情況，也是要求重視事物之「始起」。

今本《文子·道德》第一章：「夫道者，原產有始，始於柔弱，成於剛強，始於短寡，成於眾長，十圍之木，始於把，百仞之臺，始於下，此天之道也。」簡本《文子》第 0581、2331 與 1178 簡有殘文對應。道產於有始，並不是說「道」由「有始」所生，而是將道的作用放在一個具體事物的有始有終的生變基礎之上，即自然中的萬物生、長、死亡的循環過程就是其表現。把「道」同「始」、「柔弱」、「短寡」這樣的初生與微小聯繫起來，也就是說「道」作為「無」要通過萬物的生變體現出來，特別的是在事物生變的「始」和「微」階段；認為任何規律、事物的都是從從柔弱、短寡開始的。這樣，《文子》的「道」就不再僅僅是一個宇宙發生論上的「始」和「太極」、「太一」，或者萬事萬物的元根。

　　因為「道」屬於無形，故能洞察幾於「無」的「始」和「微」也就快接近「道」了。老子和道家之所以特別重視「始」和「微」，就是因為它們對於把握和認識事物與「道」有特別關鍵的意義。這也是簡書中在提出「執一」和「察道」之前特別指出「迲（升）高從埤，至遠從邇。十圍之木，其𢀳（始）生如蘖（蘖）。足將至千里，必從寸𢀳（始）」這一段簡文的內在原因，也可以見得《凡物流形》的《問物》和《執一》兩部分之間不是一個獨立的鬆散結構或隨意拼湊，而是有其內部邏輯關係的論著整體。為什麼「始」和「微」對於把握和認識事物以及「道」有重要作用呢，難道僅僅是因為接近於「道」嗎？其實不然。物理上的「始」和「微」是抓不到的，如宇宙的起源、宇宙之始是不可能知道的，事物也不可能有一個標誌性的起始瞬間，真正有意義的「始」和「微」乃是對事物在同我們的意向性關聯中突然敞亮和最初開顯的描述；而事物從我們完全無視、不知的黑暗中向我們顯現出來，哪怕這一最初的顯現還不夠明晰，哪怕我們對它的更多細節一無所知，但我們已經完成了同它的第一次完整照面和命名。而我們給予事物一個最初的「名」，就說明該事物同我們有了第一次的境遇性照面，這時其實事物也對於我們顯現了它的「微小」與「毫末」之形。所以，事物生變的「始」和「微」同我們對它的原初「命名」有極大關係。物以及物之間的關係，包括我們通常所說的「事」和規律等，其本身不會同作為精神性存在的我們直接發生關聯，也就是說，物和事本身對於我們的意向性沒有意義，物質性的「物」及其相互關係，和「道」一樣，是我們的精神永遠到不了的「無」，它們要通過「形」、「名」才會向我們敞開與澄明，而「形」、「名」也是我們認識事物、把握事物甚至君臨萬物的中間性環節。將「形」和「名」以及「道」聯繫起來這又是形名之學對於老子這一哲學的發展和推進了。

　　將萬物生成、流變的疑問和思索同「形」與「名」結合起來早有淵源。《黃帝四經·道法》云：

　　　　　見知之道，唯虛無有。虛無有，秋毫成之，必有刑（形）名。刑（形）名立，則黑白之分已。故執道者之觀於天下也，無執也、無處也、無為也、無私也。是故天下有事，無不自為刑（形）名聲號矣。刑（形）名已立，聲號已建，則無所逃跡匿正矣。

　　就是說，「道」虛、無，故無形，但哪怕是秋毫那麼小的物一旦生成，

就一定會顯現出相應的「形」，而物既然向我們顯現出了它的「形」，自然會有一個「名」，「形」和「名」是自然相應的。「形」、「名」既立，則也就有了黑白之類的劃分。但天下萬物其「形」其「名」各不相同，千差萬別，所以循「道」而觀天下的人，無執、無處、無為、無私。這樣，只要天下有事，天下任何事，都可以自然而然地獲得其名號，也就是說因為從不以任何一個有限性來觀察、處理事物，所以面對任何新情況都不會感到措手不及，自然就會有相應的名號、秩序出現和建立。也就是讓天下萬物「自為刑（形）名聲號」。循此「道」，則任何形名都可立、任何聲號都可建，那麼，天下萬物，過往的和未來的，都會向我們澄明開來，也都能夠應付過來。正是提倡以無為、無限之「道」為根本指導，以「形」、「名」之法作為君臨萬物的治世根本大略。

《經法·道法》又認為：「反索之無刑，故知禍福之所從生。」意思就是說，如果能反回去摸索事物還未萌生的情形，就一定能懂得禍福之所以產生、出現的原因和過程。

《經法·論約》云：「故執道者之觀於天下也，必審觀事之所始起，審其刑名……乃定禍福死生存亡之所在。」循「道」以觀天下的人，必定是注意事物形成的最開始階段，仔細思考、瞭解其顯現的形跡和名號，就能知道禍福、死生、存亡等發生的原因和情況。

《道原》：「唯聖人能察無刑，能聽無［聲］。」就是說只有聖人能觀察、懂得事物還沒有成形、還沒有顯現出形跡和聲音時候的狀況。

其他還有《精誠》：「大道無為，無為即無有，無有者不居也，不居者即處而無形，無形者不動，不動者無言，不動者即靜而無聲。無形無聲者，視之不見，聽之不聞，是謂微妙，是謂至神。」《道原》又說：「無形強，有形弱；無形實，有形虛；有形者遂事也，無形者作始也；遂事者成器也，作始者樸也。有形則有聲，無形則無聲；有形產於無形，故無形者，有形之始也。」都從有形無形來談萬物的已生未生，進一步要求掌握「道」。

又如《象傳·乾》：「雲行雨施，品物流形。」《易·繫辭上》：「形而上者謂之道，形而下者謂之器。」「道」無為無形，故為「形」之上，器物屬於已生已形，故為「形而下」，也是談物之「形」，背後都是形名學的影子。

陳松長先生在一篇名為《馬王堆帛書「物則有形」圖初探》的論文中公布了一幅帶有文字的馬王堆漢墓帛圖。這幅帛圖分三層布局，文字是從

圓心開始向外旋轉書寫，其形狀與帛書《天文氣象雜占》中所繪日暈、月暈之類的雲氣圖有些類似，具有明顯的圖式意味。

馬王堆帛書「物則有形」圖圓圈內殘存文字：

物則有形，物則有名，物則有言，言有（不言），……明……

以智（知）……歸〔註50〕。

這也是說，「物」要通過「形」、「名」、「言」同我們的認知和精神發生關係。陳先生認為帛圖最中間的文字和「道」有關，第二層的文字和「言」有關，最外層的文字則和「形名」有關。通過與出土文獻《恒先》、《黃帝四經》相對比，「陳文」在最後總結說：這件殘存的帛圖就是借助數術家的六壬式盤所隱含的天地關係，用簡明的語言來闡述形名學說基本內容的一幅圖，它應該是附屬於帛書《黃帝書》的一幅直觀性的簡明圖譜〔註51〕。「物則有形」圖確實與《黃帝書》有密切關聯，但也與道家「心術」理論脫不開干係，它是用語言闡述形名學內容的圖，而道家「心術」與形名學的結合正是本圖文字所要闡述的，也是《黃帝書》所發揮出來的一個重要思想。「物則有形」圖有「物則有形，物則有名，物則有言」，《心術上》「物固有形、形固有名」與此相近。「道」、「天之道」無形，而「物」則有形，要建名號、君萬物，即通過「言」、「名」去把握外物，就必須得萬物之「形」，而要把握物之「形」，就必須遵循並運用無形之「道」，即掌握虛無靜因之心術，否則即使能有所得，也無法遍及萬物，這就是《物則有形》圖的主題。

《列子‧天瑞》也說：「《黃帝書》曰：『形動不生形而生影，聲動不生聲而生響，無動不生無而生有。』形，必終者也。……本不久有生則復於不生，有形則復於無形。不生者，非本不生者也；不形者，非本無形者也。」也從有形無形來言說萬物的存在與生變。

當然，到了戰國中期，這樣一種對天地萬物存在與生變根本原因的思考就成了學術界共同感興趣的話題，甚至成為一種思潮與時髦的風尚。因此，《凡物流形》裏的這種種思考實際又是當時某一時代特定思想與學術潮

〔註50〕陳松長：《馬王堆帛書「物則有形」圖初探》，《文物》2006 年第 6 期，82～87 頁。

〔註51〕後來曹峰先生在《馬王堆帛書「物則有形」圖圓圈內文字新解》一文（此文已刊登於張光裕、黃德寬主編《古文字學論稿》（安徽大學出版社，2008 年 4 月）對釋文有改動。

流中的一個表徵。

如《莊子・天運》：

> 「天其運乎？地其處乎？日月其爭於所乎？孰主張是？孰維
> 綱是？孰居無事，推而行是？意者其有機緘而不得已邪？意者其
> 運轉而不能自止邪？雲者為雨乎？雨者為雲乎？孰隆施是？孰居
> 無事，淫樂而勸是？風起北方，一西一東，有上彷徨，孰噓吸是？
> 孰居無事，而披拂是？敢問何故？」

這段話非常類似《凡物流形》部分簡文，也都是疑問句，探問的是天、
地、雲、雨、風形成、運行的緣由，「孰主張是？孰維綱是？孰居無事，推
而行是？」即問「誰在主宰布置？誰在綜理經營？難道是誰在閒處無事中
推動運行？」《天運》後面有很長的回答，概括來說，其主旨就是只有拋棄
有限、外在性的知識、經驗、規範等，真正得無形無限的「道」之後，才
能回答上述問題。其所持道家立場和《凡物流形》後六章極為接近。

《莊子》一書也多以「形」來探討「道」和「萬物」。如《莊子・天地》：
「泰初有無，無有無名。一之所起，有一而未形。物得以生，謂之德。……
留（流）動而生物，物成生理謂之形。形體保神，各有儀則，謂之性。」
《莊子・知北遊》又說：「夫昭昭生於冥冥，有倫生於無形，精神生於道，
形本生於精，而萬物以形相生。」皆以「形」來探討「物」之生、物之
變化的。

《莊子・天下》講到惠施等人的辯題：「南方有倚人曰黃繚，問天地
所以不墜不陷，風雨雷霆之故。惠施不辭而應，不慮而對，遍為萬物說，
說而不休，多而無已，猶以為寡。」《凡物流形》正是面對大致相同的論
題和問題，而給出完全不同於惠施的回答。以《莊子・天下》和《凡物流
形》篇作者的角度來看，惠施是找不到萬物得其形、萬物相互關係和變化
的根本，不能執「一」，駘蕩不返，故只能「逐萬物」、「窮響以聲」、「與
影競走」，勞而無功、勞而無得。

《列子・湯問》記載了兩小兒辯日之事：

> 孔子東遊，見兩小兒辯鬥。問其故。一兒曰：「我以日始出時
> 去人近，而日中時遠也。」一兒曰：「以日初出遠，而日中時近也。」
> 一兒曰：「日初出大如車蓋，及日中則如盤盂，此不為遠者小而近
> 者大乎？」一兒曰：「日初出滄滄涼涼，及其日中如探湯，此不為

近者熱而遠者涼乎？」孔子不能決也。兩小兒笑曰：「孰為汝多知
乎？」

兩小兒辯日，與《凡物流形》「日之訇（始）出，可（何）古（故）大
而不腎（燿）。亓（其）人（入）（10）审（中），糸（奚）古（故）少（小）
雁（焉）暲弢」句完全一致。這裡單個來看是物理學知識，但《凡物流形》
把一系列的相近問題堆在一起，就不再只是個物理性問題了，而是上升到
一些根本性問題的追思了。而兩個小孩都在討論這樣的問題，可見這種論
「物」現象在科學和人文主義精神刺激下在當時已經成為了一種普遍的風
尚了。

《莊子·寓言》：

> 天有曆數，地有人據，吾惡乎求之？莫知其所終，若之何其
> 無命也？莫知其所始，若之何其有命也？有以相應也，若之何其
> 無鬼邪？無以相應也，若之何其有鬼邪？

不知道它的最後結局，怎麼能說它沒有命呢；不瞭解它的開端在哪裏，
怎麼能說它有命運呢。萬物之間如果有相互的聯繫，怎麼能說沒有鬼神在
背後支配呢；萬物如果沒有相互的應和，又怎麼能說有鬼神在背後支配呢。
《寓言》篇景（影）回答說：「搜搜也，奚稍問也！」意思是只管運動就是
了，有什麼好問的。認為沒什麼好苦苦思索的，自然生存就可以了。

《莊子·則陽》曰：「季真之莫為，接予之或使，二家之議，孰正於其
情？孰偏於其理？」（王先謙《漢書補注》引錢大昕曰：「接、捷古字通」，
可見接子即捷子。）陸德明《釋文》曰：「或與莫為對文。莫·無也；或，
有也。」成玄英《疏》云：「季真、接子並齊之賢人，俱遊稷下〔註52〕。莫，
無也；使，為也。季真以無為為道，按子謂道有為，使物之功，各執一家。」
馮友蘭先生曾經解釋：「季真主張『莫為』，就是認為萬物都是自然而然地
生出來的，不是由於什麼力量的作為。接子主張『或使』，就是認為總有個
什麼東西，使萬物生出來。」〔註53〕《管子·白心》曰：「天或維之，地或
載之。天莫之維，則天以墜矣；地莫之載，則地以沉矣。夫天不墜，地不

〔註52〕成玄英謂季真與接子俱遊稷下，恐未必。錢穆先生在《先秦諸子繫年考辨·
　　　　接子考》中指出：「季真事蹟多在梁，其一時交遊亦以梁為盛。成氏謂之齊
　　　　人，遊稷下，未審所據，豈以接子而連類說之耶？」上海書店出版社，1992
　　　　年，392頁。
〔註53〕轉引自張秉楠《稷下鉤沉》，上海古籍出版社1991年5月版第165頁注3。

沉，夫或維之而載之夫？……夫或者何？若然也。」其說大概與接子「或
使」說比較接近。

接予「或使」說認為世間萬物均由某個東西所規定和支配；季真「莫
為」說則否定有什麼可以主宰一切的力量，認為人們一般所說的「道」是
自然無為的。錢穆認為：季真的莫為「近於機械的自然論」，而接子的或
使，「其殆主命定之論者耶？」〔註54〕而據《史記》記載，接子之學顯於
齊宣王時。據《鹽扶論‧論儒》，齊閔王矜功不休，接子離去。則在戰國
中期，這種對「物」的運化規律和現象的認識已經成為爭論的焦點。

這樣來看，《凡物流形》的上述發問，並不是脫離了戰國學術發展的憑
空獨創，而是同當時的論「物」風尚以及興盛一時的名辯思潮有著緊密的
關聯和內在的一致性，甚至其創製動機都可能與此有著直接的聯繫。

四、《凡物流形》以「形」論「物」與先秦形名哲學

戰國中期的「物」論思潮，有一個特定的表現就是形名之學，即從「形」
角度探討「物」之為「物」、「物」之開顯的過程和瞬間。伍非百先生將戰
國名家分為名法、名理和名辯三派，其中名理派，「是研究所謂『極微要吵』
之理論的，如辯論『天地之終始，風雨雷霆之故』，『萬物之所生惡起』及
『時、所』、『宇宙』、『有窮、無窮』、『至大、至小』、『堅白』、『無厚』、『影
不動』、『指不至』、『火不熱』等問題。這一派是中國最早的自然科學理論
家，在春秋末年至戰國初、中期，曾流行過一時。不過當時都當作『戲論』，
因為無法實驗，有些人認為有趣，有些人斥為無益」〔註55〕。《凡物流形》
所代表的這種論物思潮，就同其中以名辨物、伍非百先生所說的名理派有
最直接的關係。而「物」論能夠成為一個蔚然壯觀的思潮，同形名之學、
名辯思潮也有直接的關聯；換句話說，一定程度上講，實際是名辯思潮推
動了論「物」成為興盛一時的學術與思想潮流。

形名學的理論建樹和思想意義不在督責法治上，而在為道家、黃老「無
為」治道提供了形名學的思想基礎和闡釋原理，和「道」論一起，在超脫
用賢、仁義、兼愛為特色的人治政治哲學基礎上，發展出一種有高深哲學

〔註54〕錢穆《接子考》，載《先秦諸子繫年考辨》，上海書店出版社，1992 年，392
頁。

〔註55〕伍非百：《中國古名家言》，中國社會科學出版社 1983 年版，第 5 頁。

思想基礎與嚴密論證過程的「道」治。

《莊子‧天道》曰：「形名者，古人有之」，又曰：「故書曰：『有形有名』。形名者，古人有之，而非所以先也。」又曰：「形名比詳，古人有之。」足見名家思想由來之久。如《禮記‧祭法》認為正名之事，始於黃帝、大禹；古文獻又認為至周公以名實制謚法，《逸周書》確有周公定謚之名的記載，是否為周公所定有待考證。但古人、「書」指的是什麼時候的人和事，《天道》篇卻沒有說。可以瞭解的是，戰國諸子都認為形名之學乃是包括黃帝在內的上古聖人、聖王立世、治理天下的最根本法寶，並進一步以這種「形名」論作為闡釋其無為、因應之道的理論基礎。《管子‧樞言》就說：「名正則治，名倚則亂，無名則死，故先王貴名。」《管子‧心術上》也說：「物固有形，形固有名。名當，謂之聖人。」此言名不得過實，實不得延名。以形務名，故曰「聖人」。《管子‧心術下》云：「凡物載名而來，聖人因而財之而天下治。名實不傷，不亂於天而天下治。」《管子‧心術》等篇認為先王、聖人調理天下正是依靠辨物之形，以定萬物之名。可見，這種以形名來定萬物、辨物情的做法來源很早。

其實自有語言以來，特別是在有了記言的「名」即「字」以後，隨著語言和文字的廣泛運用，自然而然即有學者會思考語言和世界的關係問題，形名之學由此而來。

《凡物流形》從「形」說起，直到歸結為「一」和「道」，這種形名學的辯物論「道」思路應該是受到這種思想的直接影響。

名辯思潮的又一重要源頭在王官之學。詩書禮樂作為「王官」之學，《莊子‧天下》篇稱「其數散於天下而設於中國者，百家之學時或稱而道之」，其核心是「禮」。錢穆先生曾云：「詩、書言其體，禮、樂言其用。書即禮也，詩即樂也。……禮有先例之禮，有成文之禮。先例之禮本於歷史，……成文之禮本乎制度，禮，令之類是也。……蓋昔人尊古篤舊，成法遺制，世守勿替，即謂之禮。捨禮外無法令，捨禮外無歷史。史、禮、法之三者，古人則一以視之也。」〔註56〕《漢書‧藝文志》認為「名家者流，蓋出於禮官」。禮官即《周禮》所說的「春官宗伯」，「惟王建國，辨方正位，體國經野，設官分職，以為民極。乃立春官宗伯，使帥其屬而掌邦禮，以佐王和邦國。」所以呂思勉先生說：「《漢志》推論謂其出於禮官，

〔註56〕錢穆：《國學概論》上冊，上海，商務印書館，1933年，第21頁。

蓋禮主差別，差別必有其由，深求差別之由，是為名家之學。」〔註57〕司馬遷也洞明此義理：「禮之貌誠深矣，堅白同異之察。」（《史記‧禮書第一》）禮官「以九儀之命正邦國之位」，「辨其名物而頒之王官，使共奉之」（《周禮‧春官宗伯》）；「王命諸侯名位不同，禮亦異數」（《春秋左傳‧莊公十八年》）；「名者，所以別同異，明是非，道義之門，政化之準繩也。」（魯勝：《墨辯注敘》）

　　《周禮‧春官》又云：「外史掌書外令，掌四方之志，掌三皇五帝之書，掌達書名於四方，若以書使於四方，則書其令。」「掌達書名於四方」，鄭注：「使四方知書之文字得能讀之。」即把屬國和宗周之間的外交性文件相互翻譯而使之能讀解。《周禮‧秋官》又云：「大行人……七歲，屬象胥，論言語，協辭命；九歲，屬瞽史，諭書名。」鄭司農解釋「象胥」即譯官，這裡說的是為四方屬國培訓譯員和樂師等。「論言語，協辭命」就涉及到兩種文字、語言的名、辭、意等問題，這就是《莊子‧天道》篇所說的「形名比詳」。可見，形名之學的發展與西周語言翻譯問題有直接聯繫，與西周王朝的王官禮制文化有內在關聯，所以《漢書‧藝文志》云名家出於「禮官」有一定的道理。西周、春秋時期的語言翻譯推動了人們對物和語言關係的思考，形名學的基本思考也已經潛含於其中。

　　「名」在禮官那裡，原本是為了「正物」，即稱名、規範「物」的。天下事物都能分別清楚、條理有序，社會自然也就和諧井然了，並不需要刻意去用心用力操勞的。故孔子認為「正名」很重要：「名不正則言不順，言不順則事不齊，……」（《論語‧子路》）與後世所說的「循名責實」還不同。《管子‧心術上》也說到：「名者，聖人之所以紀萬物也。」袁宏《後漢紀》認為：「然則名教之作，何為者也？蓋準天地之性，求自然之理，擬議以制其名，因循以弘其教，辯物成器，以通天下之務者也。是以高下莫尚於天地，故貴賤擬斯以辯物；尊卑莫大於父子，故君臣象茲以成器。」就是說，聖人為了治理天下，需要參悟天地之性以求自然之理，然後制定「名」以紀萬物，辯物成器。以「名」來辯物成器，則天下父子、君臣等秩序自然被釐定了。名實亂，則是非、高下等「形」不明；是非分不清，則無法建立秩序和綱常。

　　《春秋繁露‧深察名號》：「名生於真，非其真，弗以為名。名者，聖

〔註57〕呂思勉：《先秦史》，上海古籍出版社，1982年，第477頁。

人之所以真物也。名之為言真也。」「名」是一種語言哲學，符號論的，不是起源問題，語言哲學也不可能解釋宇宙起源。當然，言「形」是存在論的，語言哲學的，所以和形名之學有直接關係而與物理性的起源探討沒有關係。

在以神話為主的遠古時代，某物之名不是認作某物的符號，而是認作某物的實體。把握到某物之名，即認為把握到某物之實體。對神之希求，對惡物之避忌，都可通過對其名的某種形式的呼喚，達到目的。這是形成咒語的基本因素。

語言學、修辭學與邏輯學的發展和春秋以來法律知識的擴展與法治文化的氛圍也有著密切的關係。《左傳》昭公六年（公元前 536 年）三月「鄭人鑄刑書」，這在當時是件轟動性的大事，甚至產生了國際性的大影響。晉國大夫叔向貽書責難主持鑄刑書的子產就是一個典型例子。公元前 513 年，晉大夫趙鞅、荀寅「刑鼎」，也是法律發展史上的一件大事。研究法律必須要有一定的語言學、邏輯學、修辭學知識，其中就包括形名之學，狹義上的「刑名之學」即為法律用語言學和邏輯學。鄧析就是其中的著名人物，其著作被《漢志》列於名家。公布法律，諸侯國上層人員（如子產）重視外交「辭命」，以及鄉校議政、「縣書」批評國政的習俗，這些都極大地促進了法治文化的發展和傳播，也是鄧析成為形名家的重要社會土壤。李耽先生甚至認為：「文化普及，政治民主，是『鄭人鑄刑書』的社會基礎，也是鄧析開設律師培訓班及開辦律師事務所，替原告、被告代理訴訟的社會基礎，也是語言學和邏輯學發生在鄭國的社會基礎〔註58〕。

從現有的文獻看，最早的名家可追溯到春秋時代的鄧析，《漢書‧藝文志》列於名家之首。如果說在禮官那裡，「名」還停留於實踐層面，那麼名學則把「名」、「禮」問題提升到理論運思的層面和語言哲學的高度。道術分裂於天下，王官之學也分裂為諸子之學。形名之辯即其一。至少是從鄧析子時就開始辨形、名之同異，從「形名」視角來思考治世之道。傳世《鄧析子》包括《無厚》、《轉辭》兩篇，《漢書‧藝文志》有著錄。真偽雖聚訟紛紜，但一般認為能反映鄧析名學的部分基本思想。劉向《別錄》云：「鄧析好形名，操兩可之說，設無窮之辭。……其論無厚者，言之異同，與公孫龍同類。」則劉向應該見過《鄧析子》。譚戒甫認為《鄧析子》

〔註58〕李耽：《先秦形名之家考察》，湖南大學出版社，1998 年，第 184 頁。

今本「《無厚》、《轉辭》，諒即原書篇目。書前向有《奏》云：『其論無厚者，言之異同，與公孫龍同類。』蓋當向時，析書未經竄易，故能言之如此（按向《奏》近人多謂偽作，似不然；但有訛奪耳。蓋《奏》謂析言無厚，與龍同類，意必目驗原書，方出此言⋯⋯）。」〔註59〕。《鄧析子・無厚》云：「故見其象，致其形，循其理，正其名，得其端，知其情。若此，何往不復，何事不成。」又：「治世位不可越，職不可亂，百官有司，各務其形。」「明君之督大臣，緣身而責名，緣名而責形，緣形而責實。」較之孔子的正名說，他把正名治天下的政治理念移植於「形名」理論之下，實際使言語、認識等問題同治世策略初步聯繫了起來。

在《論語・子路》中孔子提出「正名」之前，《左傳・莊公十八年》：「王命諸侯，名位不同，禮亦異數，不以禮假人。」《左傳・成公二年》：「唯器與名不可以假人，君之所司。名以出信，信以守器，器以藏禮，禮以行義，義以生利，利以平民，政之大節也。若以假人，與人政也。政亡則國家從之，弗可止也已。」器與名，就是國家政治本身。《國語・晉語四》說「信於名則上下不衍」也是這意思。《左傳・桓公二年》晉師服曰：「夫名以制義，義以出禮，禮以體政，政以正名。」對《論語・子路》中孔子提出的「正名」，何晏《論語集解》引「馬曰，正百事之名」。即正百物之名，並不是後世所謂以實來察名，名實相符，不是「君君，臣臣，父父，子子」；不是正「君」、正「臣」的名、位，並非指君若不盡為君之道，則言（政令）所要求於人民者，就與人君自己的行為不相符合一類的意思；其實並不存在一個預先就客觀存在並能被大家知道、接受的「實」、「君道」、「臣道」，這是典型的以「今」求「古」，是一種客觀主義的認識論。「言不順」是指語言無法順利傳達，順利執行，就政令而言，就是指無法讓下面的臣民正確理解、傳達和順利執行。朱熹《集注》以為「是時出公不父其父而禰其祖，名實紊矣」，以衛國父子爭國的事實來解釋孔子正名。政治上的名實或形名問題，也不是所謂的以君道、臣道來正統治者所居之名、所居之位。故《荀子・正名》就說：「心也者，道之工宰也。道也者，治之經理也。心合於道，說合於心，辭合於說，正名而期，質請而喻。」

《黃帝四經》的出土，在一定程度上彌補了早期形名學資料的不足。《黃帝四經》中保存了較為豐富的名家思想，可以視為春秋末期到戰國早中期

〔註59〕譚戒甫：《公孫龍子形名發微》，北京：中華書局，1987 年，第 110 頁。

本已失傳了的名家者言，是研究早期名家思想的寶貴資料。

《十大經·觀》：

> 黃帝曰：群群□□，窈窈冥冥，為一囷。無晦無明，未有陰陽。陰陽未定，吾未有以名。今始判為兩，分為陰陽，離為四時，剛柔相成，萬物乃生，德虐之行，因以為常。

這段話表面是講在宇宙之初，一團混沌，後來才分為陰陽，接著又化生四時以至萬物，是宇宙發生論。但這個裏面包含了人對世界的認識逐步加深的過程。在黃帝之前，人們生活在素樸之中，生活完全是一種隨自然而臥，順自然而作的狀態，人們並不知道陰陽四時。這是對黃帝形名思想的直接概括。《經法·道法》：「虛無形，其寂冥冥，萬物之所從生。」意與此同。《經法·道法》云：「秋毫成之，必有形名。形名立，則黑白之分已。」認為再細小的事物也必定有它的形與名，審其名察其形，便可分清是非黑白。

《經法·道法》又說：「凡事無小大，物自為捨。逆順死生，物自為名。名形已定，物自為正。故唯執道者能上明於天之反，而中達君臣之半，密察於萬物之所終始，而弗為主。故能至素至精，浩彌無形，然後可以為天下正。」、「是故天下有事，無不自為形名聲號矣。形名已立，聲號已建，則無所逃跡匿正矣。」認為物有其自然的運化規律，名並不是人所給它強加的，換個角度看，其實就是認為人所立的言語符號「名」，並不是隨意的，它是來源於世界萬物及其規律的開顯，「名」必須名「形」，沒有對萬物運化規律的正確把握就不可能給事物以「名」，所以執道者必須能察萬物之終始。因此，《黃帝四經》所宣揚的形名之學並不是個符號學問題。

同時，在《黃帝四經》中，形名之辨和「道」論思想結合，形成以「道」為基核、通過審定形名而確立天地萬物是非與秩序、法令的黃老道家政治理論與法哲學思想。《十大經·名刑》就說：「欲知得失情，必審名察形。形恒自定，是我愈靜；事恒自施，是我無為。」

在《黃帝四經》中，道、形、名、法緊緊地結合在一起，構成一個有機的整體。

例如前舉《經法·論約》，就認為執道者都是先注意觀察事物生變的起始，在這一步有所發現之後就能瞭解到事物之「形」，即「物」就會開顯出來，然後我們才會在心裏產生一個名，我們就能「命名」該物，這樣，

我們就對事物的運動變化比較清楚了，就自然可以知道事物同我們自身之間的順逆關係了，順逆搞清楚了，死生、存亡與興壞等也就一目了然了。《經法・四度》亦云：「美惡有名，逆順有形，情偽有實，王公執口以為天下正。」社會上的事物同樣有其規律和表現的徵兆，只要善於把握，同樣可以為「天下正」。《經法・名理》也說：「天下有事，必審其名。名理者，循名究理之所之，是必為福，非必為災。……審察名理終始，是謂究理。」值得注意的是，《黃帝四經》中的「形名」理論，已經開始明確注意到「始」對於認識和觀察世界的重要性。其次，《黃帝四經》所探討的並不是說什麼「名實是否相符」的問題，根據今天的這種符合論、反映論的邏輯真理觀來理解先秦形名學是不可能有確解的。今人所理解的名學、形名之學，是一種起碼到戰國後期、甚至漢代人才建立起來的循名責實和正名思想。

而且，《黃帝四經》也注意到，隨著社會的分工與複雜，以及語言運用的日趨繁複，「名實」相離的現象已經出現，面對「名」不應「形」、與「物」與「情」相違的現實，《黃帝四經》首先區分了不同的「名」：

《經法・論》：「三名：一曰正名立而偃，二曰倚名法而亂，三曰無名而強主滅：三名察則事有應矣。……名實相應則定，名實不相應則爭。名自命也，物自正也，事之定也。三名察則盡知情偽而不惑矣。」《十大經・前道》亦曰：「名正者治，名奇者亂。正名不奇，奇名不立。」

「名」本來不是個問題，它是自然地應形、應物的，天然地與物、形相合的，但而今出現「倚名」、「無名」等現象，則名與物、形相分離了。《經法・論》要求能首先能夠區分這「三名」，然後堅持「名自命」的形名學觀念，「名」看起來是人為的結果，其實不是，這不僅是因為名來自於社會群體的無意識習俗，屬於「俗稱」的結果，更是因為就個人來說，「名」應當是來自於對事物的恰當觀察和認識，這樣就能自然地給事物以「命名」。《經法・論》亦曰：「名實相應，盡知情偽而不惑。」「名實相應」就是要能夠回到「名自命」的正態上來，這樣儘管社會上有各種「偽」和亂象倚名，也不會迷失、困惑。

接著，《黃帝四經》還把形名與「理」、「法」聯繫起來，從而把一個與認識有關的存在論哲學問題發展為一種政治理論。

《經法・名理》說得很明確：「天下有事，必審其名。名口口，循名究理之所之，是必為福，非必為災。是非有分，以法斷之。」又云：「虛靜謹

聽，以法為符。」「循名究理」即循名責實以究是非，是者爵賞，非者戮罰。「虛靜謹聽，以法為符」即排除主觀隨意性，一切按照循名責實的原則，以法斷是非。《黃帝四經》雖開宗明義，聲稱「道生法」，但畢竟使人一時難於理解把握。在道與法之間有了「名」這一中介，便顯得更加順理成章，易於理解，其法理學說也顯得更加充實豐滿了。《稱》亦云：「觀今之曲直，審其名以稱斷之。」

《黃帝四經》引進形名學說，豐富了自己的法理學說。

要更好地理解《凡物流形》中的辨「物」、問「形」，以「形」論「物」思想，還有必要深入瞭解整個戰國時期形名之學的發展態勢。

進入戰國以來，名家思想出現多個發展方向：有的將名家理論同當時的變法實踐結合起來，以名論法，形成「名法派」，或「形名法術派」，此一派學說《黃帝四經》、《管於》、《尹文子》等書均有體現；有人從邏輯、語言哲學發揮名家理論，形成「名辯派」，以兒說與田巴、公孫龍和後期墨家為代表。又有人進行名物研究，這在《管子》、惠施等都可見到。當然，這種劃分只是主要傾向上的差異，其實他們往往是相互交叉並存的。

在戰國初年盛極一時的楊朱學派到了戰國中期，很快就起了大的變異和分解，不少已經和墨家部分人物一樣流為名辯派了。

《莊子》抨擊楊朱的學說思想說：

> 駢於辯者，累瓦結繩竄句，遊心於堅白同異之間，而敝跬譽無用之言，非乎！而楊（朱）墨（翟）是已。（《莊子·駢拇》）

> 削曾（參）史（鰌）之行，鉗楊（朱）墨（翟）之口，攘棄仁義，而天下之德始玄同矣。（《莊子·胠篋》）

> 彼曾（參）、史（鰌）、楊（朱）、墨（翟）、師曠、工倕、離朱，皆外立其德，而以爚亂天下也。（《莊子·胠篋》）（曾（參）至孝，史魚忠直。）

> 且夫失性有五……皆生之害也，而楊（朱）墨（翟）乃始離歧，自以為得，非吾所謂得也。（《莊子·天地》）

的確是事實，楊朱學派和墨家的部分人士在戰國中期，已流入名辯派了。崔述說：「蓋世之所謂楊墨者，名焉而已」〔註60〕。《列子·楊朱篇》

〔註60〕崔述：《崔東壁遺書》，「孟子事實錄」，卷下「雜記」。

的開頭便以「奚以名為」的名辯開始的。「楊朱篇」本身，就深蘊著名辯思想的根源的。

《墨子》的《經》上下、《經說》上下、《大取》、《小取》，皆有「正名」的討論。《荀子》與《呂氏春秋》都有《正名》篇，《春秋繁露》有《深察名號》篇。現行《尹文子》也談正名問題。並將名的內容綜合為三科，「名有三科，法有四呈。一曰命物之名，方圓、白黑是也。二曰毀譽之名，善惡、貴賤是也。三曰況謂之名，賢愚、愛憎是也。」

墨家辯學，即墨辯之學則把形名學理論在認知、認識哲學上作了進一步發展，這也為黃老無為、《凡物流形》等文獻中的內聖之學提供了認識論的思想準備。墨辯之學肯定認識是人的本性和本能，並具體探討了人所具有的「慮」、「知」、「久」、「恕」四種認識能力。

《經上4》：「慮，求也。」

《經說上4》：「慮，慮也者，以其知有求也而不必得之。若睨。」

譚戒甫解釋：「知材具則慮自生，猶《孟子》云：『心之官則思』。慮求也者，思無所注也。《說文》：『慮，謀思也。』按謀思者謂其思有注也。思有所注而欲求其然，非泛想可比；與此有別。」〔註61〕

《經上5》：「知，接也。」

《經說上5》：「知，知也者，以其知過物而能貌之。若見。」

「能貌之」，即能知物之形容，即能獲物之「形」，使物有「形」，使物澄明出來。感官知覺皆一「接」便獲知，因為人們有了長時間的感覺經驗為基礎之後，即能產生一種不經過五官就能獲知的直覺智慧。這樣一種認知能力的形成使得在特定時刻的認識行為即使省略了感覺和思慮過程也能獲得相應的認識。

《經下46》：「知而不以五路，說在久。」

《經說下 46》：「智：以目見；而目以火見，而火不見。惟以五路智。久：不當以目見，若以火見。」

墨家把各種感覺器官稱為「五路」（即眼耳等感官產生的五種感知），指出感知的「五路」須受「心」支配。這就明確表明，認識不是一個單純的感性與理性、感覺與知覺的結合與上升問題，而是指明，「形」的任何獲得，物的任何開顯過程都是一個身心合一的統一瞬間，沒有單純的眼

〔註61〕譚戒甫：《墨辯發微》，北京：中華書局，1987年，79頁～81頁。

「看」或耳「聽」。

《經上6》：「𢙢（上「知」下「心」，古「智」字），明也。」

《經說上6》：「𢙢，𢙢也者，以其知論物，而其知之也著，若明。」

「𢙢」，顯然是一種有意識的語言思維能力，即運用術語和推理思維。獲其「形」後而論之，則進入語言和理性階段，也即以名「稱」之。能多辨物、以名稱萬物和論辯，才能進一步有區別是非、賢愚等的能力。《墨子・修身》：「遍（辨）物不博，辨是非不察者，不足以遊。」《墨子・小取》：「夫辯者，將以明是非之分，審治亂之紀，明同異之處，察名實之理。處利害，決嫌疑。」所以，名辯之學，其實首先是一種理解萬物和世界的活動，其中就包括思考、辨析萬物來源、萬物流變和如何獲其「形」的重要命題，是為「物」論；而這個命題在今天看來成為重要的哲學課題。只是後來才發展出專門談思維規律和如何辯論的邏輯學等學問。以「形名」之學來看待墨子及其後學這套學說，則我們可以知道它與以主客二元論形而上學為基礎的西方認識論哲學和心理學知識是完全不同的，它並不認為人的認識是客觀存在的反映，也沒有提出人的認識是從感性到理性的上升。

《管子・心術上》：「物固有形，形固有名，名當謂之聖人。」「物固有形，形固有名，此言名不得過實，實不得延名。姑形以形，以形務名，督言正言，故曰聖人。……無為之道，因也。因也者，無益無損也。以其形，因為之名，此因之術也。名者聖人之所以紀萬物也。」認為「名」本來應當是跟著「形」自然而來的，不是人為的結果，也就是說，要獲得恰當的「名」，人必須有對「物」以及物的自然顯現有最恰當的認識和理解，這樣，「名」是同「形」、「物」自然契合的。而「名者，聖人所以紀萬物也」（《心術上》），所以如果掌握了萬物之「名」，就等於把握了事物本身，就可以用「名」來把握、統治萬物，「君」萬物。那麼，如何來得萬物之「名」呢？《管子・心術上》等篇認為，既然「名」是跟著「形」自然而來，故「名」的獲得應當是從對事物自身的生滅變化過程的把握和認識中獲得，具體的辦法就是因、應事物自身變化的無為之道，「以其形，因為之名，此因之術也」，故執「名」、「形」而動的因應之道也就是無為之道。「因也者，捨己而以物為法也」（《心術上》），「因也者，無益無損也」，「名」彷彿是「形」的功能和表現，而「形」是事物生變過程的自然顯現和澄明，

這中間沒有絲毫改變，「無益無損」，自然，「名」、「形」、「物」完全一致。所以，由「名」而把握「形」，進而認識和掌握萬物的人就是聖人。面對日趨複雜的語言和命名現象，《心術上》不得不突出認識和把握萬物之形的能力，強調「名當」，而這一點只有聖人才可以做到。為此，《心術上》等篇著重研究了如何做到「名當」的心術問題。

《管子‧白心》又說：「原始計實，本其所生。知其象，則索其形；緣其理，則知其情；索其端，則知其名。……是以聖人之治也，靜身以待之，物至而名自治之。正名自治，奇名自廢。名正法備，則聖人無事。」此又把古聖人、特別是黃帝之治天下的辦法歸結為正名自治，名正法備，則聖人無事。與老子的無為之說相統一而又不同。老子無為之說主要是來源於對天道、易道的歸納和總結，並最終把這種自然無為的在世境界概括為「道」。所以認為這種辨「形」立「名」之治屬於古「帝」、「王」之治道，是高於禮制的。

顯然，戰國中期的稷下學將老子等早期道家和形名學思想相結合，《管子》四篇運用無為之道的哲學思想和「因應」的心術理論來發展形名學哲學理念，為「形」、「名」的如何發生與把握問題提供了一個充滿道家思想色彩的解答。

尹文子對形名理論以及形名與治世的關係作了進一步的發揮。《漢志》「名家」下著錄《尹文子》一卷，今本《尹文子》包括《大道上》和《大道下》兩卷，雖亦被疑為偽書，但學界漸趨認定它非偽書，至多真偽雜糅〔註62〕。

尹文子首先區分事物本身及其形與名，《大道上》提出：「有形者必有名，有名者未必有形。形而不名，未必失其方圓黑白之實。」進而認為名若生於自然之形，則名得其所稱：「群形自得其方圓。名生於方圓，則眾名得其所稱也」。故他有「形名事物辯」，方圓黑白是物之形，由此而為「物」

〔註62〕見周昌忠：《先秦名辯學及其科學思想》，北京，科學出版社，2005年，第14頁。另外，譚戒甫《公孫龍子形名發微》（北京：中華書局，1987年，）一書也有辨析，見其書112頁；白奚《稷下學研究——中國古代的思想自由與百家爭鳴》（北京三聯書店1998年）一書第八章也肯定今本對於探討尹文子思想的價值；董英哲：《〈尹文子〉真偽及學派歸屬考辨》一文考證《尹文子》雖殘而真，非偽書，見《西北大學學報》（哲學社會科學版）1997年03期。

立「名」。認為形、名有助於區分、辨別事物及其所以然，進而可以幫助我們確立善惡是非：「察其所以然，則形名之與事物，無所隱其理矣」、「使善惡盡然有分，雖未能盡物之實，猶不患其差也。故曰：名不可不辯也」（《大道上》）。

尹文子不僅發展了形名學理論，闡發了形名之於治世的政治哲學意義，還進一步探討了形名之「定」與「心」、與認識的關係問題，同《管子》四篇中的「心術」之學一起為《凡物流形》所代表的將「形」和「心」聯繫起來的君心、執一之論鋪平了道路。尹文子首先區分了「名」和「分」，認為「名」是事物的名稱，而「分」是我對「名」所命之「形」的評價性態度：「名宜屬彼，分宜屬我。我愛白而憎黑，韻商而捨徵，好膻而惡焦，嗜甘而逆苦。白、黑，商、徵，膻、焦，甘、苦，彼之名也；愛、憎，韻、捨，好、惡，嗜、逆，我之分也。」認為「名、分不可相亂也」，「定此名、分，則萬事不亂也」（《大道上》）。他區分名、分的價值就在於他把「名分之辯」運用到對天下事物的「是非」之定分上。「分」的問題關涉感覺和「心」，「凡天下萬里，皆有是非，我所不敢誣。是者常是，非者常非，亦吾所信。然是雖常是，有時而不用；非雖常非，有時而必行。故用是而失，有矣；行非而得，有矣。是非之理不同，而更興廢，翻為我用，則是非焉在哉？」是非之理需要「名」定而「分」明來維繫，「名定，則物不競，分明，則私不行」。所以，國家、天下治理，不僅要定名而使萬物不相亂雜，而且還需要「分明」、不行「私」。揭示出天下是非、正形正名當排除主觀之「私」，包括個人化的感覺、私欲、私想等。如何排除這種「私」？則《管子》四篇在吸收老子等早期道家有關「道」、無為的思想基礎上對這個問題作出了回答，從而把形名治世之學與道家「道」論和無為之心術緊密結合在一起，把形而上思考和探討存在問題的早期道家發展為一個有深厚哲學底蘊的政治哲學，而黃老學也由此真正建立了起來。

《尹文子》講名為法用、以名論法、突出名法，是尹文黃老學說的鮮明持色。把形名邏輯理論用於論說法家政治，這正是他與眾不同的地方。《尹文子》開宗明義，從道家理論中引出了形名關係問題和正名的主張。其言曰：「大道無形，稱器有名。名也者，正形者也，形正由名，則名不可差。故仲尼曰：，必也正名乎，名不正則言不顧，也。」名的作用就是「正形」，「形」在尹文學說中又稱為「實」或「事」，故又曰：「名以定事」、

「名稱者，別彼此而檢虛實者也。」基本原則是名與實相符，不可相亂，故又曰：「名者，名形者也；形者，應名者也」，這裡，名顯然是重要的，故又曰：「今萬物具存，不以名正之則亂；萬名具列，不以形應之則乖。故形名者不可不正也。」〔註63〕這就是說，名是用以正形的，形必須與名相應、相符，因而正名就是最重要的，名若不正，一切就都談不上。《呂氏春秋‧正名》是公認的尹文派作品，文中把形名是否相符看成是社會治亂的關鍵。其言曰：「名正則治，名喪則亂」，「凡亂者，刑（形）名不當也」。

《尹文子‧大道上》中還提出了名實互定、形名互檢的觀點：「名以檢形，形以定名，名以定事，事以檢名。察其所以然，則形名之與事物無所隱其理矣。」第一，「形以定名」看似同「名以定事」相矛盾，其實不然，它另有所指，說的是名最初的由來。名即事物的名稱，它的一個基本功能就是「別彼此」，給事物以名稱，然後能明確區別事物。書中言道：「大道不稱，眾必有名。形生於不稱，則群形自得其方圓。名生於方圓，則眾名得其所稱也。」大道無形，不可言稱，故無名，但萬物皆生於大道而自得方圓之形，方圓之名卻是生於方圓之形。可見萬物之初是先有形後有名的。故下文又曰：「形而不名，未必失其方圓黑白之實」，形而無名，無害其為形，而名卻不能離開形而孤立存在。此皆就形與名之最初產生而言，形是第一位的，名是第二位的，這就是「形以定名」的含義。第二，再看「名以定事」。「形以定名」雖揭示了形名關係的最初來源，但尹文關心的並不是這些，因為只有名才有現實的意義，才能引出正名的理論。「名以定事」指以定好的名分，比如官位，來確定該做的事。在現實生活中，名是最重要的，以名正形定形，形須與名相應相符，因而名是第一位的，形是第二位的，所以人們才強調正名。正名的實際政治含義是維護現實的秩序，前引《尹文子》中「名者，名形者也」和「形者，應名者也」，講的即是名與形的這種基本關係。第三，再看「名以檢形」。「名以檢形」是指以正好了的名來檢驗形（實）是否與名相符，以名再來檢驗你所做事顯現出來的情態、情況和效果是否達到你擁有的名。相符則為是，不相符則為

〔註63〕「形」，實際有兩個層次，一是萬物之「形」，二是指「實」和「事」。正萬物之「名」要靠鍛鍊心術進而把握萬物之形才能獲得；萬名具列之後，社會上的「實」或「事」又應當與之相應，否則社會就會一團糟，混亂不已。

非，此乃形名理論的核心內容，尹文義稱之為「以名稽虛實「。第四，再看「事以檢名」。「事以檢名」是指以實際情況來檢驗核查名是否與事實相符。尹文的形名理論不同子熱衷於邏輯分析的墨辯，而有鮮明的務實性，強調形名理論同法治實踐相結合，以名論法、名為法用。《尹文子》中經常將名與法並提，「以名稽虛實，以法定治亂」、「以名、法治國，萬物所不能亂」、「名正而法順」等。

鄧析子、尹文等名學都認為，「物」的形態即「形」必有其「名」，認為「物」的命名問題即「物」和「名」的關係問題是治世的基本前提，當然從形名出發，正物、正形名也就是一種有效、良好的治世方法。

《管子·心術上》認為聖人都是由形名而治國的：「物固有形，形固有名。名當謂之聖人。」《管子·九守》又認為：「修名而督實，按實而定名。……名實當則治，不當則亂。」實際是認為治國之政惟在「正名」，使「名」、「實」相當。所以《管子·樞言》進一步總結說：「有名則治，無名則亂。」韓非子在解釋「用一之道」時說：「用一之道，以名為首，名正物定，名倚物徙。」（《韓非子·揚權》）又說：「形名參同，上下和調也。」（《韓非子·揚權》）「形名參同，君乃無事焉。」（《韓非子·主道》）和《管子·白心》所謂「名正法備，則聖人無事」一致。

由於「名」以「形」為其基礎，是以現實「物」為存在前提和基礎的，形名是為「物」、也是因為「物」才存在的；有「物」才有「形」，有「形」才需要「名」。故早期名辯學、形名之學並不脫離自然之「物」而作純邏輯、語言的辯難，而始終是同人與世界相互關係相關的存在論問題。《凡物流形》也把掌握「物」之「形」同治理天下、君萬物聯繫起來，不過《尹文子》、《管子》四篇有更詳盡的論述。

到莊子、惠施的時代，名辯家輩出，惠施倡堅白異同之渝，稍後的公孫龍倡白馬非馬之說，彼此爭辯。莊子曾向惠施說：「儒墨楊秉四，與夫子為五，果孰是邪？」（按：公孫龍字子秉，故簡稱秉。）惠施自己對莊子也說：「今夫儒墨楊秉，且方與我以辯，相拂以辭，相鎮以聲，而未始吾也，則奚若矣」（《莊子·徐無鬼》）。其實在此之前，名辯之學、以名辯物已經成為一種影響廣泛的潮流。

兒說是稷下名家的重要人物。《韓非子·外儲說左上》載：「兒說，宋人，善辯者也。持白馬非馬也，服稷下之辯者。」《淮南子·說山訓》、《人

間訓》、《呂氏春秋‧君守》提到他的「閉結可解」命題。惠施「連環可解」
的命題，就是對兒說「閉結可解」的承襲和發揮。其「以不解解之」，有道
家學說之痕，又開名家概念、邏輯辯解之風。

《太平徹覽》卷四六四引《魯連子》曰「齊之辯士田巴，辯於徂邱而
議稷下，毀五帝，罪三王，訾五伯，離堅白，合同異，一日服千人。」田
巴的合同異對惠施相對主義物論產生過影響。

兒說、田巴與討論治道的務實派尹文子不同，走向真正的名辯，哲學
化、邏輯思辨與語言邏輯名辯的辨「物」之學。

《韓非子‧解老》就說：

> 凡物之有形者，易裁也，易割也。何以論之？有形則有短長，
> 有短長則有小大，有小大則有方圓，有方圓則有堅脆，有堅脆則
> 有輕重，有輕重則有白黑。短長、大小、方圓、堅脆、輕重、白
> 黑之謂理。理定而物易割也。故議於大庭而後言則立，權議之士
> 知之矣。故欲成方圓而隨其規矩，則萬事之功形矣。而萬物莫不
> 有規矩，議言之士，計會規矩也。聖人盡隨於萬物之規矩，故曰
> 「不敢為天下先。」不敢為天下先，則事無不事，功無不功。

韓非子在這裡很清楚地把形名學的內在思路表達了出來。物如有形，
則能知道並說出它的短長、大小、方圓等，這樣就便於裁割。同樣的道理，
社會事務也需要明形立言，進而為社會立下類似於大小、方圓這樣的規矩。
古聖人治國的辦法就是以形名立規矩，然後順隨萬物之規矩，而不敢跑到
規矩和萬物變化的前面，不能主動干涉萬物的變化。韓非子認為老子等人
所說的無為之「道」，其實就是來自古聖人的形名學。《鬼谷子‧捭闔》云：
「奧若稽古，聖人之在天地間也，為眾生之先，觀陰陽之開合以名命物，
知存亡之門戶，籌策萬類之終始，達人心之理，見變化之朕焉。」也認為
上古聖人的立世、治理天下的方法是以名命物，進而知天下存亡之門戶，
萬物變化之終始，不過這裡更強調了把握變化及其「始」與「終」。《韓非
子‧主道》又云：「有言者自為名，有事者自為形。」同樣強調以形名治理
天下的人乃是隨順自然的人。當然，法家還進一步把形名理論引申應用到
刑罰領域，主張要使作為「形」、「刑」的罪行、刑罰同罪「名」相當（《管
子‧君臣下》：「名物處違是非之分，則賞罰行矣。」《韓非子‧主道》：「同
合刑名，審驗法式。」《韓非子‧姦劫弒臣》：「循名實而定是非，因參驗而

審言辭。」《韓非子・八經》:「刑之煩也，名之繆也，賞罰不當則民疑。」）。顯然，黃老無為之治、形名思想也是法家法治思想、刑名法術之學的重要理論來源和思想基礎。

《莊子・天道》也對形名哲學與講究因順、無為的「道」論思想的關係講得很清楚:「分守已明，而形名次之。形名已明，而因任次之。因任已明，而原省次之。原省已明，而是非次之。是非已明，而賞罰次之。賞罰已明，而愚知處宜，貴賤履位，仁賢不肖襲情。必分其能，必由其名。以此事上，以此畜下，以此治物，以此修身。知謀不用，必歸其天，此之謂太平，治之至也。故書曰:『有形有名』。形名者，古人有之，而非所以先也。古之語大道者，五變而形名可舉，九變而賞罰可言也。」

荀子認為「物—實—形」的同異把握在於天官天君、即感官和心的共同作用，所以他寫道:「形、體、色、理，以目異;聲音清濁、調竽奇聲，以耳異;……心有徵知。徵知，則緣耳而知聲可也，緣目而知形可也，然後徵知必將待天官之當簿其類然後可也。五官簿之而不知，心徵之而無說，則人莫不然謂之不知，此所緣而以同異也。」（《荀子・正名》）別物之「形」既需要天官之當簿，又離不開天君「心」之「說（悅）」動。而定名、正名的更大關鍵在於正心，故需要「虛壹而靜」。荀子以更明白曉暢的語言總結了《管子》四篇、《凡物流形》等所反映的修養和認識論基礎上的政治治理理論，並進一步把這種理論同形名學、語言邏輯哲學相結合，從語言上闡明了如何根據「形」之同異關係給事物定名的語言哲學原理，這就是《正名》篇所謂「同澤同之，異則異之;單足以喻則單，單不足以喻則兼」、「共」名、「別」名以及期、命、辨、說等論述。通過對形名之學和名辯學的領悟，荀子實際也認識到事物的開顯、即「物」之流形不僅僅要「心合於道」（《荀子・正名》）、「執一」，而且還有賴於語言的邏輯力量，而這種力量來源於語言之由名詞、語句和推論表現的形式結構及其對於「心」和事物的語義關係，換一種思維看，這種形式結構和語義關係，實際也就是物我合一本真關係的自然澄明，也就是「道」的開顯。

需要指出的是，形名學上所說的「形」，不同於表示人的形骸、肉體的那個「形」，也不同於只需用眼睛就可以把握的形狀、輪廓之「形」。例如《莊子・天道》:「故視而可見者，形與色也;聽而可聞者，名與聲也。」其中所說的「形」就只是眼睛所看到的事物輪廓。又如《人間世》:「夫支

離其形者,猶足以養其身,終其天年,又況支離其德者乎。」《德充符》:「吾與夫子游十九年矣,而未嘗知吾兀者也。今子與我遊於形骸之內,而子索我於形骸之外,不亦過乎。」其中的「形」即指形骸、肉體,莊子在此是認為保養形骸不等於養生。而形名學上所說的「形」,其實就是指是事物的顯現和澄明,也就是變動不居的事物對於我們所顯示出來的某種定性。

形名學講究名實相當,就是要求「名」和「形」、「物」本身要是自然一體的。其中不僅要求「名」與「實」當,也要求「實不得延名」,所以,「實」並不是今人所依據西方客觀主義認識論所理解的預先客觀存在,它不是一個絕對性的實體,《心術上》認為只有聖人能為「物」及其「形」定一個恰當的「名」。這個「當」,不是和某個客觀的「實」相符合,這種符合論的真理觀只是一種形而上學的、派生論的真理觀,「以其形,因為之名」,這個「形」也不是什麼眼睛就能完全把握到的整體外框或輪廓,而是相對恒定、靜態的事物對於我們所開顯、呈現出來的整體特徵,實際我們只能盡可能抓住事物最突出、顯明而全面的特徵,才能把握事物的「形」和「象」,並讓事物澄明出來,我們永遠也不可能把握事物的一切特點並用語言表現出來,事實上事物也是時刻都在變化的——事物之所以會顯現出「形」就是因為我們同世界的相對靜態關係,即我們能夠保持同世界、環境的相對和諧的「一」,天人合一,反過來也可以說,我們只有能夠進入與世界、環境相對和諧的身心、天人合一關係,才能認識事物的「形」並把握事物本身。所以「當」就是指能讓事物良好地開顯、呈現出來,澄明起來,從而也為人們打開一個新的世界和敞亮一個真理。把握事物只能根據其「形」,存在於我們身體周圍的物理性事物,作為一個整體,是人的精神永遠到不了的絕對,所以人對事物的認識以及我們對它們的言說,永遠都只是對物理性事物的一個暫時指代、符號,能指和它試圖指向的外在物理事物,沒有任何必然性聯繫,當然更不可能是一種完全同一的關係或符合關係;它們只是一種約定俗成,一種臨時性的關係。所以,傳統客觀主義認識論的名實相符論並不適合解釋先秦思想史上的正名、形名之論。

《凡物流形》簡1說「凡物流形,奚得而成?流形成體,奚得而不死?既成既生,奚顧而鳴」,專門探討「形」,並通過「形」來追溯萬物生滅變化的最根本原因,顯然和當時「物」論思潮、形名之辨有關係。而簡書後

文又對人如何把握「形」的心術修養提出了要求，顯然也與早期墨家研究認知、《管子》四篇深析養心、修道之法有內在的淵源關係。

先秦之所以認為通過「名」可以為治，認為古聖王如「黃帝正名萬物」（《禮記・祭法》），不是孔子、荀子所說的那麼簡單，僅僅是個語言、制度問題。當然孔子對「名」的理解還是和早期論者是一致的，孔子提出的「正名」，即正百物之名，並不是後世所謂以實來察名，名實相符，不是「君君，臣臣，父父，子子」，也不是正「君」、正「臣」的名、位。也不簡單是個語言對社會秩序建立有幫助的政治問題。甚至「名」的確立不僅僅意味著一個秩序的建立，而是把握了「名」就意味著掌握了相應的「物」，使該物不再是陌生、威脅性的存在，而是可以利用的資源，成為人們熟悉的生存環境。所以誰能夠為物命名，定名，誰就意味著擁有了「君」萬物的能力，自然也就能夠為人們所擁護。當然，要真正給物命名，揭開一個陌生、神秘甚至恐懼之「物」的面紗，必然要對該物特徵、屬性等有一定瞭解，所以掌握「名」、擁有「名」並不容易。命名者、能夠使用語言對該物進行描述的人，必須是一個能夠在一個絕對未知、混沌的地方發現某物，使某物開顯出來，同時還要能夠克服恐懼、戰勝威脅，進一步弄清楚該物的一些基本信息。「名」的掌握和出現意味著讓一個混沌未知的或者完全陌生的異化世界成為人們可以獲得生存資源和更多存在自由度的和諧環境。要探討萬物之流形，又要能夠為萬物定名，從而掌握萬物，使「物」為人們所用，這也就是形名之學之所以既為一種政治哲學，又是一種基本哲學問題的原因。它關係人和世界的存在關係、認知等基本的哲學問題。

後來黃老對「名」的解釋就不再具有神話時代神秘的咒語性質，而是認為可以把握天地萬物之「形」、「名」自然可以達到對世界的認識和把握，並自然可以瞭解世界的秩序而不會無知或恐懼。再後來人們開始提出正名思想，認為語言對社會、天下治理，特別是秩序的釐定有關鍵作用，「名」是建立是非、標準和秩序的最重要手段，認為規範的語言有助於強化社會安定的秩序和既定的權力。這就是孔子和荀子正名思想的核心。儒家更重視用規範的「名」來維護政治格局，包括差序性的「禮」。

而黃老則自然地解釋了形名把握、認識以及人和世界的存在關係上的相同可以帶來天下之「公」與「一」，自然，君主只需要「無為」了。黃老解釋體系下名的生成，只與人和世界的整體關係，即人對事物「形」的

把握有關。認為人和世界的整體關係本來應該是相同相近的，所以人和某物的關聯，人對某一物的認識也相同相近，故有同一的「形」，當然也有同一的「名」、「法」。但要進入這種相同相近的存在關係，必須排除個人化東西，即做到身心合一和內外合一，無我、無心的天然關係，「心」只有一個功能，即把物引進來，放棄自己，以物為法，因順於物。這實際是循環論證。黃老有形名說，與儒家正名、名論根本不同。儒家正名說與物、形無關。

在《論語‧子路》中孔子提出「正名」之前，《左傳‧莊公十八年》：「王命諸侯，名位不同，禮亦異數，不以禮假人。」《左傳‧成公二年》：「唯器與名不可以假人，君之所司。名以出信，信以守器，器以藏禮，禮以行義，義以生利，利以平民，政之大節也。若以假人，與人政也。政亡則國家從之，弗可止也已。」器與名，就是國家政治本身。《國語‧晉語四》說「信於名則上下不衍」也是這意思。《左傳‧桓公二年》晉師服曰：「夫名以制義，義以出禮，禮以體政，政以正名。」對《論語‧子路》中孔子提出的「正名」，何晏《論語集解》引「馬曰，正百事之名」。即正百物之名，並不是後世所謂以實來察名，名實相符，不是「君君，臣臣，父父，子子」；不是正「君」、正「臣」的名、位，並非指君若不盡為君之道，則言（政令）所要求於人民者，就與人君自己的行為不相符合一類的意思；其實並不存在一個預先就客觀存在並能被大家知道、接受的「實」、「君道」、「臣道」，這是典型的以後而求古，是一種形而上的舊客觀主義認識論。「言不順」是指語言無法順利傳達，順利執行，就政令而言，就是指無法讓下面的臣民正確理解、傳達、執行和順利完成。朱熹《集注》以為「是時出公不父其父而禰其祖，名實紊矣」，以衛國父子爭國的事實來解釋孔子正名。政治上的名實或形名問題，也不是所謂的以君道、臣道來正統治者所居之名、所居之位。《荀子‧正名》：心也者，道之工宰也。道也者，治之經理也。心合於道，說合於心，辭合於說，正名而期，質請而喻。

至於後期名家離「形」言「名」，離開認識論談君主之術：循名責實，或作概念與邏輯的辯解，則又與《凡物流形》無關，有的還受到荀子、魯仲連、鄒衍等人的批評。

通過對先秦形名哲學發展脈絡的簡要梳理以及諸多文獻中以「形」論「物」思想的闡釋，可以發現《凡物流形》同這個思想的發展有內在的一

致性，簡書顯然也融合了戰國中期以前形名哲學和「道」論思想的這種以「形」論「物」和聖人以「形」把握萬物生變過程以治理天下、國家的核心思想。簡書的內在理路就是認為如果能把握物之「形」就能把握物，即「百物不失」，能「百物不失」則治理天下就很輕鬆。當然，簡書沒有涉及諸多文獻中的「名」的思想，《凡物流形》中「名」只被提到一次：「無目而知名」。

五、《凡物流形》「形」、「物」論與先秦對吉凶、禍福轉移的思考

《凡物流形》探討「形」，還同道家、《易經》、《易傳》等注意探討禍福吉凶之未形已形、已生未生，即如何把握禍福吉凶的轉移變化關係密切。特別是在防微杜漸、察知禍福方面，它們讚美能「先見未形」的「聖」知，希望能在禍福尚未顯形，處於萌芽狀態時察覺，從而加以預防，轉禍為福。如：

《經法·道法》：

　　禍福同道，莫知其所從生。

　　死而復生，以禍為福，孰知其極。反索之無刑，故知禍福之所從生。

《經法·論》也說：

　　觀則知死生之國，論則知存亡興壞之所在，動則能破強興弱，專則不失是非之分，變則伐死養生，化則能明德除害。」

《經法·論約》：

　　故執道者之觀於天下也，必審觀事之所始起，審其形名。形名已定，逆順有位，死生有分，存亡興壞有處，然後參之於天地之恒道，乃定禍福死生存亡興壞之所在。

《經法·名理》：

　　莫能見知，故有逆成；物乃下生，故有逆刑，禍及其身。

《黃帝四經》希望能夠把握住禍福存亡的轉移之機。

今本《文子·道德》：「文子問聖、智。老子曰：……故聖人常聞禍福所生而擇其道，智者常見禍福成形而擇其行。聖人知天道吉凶，故知禍福所生；智者先見成形，故知禍福之門。聞未生，聖也；先見成形，智也；無聞見者愚迷。」「知禍福之所從生」，「知禍福之門」，所論述的是道家關

於禍福之道的學說，並特別推崇聖、智，而鄙視無聞見的「愚」和「迷」。

六、《凡物流形》的「物」論與先秦宇宙觀、託古思潮

簡書《凡物流形》中的這些發問，還與那個時代對宇宙發生論的探討和好奇、同戰國時期對世界最後的根據，以及對某個終極的、再不可言說下去的名詞之追尋和解釋有關。特別是與道家、黃老學對宇宙起源、古史的再發現與再闡釋以及萬物本原的種種思考有內在關係。而簡書《凡物流形》本身也對這一問題總結出了自己的答案。

前面我們已經論述過，中國先秦哲學認為，要把握事物，就必須跟蹤、體會事物存在和運動變化的整個過程，而不是把事物一一假定為不變的實體而作靜態的橫斷面解析；然而變動不居的過程需要被掌握，卻必須通過事物生變中所顯現出來的「形」，而物的開顯和「形」的把握有一個關鍵性的環節，即「始」和「微」，所以，發生論和起源問題對於中國「道」論哲學有著特別重要的意義。

中國古代宇宙觀中有關「宇宙生成」論的文獻不少。

《老子》第一章：無，名天地之始；有，名萬物之母。

《老子》第二十五章：有物混成，先天地生。寂兮寥兮，獨立而不改，周行而不怠，可以為天下母。吾不知其名，字之曰道。強為之名曰大，大曰逝，逝曰遠，遠曰反。

《老子》第二十一章：「道之為物，惟恍惟惚，惚兮恍兮，其中有象；恍兮惚兮，其中有物；窈兮冥兮，其中有精。其精甚真，其中有信。」

《老子》第五章：天地之間，其猶橐籥乎。虛而不屈，動而愈出。

講萬物在天地間誕生。

《老子》第六章：谷神不死，是謂玄牝，玄牝之門，是謂天地根。

《老子》第四十章：天下萬物生於有，有生於無。

《老子》第四十二章：道生一，一生二，二生三，三生萬物。

《易‧繫辭》：天地，萬物化醇，男女媾精，萬物化生。

《易‧繫辭》：夫乾，其靜也專，其動也直，是以大生焉；夫坤，其靜也翕，其動也闢，是以廣生焉。

《黃帝四經‧道原》開篇云：「恒無之初，迵同大虛，虛同為一，恒一而止。濕濕夢夢，未有晦明，神微周盈，精靜不熙。古未有形，大迵無

名。」

無晦無明，未有陰陽。陰陽未定，吾未有以名。今始判為兩，分為陰陽，離為四時。

《道原》篇就是說，在陰陽剖判之前，整個宇宙是混沌一團的原初狀態，後來化分出陰與陽，才有了天地、四時，繼而才有了萬物。

《周易·繫辭》：「太極生兩儀，兩儀生四象。」

《列子·天瑞》：「易變而為一，一變而為七，七變而為九……乃復變而為一。」

《管子·宙合》說：「天地，萬物之橐；宙合又橐天地。宙合之意，上通於天之上，下泉於地之下，外出於四海之外，合絡天地以為一裏。」

《管子·水地》：「地者，萬物之本原，諸生之根菀也，美惡、賢不肖、愚俊之所生也。水者，地之血氣，如筋脈之通流者也。」

「水者何也？萬物之本原也，諸生之宗室也，美惡、賢不肖、愚俊之所產也。」

水集於天地而藏於萬物，水生長萬物，人的肉體和精神都是水的產物，故本篇把水看成是「諸生之宗室」、「萬物之本原」，甚至認為水和地是「美、惡、賢、不肖、愚、俊之所生」和「之所產」。就是說，《管子·水地》把水和地看成是萬物之本原。這可能是對一定的生產生活經驗知識的總結〔註64〕。

《管子》不少篇目中又提到「道」、「氣」、「精氣」作為萬物之所由生的根據或本原。《內業》篇云：「凡道無根無莖，無葉無榮，萬物以生，萬物以成，命之曰道。」「凡物之精，此則為生，下生五穀，上為列星，流於天地之間，謂之鬼神，藏於胸中，謂之聖人。」《樞言》篇又說：「道之在天者，日也；其在人者，心也。故曰：有氣則生，無氣則死，生者以其氣。」

〔註64〕馮友蘭先生認為「地」相當於五行中的「土」，「關於五行的學說起源很早，但是明確地肯定五行或其中的某些『行』是萬物的根源，則是後來時期才有的。《管子·水地》篇關於『水、地』的思想，就作了這樣的肯定。」（見馮友蘭《中國哲學史新編》（上）人民出版社，1998年，500～501頁。）這恐怕不確，首先，《管子·水地》篇中的「地」並不能等於「土」，其次，本篇思想跟抽象的五行說關係並不緊密，儘管本篇也出現五量、五色、五味等，但這屬於先秦術數術語。當然，類似本篇這樣把「準」視為「五量」之「宗」、把「素」看成「五色」之「質」、把「淡」看成「五味」之「中」的思想觀念可能對五行學說的形成有重要影響。

《太一生水》：大一生水，水反輔大一，是以成天，天反輔大一，是以成地，天地〔復相輔〕也，是以成神明，神明復相輔也。是以成陰陽，陰陽復相輔也。是以成四時……是故大一藏於水，行於時，周而又【始，以己為】萬物母。

《莊子・天下》篇說關尹、老聃「建之以常無有，主之以太一」。李學勤先生認為在道家中「主之以太一」是關尹的學說〔註65〕。

《莊子・天地》也是用「太一」說明宇宙生成：泰初有無，無有無名，一之所起，有一而未形，物得以生，謂之德，未形者有分，且然無間，謂之命，留動而生物，物成生理，謂之形，形體保神，各有儀則，謂之性，性修反德，德至同於初，同乃虛，虛乃大合喙鳴，喙鳴合，與天地為合，其合緡緡，若愚若昏，是謂玄德，同乎大順。

《恒先》：虛靜為一，若寂寂夢夢，靜同而未或明，未或茲生。

帛書《道原》：恒無之初，迥（洞）同大虛，虛同為一，恒一而止。濕濕夢夢，未有明晦，神微周盈，精靜不熙。古未有以，萬物莫以（似）；古無有形，大迥（洞）無名。

《列子・天瑞》有一個萬物生成模式，在「太易→太初→泰始→太素」這四個階段中，「太易者，未見氣也；太初者，氣之始也；泰始者，形之始也；太素者，質之始也」。

《凡物流形》的宇宙生成模式，集中體現在以下這句話上：

聞之曰：一生兩，兩生三，三生母，母成結。

作為一種生成模式，《凡物流形》可能是受了《老子》第四十二章的直接影響。在《老子》提出的萬物生成模式中，「一」不是萬物的「最初」根源，它是由「道」產生出來的。《莊子・天地》篇「泰初有無，…一之所起，有一而未形」也是如此。陳鼓應氏解釋說，「一」是「道」（「無」）的創生活動中向下落實一層的未分狀態。「一」在「道」和「泰初」之下的層次上，而不是同「道」和「泰初」異名同謂〔註66〕。《凡物流形》生成模式中的「一」與此不同，它似乎處於一種「道」與萬物的聯接點上，後文我們還要論述。

〔註65〕李學勤：《荊門郭店楚簡所見關尹遺說》，《中國文物報》，1998 年 4 月 29 日。
〔註66〕陳鼓應：《莊子今注今譯》，1983 年，310 頁。

《天問》：曰：遂古之初，誰傳道之？上下未形，何由考之？冥昭瞢暗，誰能極之？馮翼惟像，何以識之？明明暗暗，惟時何為？陰陽三合，何本何化？

此外，馬王堆帛書《四時》、《經‧觀》、《天象》，以及《文子‧上禮》、《呂氏春秋‧大樂》、《淮南子‧俶真訓》、《天文訓》、《精神訓》、《詮言訓》等都沿襲了上述宇宙論的某一種或幾種說法。

概括起來說，古代中國的宇宙發生說有三種，一、創世說，二、道生說，三，氣化說〔註67〕。「道生說」的說法最早見於先秦《老子》書中。《太一生水》集中考慮宇宙發生論，但是《老子》說的宇宙發生論不是《老子》的主要問題。

《老子》第二十五章就提到「道」本不可說，但為了解釋清楚又不得不說，故這個名也是不得已才提出來的，所以「道」並不是一個高出天地萬物的本體、本源或本原；《老子》第四十章、第四十二章中的「有」、「無」、「一」、「二」、「三」也是語言哲學的，只是一個為言說方便而臨時性抬出的「名」。《道原》雖然設想有一個宇宙起源之時，但也是從形名之學入手。所以哲學講到最後都不得不回到語言上來。表面是探討什麼起源和物理性的發生，其實這都是不存在的，屬於一種邏輯化設想的東西，和「無」、「有」、「一」一樣屬於抽象、邏輯化思維的結果。

弄清楚萬物怎樣生成、宇宙最初的起源等物理學問題或者形而上學問題並不是中國先秦哲學的最終目的，宇宙起源論、萬物生成論不是中國先秦哲學所探討的最基本問題，宇宙發生論從屬於、服務於以形名之學為外殼的存在論的「道」論哲學，而科學以及立基於科學之上的形而上學只是包含在這種形名「道」論哲學中的一個階段和工具。

因為宇宙論並不是一個單純的物理學的起源問題，追問宇宙演化的最終目的還是要弄清楚人和世界的根本關係，只不過宇宙論屬於其中的最特殊也是最基本的問題之一；因為先秦人最終目的並不是單純地想要弄清楚宇宙初始的情況——其實時間的起點並不存在，無始無終；宇宙論並不足以表達他們的意旨，因此，人的歷史起源問題也是關乎「道」的基本問題。「太一」、「道」、「一」的追問與闡釋必然要追溯到人類和萬物宇宙的太初

〔註67〕周桂鈿：《中國傳統哲學》，北京師範大學出版社，1996 年版，第 52 頁一第 55 頁。

與泰始。而太初、道除了與宇宙發生關聯外，還與人類的歷史有密切關係。因此，對「道」追問的另一種表現形式就是對古史的越追越遠的建構和梳理。此舉與道家學說相關數例以明之[註68]：

《莊於‧繕性》：

> 古之人，在混芒之中，與一世而行澹漠焉。當是時也，陰陽和靜，鬼神不擾，四時得節，萬物不傷，群生不夭，人雖有知，無所用之，此之謂至一。當是時也，莫之為而常自然。逮德下衰，及燧人伏羲始為天下，是故順而不一。德又下衰，及神農、黃帝始為天下，是故安而不順。德又下衰，及唐虞始為天下，興治化之流，均淳散樸，離道以為，險德以行，然後去性而從於心。心與心識知，而不足與治天下，然後附之以文，益之以博。文滅質，博溺心，然後民始惑亂，無以反其性情而復其初。

《文子‧上禮》：

> 老子曰：上古真人呼吸陰陽，而群生莫不仰其德以和順。當此之時‧領理隱密‧自成純樸，純樸未散，而萬物大憂。及世之衰也，至伏羲氏，昧昧懋懋，皆欲離其童蒙之心，而覺悟乎天地之間，其德煩而不一。及至神農、黃帝，剖領天下‧紀綱四時，和調陰陽，於是萬民莫不竦身而思‧戴德而視，故治而不和。（《淮南子‧俶真訓》有相近的一段話。）

《十大經‧順道》：

> 大庭氏之有天下也，不辨陰陽，不數日月，不志四時，而天開以時，地成以財。

《莊子‧盜跖》：

> 神農之世，臥則居居，起則於於，民知其母，不知其父。與麋鹿共處，耕而食，織而衣，無有相害之心，此至德之隆也。然而黃帝不能致德，與蚩尤戰於涿鹿之野，流血百里。堯舜作，立群臣，湯放其主，武王殺討。自是以後，以強凌弱，以眾暴寡，湯武以來，皆亂人之徒也。

把宇宙論和古史發掘與重建這兩個追問「道」的形式結合起來看，可

[註68] 更多的討論可參看顧頡剛《古史辨自序》（上）相關章節，河北教育出版社，2000年。

以知道它們其實都是一個關乎人和世界的關係、世界萬物如何向我們澄明開來的存在論哲學問題，並不僅僅是個認識問題，當然其中自然包含了人對萬物的認知。值得注意的是，戰國中期往後道家主流觀念是認為一代不如一代、世風日趨衰薄的〔註69〕。比如《莊子‧天運》將黃帝、堯、舜、禹的「治天下」進行了一番比較得出結論：「黃帝之治天下，使民心一」，「堯之治天下，使民心親」，「舜之治天下，使民心競」，「禹之治天下，使民心變」。可謂每況愈下，但對黃帝還是贊許的。《盜跖》篇進而對黃帝也大有微辭。《十大經‧觀》、《淮南子‧說林》均認為分陰陽是在黃帝之世。《文子‧上禮》則認為，歷史到了伏羲氏時世風已衰，人們不再保有純真的童蒙之心，而試圖有所「覺悟」。及至神農、黃帝，遂給人們規定了各種條條框框，人心就再也不能復其本真了。《莊子‧繕性》篇也認為自神農以及更早的伏羲就開始一代不如一代。而法家的《商君書‧更法》則言到：「伏羲、神農教而不誅，黃帝、堯、舜誅而不怒。」《商君書‧畫策》曰：「神農之世，男耕而食，女織而衣，刑政不用而治，甲兵不起而王。神農即沒，以強勝弱，以眾暴寡，故黃帝作為君臣上下之義，父子兄弟之禮，夫婦妃匹之合，內行刀鋸、外用甲兵。」上古歷史在追求自然本真生活方式的道家看來是世道日漸衰微，但在主張不必法古、與時俱變的法家看來，這只是適應現實需要的變革而已，說不上是什麼衰退。所以差別的關鍵不在於對歷史考證上有多大不同，而在於對在世境界追求上的不同。其實儒道兩家都希望人類在鑿開混沌、有了意識、語言之後依然能夠如同遠古時期那樣雖無名無形，卻保持著素樸本真而契合於天道的生活方式，至少是要在心靈境界上努力達到，這是一種超脫了天地萬物限制的自由而自然的在世方式。所以說到底以物理認識為基礎的宇宙論和歷史論同屬於以道為基核、以形名學為論述模式、追求與天地萬物自然相應相和的存在論哲學，都是以尋求合「道」的生活作為最高目標的。《莊子‧應帝王》中有名的為混沌鑿七竅的寓言明確而又極為藝術性地表達了這一觀念，而上引《莊子‧繕性》正可看作是對這一寓言的詮解。而《凡物流形》與《易傳》一樣，則對變動中的世界萬物如何開顯進行考察，宇宙起源、歷史發掘只是其中一個比較特別的例子而已，因為宇宙論和未分陰陽的遠古史已

〔註69〕《老子》、《四經》中未見有這種情況相同，世風日趨衰薄之說始於戰國中
期以後。

經向我們提示了「始」和「微」對於把握萬物、聞「道」的重要性。

在宇宙生成論之下，還有一個關於人如何生成的問題也為中國先秦學術所關注。《文子‧道原》有論：「人受天地變化而生，一月而膏，二月血脈，三月而胚，四月而胎，五月而筋，六月而骨，七月而成形，八月而動，九月而躁，十月而生。形骸已成，五藏乃分。」〔註70〕《文子》把人的成形看成是一個物理的生長過程。《管子‧水地》與此同：「人，水也。男女精氣合，而水流形。」《莊子‧知北遊》認為生死問題只是氣之聚散的結果：「人之生，氣之聚也。聚則為生，散則為死。」《凡物流形》有《管子》的影響，但《凡物流形》側重要講人以及萬物成形之「始」，即「一」，即「見小」，顯然是《管子》影響下的一個理論提升。本篇簡文不探討具體事物的分別構成過程和質料，其重點不是指出萬物構成的基本質料，如精氣什麼的，而是要人們懂得時刻把握「一」，即「見小」，認為只有執一，才能時刻處於安然地位。

七、《凡物流形》與《楚辭‧天問》

當然，這種問「物」、論「物」的思潮最後彙集到了《楚辭‧天問》當中，一百七十四問匯成一個波瀾壯闊的洪流。此錄部分為例：

> 遂古之初，誰傳道之？上下未形，何由考之？冥昭瞢暗，誰能極之？馮翼惟像，何以識之？明明暗暗，惟時何為？陰陽三合，何本何化？
>
> 圜則九重，孰營度之？惟茲何功，孰初作之？斡維焉繫，天極焉加？八柱何當，東南何虧？

天地開闢以前的各種說法，是誰傳下來的呢；既然天地還未分剖，又怎麼進行考察呢；明暗未分，混沌一團，又怎麼進行探究的呢；既然是迷迷濛濛無形，又是如何認清的呢；明與暗又是什麼時候開始剖分的呢，陰陽參合而宇宙，又是從哪裏開始、怎麼演化變動的呢？天有九重，難得有人度量過嗎；九州是放在什麼上呢；水都千古不變地往東流，難道不會滿溢出來嗎，誰知道這是什麼原因呢？等等。同《凡物流形》非常近似，無怪乎整理者提出《凡物流形》屬於楚辭類作品，甚至稱之為《天問》的姊妹篇。

〔註70〕這也說明《凡物流形》非《文子》逸篇。

　　試將《楚辭‧天問》與《問物》篇略作比較。其區別中最明顯的一個表現是《楚辭‧天問》共有一百七十四個問句，而《凡物流形》篇中所見疑問句數量為四十四個。

　　就所涉及的話題與內容而言，首先，《楚辭‧天問》有大量內容是就堯、舜、禹、湯等古代先王及相關歷史故事提出疑問；而簡文《凡物流形》關於歷史故事的提問完全沒有，僅有「先王之智奚備」一句提及先王，但論述的重點在「智」，這裡是要追問先王為什麼能夠有知「道」的高超智慧。《凡物流形》篇中的疑問多集中於天地、萬物、鬼神、天文、地理等領域，與人事相關的話題反而很罕見。其次，《楚辭‧天問》篇中出現眾多具體人物名、地名，於此相反，《凡物流形》全無具體的專有名詞。這也可見二者之間重大差異。話題、內容上的差異反映的是創作主旨的不同。簡文《凡物流形》重在哲學思考，《天問》則在種種疑惑中透露出強烈的情緒和對歷史與現實的懷疑。

　　現代很多學者都認為《天問》這種敘事詩內容有不斷增補、追加的情形，並將殷、周乃至春秋時期的歷史故事混編其中，成為長編，至戰國初期固定形成為今所見形態。「問呵」形式的詩句也見於其他《楚辭》篇章與《詩經》等文獻，而《天問》則為其特別長而連續的一篇。伊藤清司認為「天問」的先行形態或許正如苗族等的創世歌一樣，最初大約為敘述天地開闢故事之遺存，其後在「原天問」基礎之上不斷增補、追加故事傳承，更廣及殷周神話、故事部分，數量上甚至佔據詩的大半內容〔註71〕。

　　但不可忽略了戰國時期思想界和學術界古史再發現思潮對《天問》的影響。嚴格說，《天問》可能正是這一思潮激蕩的產物。東漢王逸序嘗謂屈原遭放逐，彷徨於山澤之際，覩楚先王之廟與公卿祀堂之壁畫而難抑心中憤懣之情，遂於牆壁之上，寫下問呵之辭，後人據以整理彙集，此即《天問》一篇。其說無據，但不管是否成立，也與我們以為其受戰國社會思潮影響並不矛盾。「天問」的先行形態或許正如苗族等的創世歌一樣〔註72〕，

〔註71〕伊藤清司：《〈楚辭‧天問〉與苗族創世歌》，《史學》第四十八卷第二號（三田史學會，一九七七年），轉引自淺野裕一：《上博楚簡〈凡物流形〉之整體結構》，2009 年 9 月 15 日。

〔註72〕伊藤清司：《〈楚辭‧天問〉與苗族創世歌》，《史學》第四十八卷第二號（三田史學會，一九七七年），轉引自淺野裕一：《上博楚簡〈凡物流形〉之整體結構》，復旦大學出土文獻與古文字研究中心網 2009 年 9 月 15 日。

最初大約為敘述天地開闢故事之遺存，其後在思想界古史隆起的新潮流影響下，一方面增補、追加了歷史故事和人物，另一方面繼續對宇宙起源和萬物發生論加以整編，並對傳統的神話式解釋體系表示了適度懷疑。這樣從其思想和學術淵源來看，自然我們不好視《凡物流形》為苗族創世歌（「原天問」、「古天問」）與《楚辭・天問》相連的中間形態〔註73〕。

有必要指出的是，《凡物流形》的四十三問，雖然和《楚辭・天問》非常接近，但還有幾個根本性的不同，一、《楚辭・天問》是受到當時思想界古史隆起和「物」論思潮中的宇宙起源論、宇宙發生論思潮的更多影響，而《凡物流形》雖然也受到這種思潮的影響和啟發，但更多地接受了《管子》四篇的認識論、黃老「內聖」君道思想以及「物」論思潮中的形名之學的影響。二、《楚辭・天問》是宇宙發生論的，而《凡物流形》最終主旨不在宇宙發生。《楚辭・天問》對包括人類在內的天下萬物的存在原因、鬼神及各種自然現象的發生機理，展開了無窮的追問，頗有「吾將上下而求索」的氣概；而《凡物流形》則把這些天地萬物、社會人情等種種現象綜合起來考慮，提升到一個哲學思辨的高度，簡文前半部分的提問僅僅只是一個引子，目的是提出只有察道、「執一」才能見微知始、先見無形，如此，則事物的任何運動變化都能夠加以理解和掌握，如此，不僅每個得道、「執一」的人對上述問題都可以自己獲得自己的解答，而且還可以趨利避害、趨福避禍，修身養性，同時還可以「君」萬物而治邦家，成為一代聖君聖王。當然，簡書並不是說「道」就是前面所提那些具體問題的共同答案，「道」也不可能是一切事物運動變化的唯一答案，「道」只是一個總「名」。

另外，《凡物流形》認為，如果能夠捕捉到事物發生、變化的「始」和「微」，那麼我們就能夠「之（先）智（知）四淮（海）」、「至聖（聽）千里，達見百里」，如聖人那樣「尻（處）於亓（其）所，邦家（家）之垕（危）虎（安）薦（存）忘（亡），惻（賊）愁（盜）之复（作），可之（先）智（知）」，也就和執「道」、知「道」比較接近了。《老子》第四十七章與此相近：「不出戶，知天下。不窺牖，見天道。其出彌遠，其知彌少。是以聖人不行而知，不見而名，不為而成。」馬王堆帛書《老子》亦可見。

〔註73〕淺野裕一：《上博楚簡〈凡物流形〉之整體結構》，復旦網 2009 年 9 月 15 日。

《凡物流形》、《老子》都認為，要始終捕捉得到事物發生、變化的「始」和「微」，這就需要執「一」、察「道」。當然，見「小」、察「道」不能參與具體事務，需要靜心觀察、體悟。這些都是《楚辭・天問》所認識不到或未加注意的。

第六節　《凡物流形》「君心」說和先秦認識論、心性論

一、《凡物流形》「心」說解析

　　聏（聞）之曰：心不剩（勝）心，大嚻（亂）乃复（作）；心女（如）能剩（勝）心，【26】是胃（謂）少敢（徹）。系（奚）胃（謂）少敢（徹）？人白為戠（識）。系（奚）已（以）智（知）其白？終身自若。能募（寡）言虗（乎），能歔（一）【18】虗（乎）。夫此之胃（謂）少城（成）。【28】

　　「心不勝心」，可參《管子・內業》：「心以藏心，心之中又有心焉。」即認為人的精神可以分為幾個層面。詳細所指後文再論。

　　「敢（徹、徹）」，整理者訓為通達、通曉。整理者將「少」讀為「小」，恐怕不必。曹峰先生認為所謂「少徹」，乃是「心如能勝心」的結果，如果只是「小徹」，即小的、微弱的澄徹通明，似乎不能理解。有了「小徹」，應該還有「大徹」才是，可是《凡物流形》中並未出現。所謂「少徹」，意為有所澄徹，即只有通過「心能勝心」的修養工夫，心才能有所澄徹通明〔註74〕。其實「少徹」、「少成」與「小成」相比也沒有明顯區別。王中江先生提出，「少」有「要」的意思，《荀子・修身》說：「少而理日治。」在黃老學中，「一」相對於「多」，亦是「少」相對於「多」。《黃帝四經・成法》說的「一以騶化，少以知多」、《黃帝四經・道原》說的「為一而不化。得道之本，握少以知多」，即是其例。《凡物流形》「主一」，而

〔註74〕曹峰：《〈凡物流形〉的「少徹」和「少成」——「心不勝心」章疏證》，簡帛研究網，2009年1月9日。在此文中他又提出另一個解釋：「少成」或許可以理解為，只有通過「知白」、「自若」、「能寡言」、「能一」的修養工夫，人才能減少既成、既定的預設和偏見，才能以靜制動，以陰制陽，以不變應萬變，這也是聖人無為而治的一個重要方式。

所論「少徹」、「少成」正好又同「一」相聯，因此，其「少」不是常識意義上的數量或程度之「少」、「小」，而是指「要」和「本」，可以說是「本徹」、「本成」，即「根本上的通曉」、「根本上的成就」〔註75〕。此說的問題就在於，首先「敚」字若讀為「成」，雖音韻可同，但下文另有「城」表示「成」，在明顯有層次上遞進的情況下，為什麼要用不同字來表示同一的意思呢？所以「敚」讀為「成」恐怕未必合適。其次，「心能勝心」基本的含義就是能專心、虛靜、潔淨其心乃至生命存在，但也還只是認識發生的一個基本準備，還談不上什麼對事物或「道」的通曉，也算不上什麼根本上的「成就」。所以理解為「本徹」或「本成」未必恰當。

後來曹先生又否定了上述解釋，認為，「敚（徹、徹）」可以理解為「澄徹通明」，《莊子·大宗師》指出經過「朝徹」，最終達到的是「見獨」、「無古今」的境界。這樣的境界決不可能是小的、微弱的澄徹通明，也不可能是有所澄徹通明，只能是高境界、高層次的「徹」。「少」很可能通「朝」，「少」為書母宵部、「朝」為端母宵部，同屬宵部、均為舌音，存在通假的可能。「朝徹」就是有如朝陽呈現般的明徹。這一境界正是「心能勝心」的結果，具體而言表現為「知白」、「終身自若」〔註76〕。曹先生後說可從。《莊子·外物》云：「目徹為明、耳徹為聰、鼻徹為顫、口徹為甘、心徹為知、知徹為德，凡道不欲壅。」即認為人可有「知」，但吸收、孕育了相應的知識之後應當使之完全被消化，猶如已「忘」，重新回歸到「澄明透徹」的本來狀態。《莊子·大宗師》則將「朝徹」作為一個得道過程中的重要境界：「吾猶守而告之，參日而後能外天下；已外天下矣，吾又守之，七日而後能外物；已外物矣，吾又守之，九日而後能外生；已外生矣，而後能朝徹；朝徹，而後能見獨；見獨，而後能無古今；無古今，而後能入於不死不生。殺生者不死，生生者不生。其為物，無不將也，無不迎也；無不毀也，無不成也。其名為攖寧。攖寧也者，攖而後成者也。」從「外天下」到「外物」、「外生」、「朝徹」、「見獨」、「無古今」逐步提升。「外物」即以物為外，包括天下、死生皆不縈於心，好像都不存在一樣，思想上、精神上能凝寂空虛。「朝」指朝陽，「徹」指明徹，「朝徹」是指進入

〔註75〕王中江：《〈凡物流形〉的宇宙觀、自然觀和政治哲學》，《哲學研究》2009
　　　　年第6期，第57頁。
〔註76〕曹峰：《再論〈凡物流形〉的「少徹」與「訬成」》，簡帛研究網，2010年1
　　　　月11日。

物我皆忘、凝寂空靈的存在境界，生命和心靈猶如早晨太陽初升時那般清新明徹。「獨」則是莊子哲學體系中一個重要概念，指不受任何事物影響，也不必依待於任何事物，能夠獨立而無所依待的境界，其實就是所謂的「道」。「獨」的境界顯然高於「朝徹」，它不僅是使天地萬物「外」於我而保持物我皆忘的境界，而是能夠在同天地萬物相俯仰的過程中依然能夠不受影響，因為能自然而然地與萬物和諧，固也不必依待於任何事物。下文以「人白為識」解釋「少徹」，即是指心靈和生命潔淨、通透明亮的「朝徹」境界。

「人白為識」的「白」，整理者解「白」為「清楚，明白」，復旦讀書會讀作「泊」，其實不必。這裡應該同樣與認識事物之前使「心」保持虛靜、正敬的狀態有關係。後面簡文說：「奚以知其白？終身自若。」則簡文就是指不被某物或某種欲念等所牽絆的自在生活境界和心靈狀態。故曹峰先生以為「人白」就是「人通過『潔官』、『虛欲』以潔白其心，屬於一種養心之術。」〔註77〕

　　　　能（寡）言虗，能（一）虗，夫此之胃（謂）省（崇）城（成）。

「虗」，復旦讀書會讀為下句首字，意為「吾」，此從李銳先生意見，讀為「乎」〔註78〕。

「省」字整理者說下從「口」，為「少」之繁構，「少城」讀為「小成」，不確。「省」字不能看作「少」之繁構。楊澤生先生懷疑「省」為《說文》「讀若毚」的「訬」字異體，可以讀作「崇」，「省城」即「崇成」，意思是「大成」。與前面的「小徹」相對，意有遞進，所以稱之為「（崇）城」，即「大成」〔註79〕。另外，曹峰先生又提出，「眇」有高遠、精微玄妙之意，「省」讀為「眇」與《凡物流形》此章文意極為符合。並引《管子·內業》：「凡道無所，善心安愛，心靜氣理，道乃可止。彼道不遠，民得以產。彼道不離，民因以知。是故卒乎其如可與索，眇眇乎其如窮無所。」「眇眇乎其如窮無所」指的是「道」渺茫曠遠而無定處。「訬成」有可能

〔註77〕曹峰：《〈凡物流形〉的「少徹」與「少成」》，簡帛研究網 2009 年 01 月 09 日。

〔註78〕李銳：《〈凡物流形〉釋讀札記》，孔子2000網，2008 年 12 月 31 日。

〔註79〕楊澤生：《說〈凡物流形〉從「少」的兩個字》，簡帛網首發，2009 年 3 月 7 日；楊澤生：《上博七補說》，復旦大學出土文獻與古文字研究中心網，2009 年 1 月 14 日。

意為「高遠」、「玄遠」之「成」。或「妙」和「成」均為獨立的詞，全都用來描述得道者的崇高境界。曹先生又提出或將「省」字直接讀為「妙」，「妙」即精微、玄達、神奇之意，並引《老子》第一章「故常無欲以觀其妙。……玄之又玄，眾妙之門」與十五章「古之善為士者，微妙玄通」為證，認為無論「眇」字還是「妙」字，都與《凡物流形》此章前後文意、與《凡物流形》的道家思想背景相吻合〔註80〕。曹先生此說同簡文強調見「小」、明於「未形」的意思是十分貼切的，固可從。《管子‧水地》有「心之所慮，非特知於麤麤也，察於微眇，故修要之精。」說的是人心不光可以察知有形之物，也能進入精微未形之處。

「能寡言乎？能一乎？」《管子‧內業》云：「摶氣如神，萬物備存。能摶乎？能一乎？能無卜筮而知吉凶乎？能止乎？能已乎？能勿求諸人而得之己乎？思之，思之，又重思之。思之而不通，鬼神將通之。非鬼神之力也，精氣之極也。」《管子‧心術下》：「專於意，一於心，耳目端，知遠之近。能專乎？能一乎？能毋卜筮而知凶吉乎？能止乎？能已乎？能毋問於人而自得之於己乎？故曰：思之。思之不得，鬼神教之。非鬼神之力也，其精氣之極也。」與此相近。不過《管子》四篇有較詳細的論證，關乎感官、欲望、精氣、道等多個方面，而楚簡《凡物流形》只是將這些有關養心、認識論的思想概括為一個用「心」來控制、引導「心」以達到「一」之境界的精練原則。可能在《凡物流形》創製的時代，《管子》四篇中的這些認識論和養心養性之術，已經是個人所共知的背景性知識了，否則，簡文不可能如此簡略地說明這樣一個複雜的問題，即使《凡物流形》的作者沒有看過《管子‧內業》等篇，相信他也見過或聽過類似的觀點，至少他是有與之相關的思想作為創製的背景知識這一點是可以肯定的。而普遍地討論「心」、研究認識和「心」的修養之術，是要到戰國中後期才出現的。因此，認為《凡物流形》創作在《管子》四篇之前恐怕並不恰當。

曰：百姓之所貴唯君，君之所貴唯心，心之所貴唯一。

為什麼「君之所貴」是「心」呢，因為「心」能制「竅」，心能控制、指揮身體、五官。如《管子‧心術上》：「心之在體，君之位也。九竅之有職，官之分也。」這種思想在《五行》、《孟子》、《荀子》等先秦諸子文獻

〔註80〕曹峰：《再論〈凡物流形〉的「少徹」與「眇成」》，簡帛研究網，2010年1月11日。

中很常見。君主也處於這種「心」的地位，也需要這種功能來主宰萬民。但這裡不是宣揚君主至上，也不單單是說君主要關注自己的內心〔註81〕，而是提出君之為君，既有君的名分地位，就當有君的作用和功能，發揮應有的作用。可能暗示君主不應該代替臣子百姓去參與具體的事物。如果君主不做君主該做的事，不發揮君主該發揮的作用，而去親手參與到具體的社會瑣事當中，則一個國家就沒有名分與秩序可言。正是在這個意義上，簡文提出，如果君主「心不能勝心」，天下就會「大亂乃作」。《尸子・貴言》說：「然則令於天下而行，禁焉而止者，心也。故曰：心者，身之君也。天子以天下受令於心，心不當則天下禍。」與簡文接近。

而「心」所貴在「一」，首先是專心、「心能勝心」，用《管子・心術下》的話來說就是「專於意，一於心」，使心靈處於虛靜不受干擾的狀態；從深層次來講，就是「無為」的心靈和存在境界。

以「一」和「道」來要求君主，這就說明包括《凡物流形》在內的許多以「道」論為出發點或歸宿點的政治哲學，認為唯有道者才能擁有天下和君位，「貴君」其實是為了「貴一」、「貴道」，這一點同早期儒家提倡以「聖知」王天下是基本一致的。賈誼《新書・修政語下》引師尚父曰：「吾聞之於政也，曰：天下壙壙，一人有之；萬民叢叢，一人理之。故天下者，非一家之有也，有道者之有也。故夫天下者，唯有道者理之，唯有道者紀之，唯有道者使之，唯有道者宜處而久之。故夫天下難得而易失也，難常而易亡也。故守天下者非以道，則弗得而長也。故夫道者，萬世之寶也。」《太平御覽》卷八十四引《周書》云：太公曰：「夫天下，非常一人之天下也；天下之國，非常一人之國也。莫常有之，惟有道者取之。古之王者，未使民，民化；未賞民，民勤。不知怒，不知喜，愉愉然其如赤子，此古善為政也。」皆發明此意。

> 至情（靜？）而智（知），戠（識）智（知）而神，戠（識）
> 神而同（迵），〔戠（識）同（迵）〕而僉（僉），戠（識）僉（僉）
> 而困，戠（識）困而遉（復）。

「情」，整理者解為「實情」、「真實」，不確。李銳疑讀為「精」，非是。古代文獻裏並沒有「至精」的說法，「精」既精氣，本身已經是能「下

〔註81〕王中江：《〈凡物流形〉的「貴君」、「貴心」和「貴一」》，《清華大學學報》
　　　　2010 年第 1 期，第 85 頁。

生五穀，上為列星」，並使人等獲得生命與智慧，賦予該物以一種更高級的特性而成為萬物中的特別之物，還需要把「精」再進一層嗎？當然，人也不必於「精」之上另有「至精」方能「知」。廖名春先生讀為「靜」，「至靜而智」，是說達到靜，做到靜，就會有智〔註82〕。廖先生意見可從。如《呂氏春秋‧君守》云：「得道者必靜。靜者無知，知乃無知，可以言君道也。故曰中欲不出謂之扃，外欲不入謂之閉。既扃而又閉：天之用密，有準不以平，有繩不以正；天之大靜，既靜而又寧，可以為天下正。身以盛心，心以盛智，智乎深藏，而實莫得窺乎。《鴻範》曰：『惟天陰騭下民。』陰之者，所以發之也。故曰不出於戶而知天下，不窺於牖而知天道。其出彌遠者，其知彌少，故博聞之人、強識之士闕矣，事耳目、深思慮之務敗矣，堅白之察、無厚之辯外矣。不出者，所以出之也；不為者，所以為之也。此之謂以陽召陽，以陰召陰。東海之極，水至而反；夏熱之下，化而為寒。故曰天無形，而萬物以成；至精無象，而萬物以化；大聖無事，而千官盡能。此乃謂不教之教，無言之詔。」而《莊子》、《荀子》等先秦古籍均有「得道者必靜」的思想，且常以「鏡」或「止水」為喻。另外，「情」還可讀為「清」。不惟關尹「貴清」，先秦不少文獻言及精神、心靈和生命境界時皆尚「清」。如，郭店楚簡《五行》：「不仁，思不能清」、「仁之思也清，清則察，察則安。」也是談認識的產生過程。當然，如整理者那樣直接讀為「情」也不無道理，但解釋則有欠缺。楚簡《性自命出》也是集中談心性和情的文獻，《性自命出》認為「道始於情，情生於性，始者近情，終者近義。」「至情而知」是指情動則心必有所動，必有所悟。《淮南子‧原道訓》曰：「人生而靜，天之性也。感而後動，性之害也。物至而神應，知之動也。知與物接，而好憎生焉。」

「察知而神」，秦樺林先生引《莊子‧天地》為釋：「立於本原而後知通於神。」《易‧繫辭上》則謂：「陰陽不測謂之神。」《孟子‧告子上》云：「聖而不可知之謂神。」《經法‧名理》：道者，神明之原也。神明者，處於度之內而見於度之外者也。處於度之內者，不言而信；見於度之外者，言而不可易也。處於度之內者，靜而不可移也；見於度之外者，動而不可化也。靜而不移，動而不化，故曰神。神明者，見知之稽也。以《經法‧

名理》最為接近簡文之意。

「察神而同」，《荀子·儒效》：「此其道出乎一。曷謂一？曰：執神而固。曷謂神？曰：盡善挾治之謂神，萬物莫足以傾之之謂固。」

「察同而僉（儉）」，「僉」如整理者所讀，「險」，危險。指達於「固」「同」之境時則又可能僵化不能通變，而陷於險地。秦樺林（2009C）讀如本字，訓為「同」；後更正為「儉」，並引《老子》「我有三寶，一曰慈，二曰儉，三曰不敢為天下先」為證。沈培指出：「僉訓同，意為皆，是副詞」。即認識進入一個確定的階段之後則同時意味著認識陷入了死胡同。

「察困而復」，此即《周易·繫辭》「窮則變」之義，即認識、聞「道」重又回到起點。下文「百物不死如月」同此義。《老子》十六章：「夫物芸芸，各復歸其根，歸根曰靜，靜曰覆命，覆命曰常，知常曰明。」可參看。

此段文字，論述認識「道」、聞「道」的一個完整過程。《經法·論》：「惠生正，正生靜。靜則平，平則寧，寧則素，素則精，精則神，至神之極，見知不惑。」《呂氏春秋·論人》云：「無以害其天則知精，知精則知神，知神之謂得一。」皆可與簡文對讀。

簡書《凡物流形》中的這些認識論、養心說和察「道」思想，總體而言簡單而精練。顯然，這些觀念並不是作者個人獨自創造的，而是以一定的思想觀念甚至文獻為其基礎和背景的。作者幾乎都是對已有觀念的概述，即「聞之曰」，而自己並沒有做過多解釋，其中思想之間的跳躍性非常明顯。因此很清楚，作者認為這些都是一些常識性的知識，不必作過多的引申和發揮。這些在我們看來有些費解的語言，在當時卻是學者們大體上都能接受的背景文化和思想界的共同常識。

二、《凡物流形》「心」說與先秦認識論、心性論

下面我們來分析《凡物流形》中所涉及的有關修身、養心、察「道」等方面的思想資源，從而獲得對《凡物流形》相關內容的更深入理解。

有關認識、思維等問題，作為儒家開創者的孔子就提出了不少自己的看法。《論語·季氏》就說：「君子有九思：視思明，聽思聰，色思溫，貌思恭，言思忠，事思敬，疑思問，忿思難，見得思義。」孔子實際是把人的認識能力劃分為九種，包括感性「視」、「聽」、「色」、「貌」等，以及理性「言」、「疑」、「義」等。並且一以貫之的是「思」，這個「思」既有「思

欲」（情緒，如想像等）之義，又包含著「思維」、「思考」（理性）之義。說明人們已經比較明確地區分了耳目等感官和心的思考能力了。《論語》中「心」字凡六見，如「無所用心」、「七十而從心所欲」、「天下之民歸心」等，作為日常生活中所使用的術語，其含義比較複雜，當然其中自然也包括了認識、精神和意識等方面。《論語·述而》又說：「思修身，不可以不事親。思事親，不可以不知人。思知人，不可以不知天。」「不知命，無以為君子；不知禮，無以立也；不知言，無以知人也。」對事理、人、天一切對象的「知」，最後都要歸結到「修身」的目的上，我們可以看到，儒家的認識論是從屬於修身和存在的，這一點和戰國中期往前的先秦哲學基本是一致的，《凡物流形》也不例外。

而且，儒家一開始就注意把養心、「知」和修身、治國結合起來。《大學》第一章開篇即言：「大學之道，在明明德，在親民，在止於至善。」又云：「古之欲明明德於天下者，先治其國；欲治其國者，先齊其家；欲齊其家者，先修其身；欲修其身者，先正其心；欲正其心者，先誠其意；欲誠其意者，先致其知；致知在格物。」在此，思孟學派認識論體現了以下特點：其一，「知」不單單是個我們今天所說的認識問題，而是修身的主要內容，指養心養性、提高自己的存在境界，認識論與存在論融合在一起。這一點，其實《管子》四篇、《凡物流形》等文獻也都與此一致，例如《凡物流形》把察道作為修身的內容和主要過程。而且，《大學》把「修身」、「知」與「誠意」、「正心」聯繫起來，《管子》四篇等黃老道家文獻以及簡書《凡物流形》也都要求「虛」其心，與此不無相近之處。其二，就「知」而言，要實現個人之「聖」，擁有「君」萬物、「王」天下的能力，就必須有「知天道」的超群智慧和修養；而簡帛《五行》認為：「德，天道也。」故「知天道」當即《大學》所謂的「明明德」。簡帛《五行》說：「見而知之，智也；聞而知之，聖也。」就是說「聖」是即使未曾見到也能明白的那種智慧。《凡物流形》曰：「至聽千里，達見百里」、「坐而思之，謀於千里」也是這個意思。《五行》又說：「聖人知天道也。」、「聖知，禮樂之所由生也，五行之所和也。」其三，《大學》以「格物」作為認識的起步和過程，但沒有具體研究「心」如何「格物」，這是戰國時期許多思想家特別是道家黃老學派所特別矚目的課題。《大學》認為從每一次的「格物」開始向外擴散，隨著人自身修養的不斷提高而齊家、治國、天下平，

如此人的智慧不斷增長，人的修養不斷提高，直至最大的「物」——天下也被我們所「知」，所掌握。其四，認識的最終目的「在止於至善」。就個人來說，「知」是為了「誠意」、「正心」、「修身」的，而當這種「修身」工夫進一步擴大開來，「知」、「修身」就成為了與群體、社會密切相關的事業了，「齊家」、「治國」、「平天下」，最終甚至可能達致天下大同的最高社會理想，這樣個人化的「修身」之「知」就和政治關聯起來，成為一種通過「外王」而至的「內聖」過程。其實「修己」和「治人」、「內聖」與「外王」是不可分的，「知」萬物才能「君」天下，而不能「君」天下，也無法「知」萬物。而這兩者的完美結合也就是達於「至善」，是個人之至善也是天下之至善。在此，《大學》實際暗示，個人的修養和提高最終是離不開同社會、自然的和諧共存的。《凡物流形》簡文論述「心」，主要針對的還是「君」，並明確提出「察道，所以修身而治邦家」，也和前述儒家論調是完全一致的。

《中庸》第二十一章說：「自誠明，謂之性；自明誠，謂之教。誠則明矣；明則誠矣。」由自然之性而努力去擴展自身的認識，就叫「自誠明」，張載說：「『自誠明』，由盡性而窮理也。」（《正蒙・誠明篇》）。而「自明誠」則與此相反，由認識而逐漸達於內心之誠固，張載又說：「『自明誠』，由窮理而盡性也。」（《正蒙・誠明篇》）《中庸》：「誠者，非自成己而已也，所以成物也。成己，仁也；成物，智也；性之德也，合內外之道也……」「誠」和「性」「非自成己」，而是「成己」與「成物」的同時實現和相互成就，「心」、「物」是相互成就的，用認識論的話講就是主體與客體的相互成就和同時敞明，實際也是把「人」、「聖」的造就與修養放在格物、認知的基礎上。《中庸》不僅認可「自誠明謂之性」，也認可「自明誠謂之教」，認為教、習只要能讓仁義禮智等外在規範「形於內」，完全內化為毫不察覺的自然生命的一部分，復歸於自然而然的「性」，也可以讓人達到自然而然合於天地之道的境界。所以說「誠者，天之道也；誠之者，人之道也」是統一、相通的，但最終儒家還是希望「人之道」要復歸自然而然的「天之道」，達到「不勉而中，不思而得，從容中道」的聖人境界。也就是說，無論後天學習、認識到多少，最終都要把這些知識內化為生命本真的一部分，不能停留在語言、意識等層面，否則就會成為人繼續求知、聞道的障礙，修身需要養性，認知、養心只是其中的一部分或者說第一個階段，認

知、養心要從自然本真之「心」開始，最終也要回到自然而然的「性」。
所以《孟子‧盡心下》就說：「堯舜，性之也；湯武，身之也；五霸，假
之也。又云：堯舜，性者也；湯武，反之也。此言堯舜率其善性，不假修
習，乃安而行之也。三王以降，則或利而行之，或勉強而行之也。」如果
不執著於儒道之爭，必須承認，以「道」為立論基點的道家、黃老學與早
期儒家學說，在這個根本點上是完全一致的。如莊子的「忘」和「獨」，
俯仰萬物的最終追求也是要回歸自然而然的本真之在，甚至達致身心合
一、物我合一、天人合一的「道」境。而《管子‧內業》等篇所闡述的「心
術」也不是單純的認識論，而是屬於養生、修身與聞「道」的一部分。

　　《中庸》第二十七章說：「故君子尊德性，而道問學，致廣大，而盡
精微，極高明，而道中庸。」「尊德性」與「道問學」的融合構成了先秦
儒家認識論服務於、隸屬於修身論、存在論的根本特點。此外，《中庸》
還提出「博學之、審問之、慎思之、明辨之、篤行之」的認識方法與途徑。

　　在先秦道家的學術譜系中，《老子》對於人心、認識的思考相對簡單，
《老子》中「心」字凡十見。或指某種精神狀態，如「心善淵」；或指意
念、意志，如「心使氣曰強」；等等。與認識、思慮已有關聯，甚至已經
提出了「虛其心，實其腹」一類思想。但尚未把心作為認識的核心觀念深
入考察，也未認真研究認識和意識產生的過程。

　　《漢書‧藝文志》著錄了「《關尹子》九篇」〔註83〕，據有關文獻記錄，
關尹有「貴清」的思想。《呂氏春秋‧不二》說：「關尹貴清。」《莊子‧天
下》說：「以有積為不足，澹然獨與神明居，……關尹曰：在己無居，形物
自著。其動若水，其靜若鏡，其應若響。芴乎若亡，寂乎若清，同焉者
和，……」，文中「澹然獨與神明居」、「其靜若鏡」、「寂乎若清」等，在說
明合「道」的「人」與「物」的相互關係時都涉及認識問題，心要清靜，
不能摻雜主觀成見和個人慾念，讓「形」和「物」自著自明，猶如明鏡清
水映照事物，這就是「貴清」的意思。關尹的「其動若水，其靜若鏡，其
應若響」的應事接物態度，和莊子的「至人之用心若鏡，不將不迎，應而
不藏」（《莊子‧應帝王》）之論，是一致的〔註84〕。「清」即是靜，在道家

〔註83〕漢而後至宋以前，《關尹子》九篇不見於歷代史志，宋朝時被重新發現，載
　　　　於《宋史》。但自明初宋鐮開始，學者大都認為屬偽託，非關尹原璧。
〔註84〕崔大華先生認為關尹和莊子對「至人」境界的理解是很不相同。見崔大華：

的語言中，清和靜是可以通用的。《淮南子・原道訓》說的「聖人守清道而抱雌節」的「守清道」，也體現了「貴清」的思想。

在早期墨家作品中，「心」字使用雖多、但同《論語》中一樣，都不是獨立的哲學概念，並無高深的含義。《黃帝四經》中的「心」字，含義含混，辨析尚不清楚。白奚先生曾作過總結：「《四經》中的『心』字，據筆者初步統計，共出現十六次，含義比較單一，尚未成為獨立的哲學概念，與《論語》和早期墨家中的『心』字處於同一層次，亦未與人的認識活動發生聯繫。《四經》多在日常用語的層次上使用『心』字，如『俗者，順民心也』（《經法・君正》），『壹道同心，上下不赴』（同上），『詐偽不生，民無邪心』（同上），『所謂行忿者，心唯（雖）忿，不能徒怒』（《十大經・本伐》）等。……認為耳目等如果缺乏心的制約、思考就會偏離本性，所以他崇尚心之思，心思就能約束耳目等物慾。可見《四經》所謂『心』都是在其初始意義上使用的，並沒有超出《老子》、《論語》和墨子，尚不具備認識論方面的意義。」〔註85〕馬王堆出土文獻《黃帝四經》早已為學界所熟知，就其成書時代而言，李學勤認為其應在《管子》「四篇」之前〔註86〕白奚也做作出了類似的判斷：「關於成書年代，本書認為其（《黃帝四經》）成書較早，當在戰國早中期之際，先於管、慎、孟、莊諸書。……筆者認為，該書最有可能是稷下學宮中佚名的早期黃老學者所作，它是稷下黃老學派的奠基之作。」〔註87〕

這樣看，春秋末期到戰國早期的認識論，關注的主要是經驗層面的知識來源和求知方法等問題。如孔子所謂生知與學知、學與思的關係，老子所論為學與為道，墨子論聞見之知等。不過老子、孔子等人已經為戰國中期以來的「心術」、「養心」之論奠定了基礎，如心性論的合一，求知、聞道與修身的統一，「虛」心，「貴清」之說等等。

《道原》中有一段對於「聖人」境界的說明，或可視為對「心」的間接說明：「故唯聖人能察無形，能聽無〔聲〕。知虛之實，後能大虛。」這

《莊學研究》，人民出版社，1995年，第404頁～第405頁。

〔註85〕白奚：《稷下學研究——中國古代的思想自由與百家爭鳴》，北京：三聯書店，1998年，第105頁。

〔註86〕李學勤：《〈管子・心術〉等篇的再考察》，《管子學刊》1991年第1期。

〔註87〕白奚：《稷下學研究——中國古代的思想自由與百家爭鳴》，北京：三聯書店，1998年，第97頁。

顯然是追隨老子，指明「虛」為聖人應有的精神狀態。這裡的「聖人」包括「聖王」，在老子那裡，「虛其心」屬於對一般修身與生命存在關係的說明，至《黃帝四經》則把道家前期的修身理論主要地應用於治國為政，所以《道原》此處所談的「虛」，主要是從君主角度來考慮的，並進而推論，聖王之所以能讓「天下」臣服，首要的原因就是「能大虛」。又如《十大經·五正》記載閹冉回答黃帝問「五正（政）」時說：「始在於身，中有正度，後及外人。」意思也是說君王應先通過修身、提高，形成對萬物與社會一定的認識，有了一定的是非等法則、理念，然後才談得上對其他人的治理。「中有正度」的「中」，指的應該也就是老子「守中」說的「中」，都是指「心」，「心中有道」，聖王才能據此以治理天下。值得注意的是，從理論結構上講，這種首先強調自身修養，進而治理他人的思路也是儒家「修己以安人」（《論語·憲問》）的思路，這種思路的源頭可回溯到殷周之際的聖王，帶有巫術色彩的東西最終卻在先秦諸子這裡成為一個很大程度上為眾人共享的哲學話題。

　　《經法·亡論》中把「縱心欲」作為「三凶」之一，需要說明的是，那個時候所說的「心」並不是可以和生理如血氣、體氣等截然分開的思維、意識等單純的心理內容與過程，「心欲」就包括了個人慾望、主觀臆斷甚至情緒等受心理和生理同時影響的多方面要素。所以《經法·亡論》反對「縱心欲」既有老子「去欲」、虛心的內在要求，也內含有孔子所謂「毋意，毋必，毋固，毋我」（《論語·子罕》）反對主觀臆斷、追求虛己以接物的主張，作為接物處世的修養理論，這裡面自然包含了認識論因素。作為治理天下的君王，「信能無欲，可為民命」（《道原》）去個人慾望而秉持一顆公心是很重要的；但顯然去「心欲」的主張為後世認識論上要求虛靜內心的說法奠定了一個論述的前提。

　　在老子的生命存在修養工夫中，有一種「去智」的說法，老子大體主張「去慮」、「為學日益，為道日損」是大致不誤的，似乎和儒家、《黃帝四經》、《文子》等把「道」作為可以「知」、可以「聞」的觀點完全相反。在老子看來，「道」不可為，不可學，甚至不屬於對象性的事物，而是一種完全的自然、本真行為，所以《老子》並未提到「學道」的問題。然而，既然「道」在老子那裡仍然屬於可以踐履、體悟的範疇，就不是一個與「知」完全對立的本體，他所反對的只是那種刻意的思慮和學習行為，認為這種

方法並不能體「道」，一味地學習那些建立在語言、意識、理性基礎上的東西只是使人離循「道」的生命存在越來越遠，甚至最終把「道」徹底拋棄。而一般所謂的「智」，通常是「欲」的結果，表現為語言、意識和理性，是反道的，所獲得的是一種個體化的感覺性、零碎之智識，甚至純主觀化的東西。《黃帝四經》和《老子》並不矛盾，只是認為「知」的過程應該循「道」，不能離開自然而然的本真生命狀態。故「道」雖無形無名，卻有象有信，仍然屬於「知」的範圍，否則就不可能會談它了。

而《黃帝四經》和《文子》、《凡物流形》等文獻，都不再滿足於像《老子》那樣停留在把「道」看作超乎一般的認知、只能作否定性言說而不可通過理智加以把握的對象，也不再只作模糊的描述和形容，雖然因為「道」化在萬物之中，確實不可直說也說之不盡，但通過「形名」、「見小」、「執一」等術語的建構和步步闡述，卻為後世力求合「道」、知「道」的生活與在世境界鋪設了一條比較明晰的路徑。這就是形名之學理論之於中國哲學的巨大意義。

因此，《黃帝四經》、《文子》等文獻中的「道」，具有更明確的可說明性。而《黃帝四經》在關於「知」的問題上在基本不反對老子主張的同時發展了老子的觀點，把對「道」的體悟和聞知建立在具體的生活實踐中，而不再只是飄渺的空中樓閣。對於力求得道於心的聖人、君王而言，「見知天下而不惑」（《經法・道法》）不僅必要而且可能。《道原》說聖人：「唯聖人能察無形，能聽無〔聲〕」，即聖人比一般人看得更深遠，然後解釋原因。《道原》說聖人有一種「能大虛」的精神狀態和生命境界，這種境界可「通天地之精，通同而無間」，即與物為一、不牴牾的得道境界，所謂「服此道者，是謂能精」，這樣的心靈與存在境界就會有深遠的「察」與「知」：「明者固能察極，知人之所不能知，服人之所不能得。是謂察稽知極。」最終「君」萬物、「天下服」。《道原》所謂聖人「能大虛」的精神狀態，顯然和《管子》四篇所闡述的「心術」、荀子「虛壹而靜」的認知之心有內在的一致性。總體來看，《黃帝四經》認為只有體道，才能真正有認識；只有順應道，物質性的世界才會在我們面前現出「形」，即開顯出來，世界也因此不再是一片混沌，我們也不再只會憑本能行動。《凡物流形》顯然接受了這些前輩的思想成果。

與此相應，「四經」中提到的「精」和「神」多是在認知層面上被使

用的。《經法・名理》說到：「道者，神明之原也。神明者，處於度之內而見於度之外者也。……神明者，見知之稽也。」這裡不僅正面提到人之心所擁有的反映、想像、思考和認識事物的功能——「神明」，而且認為人的這種特殊能力來源於道，換句話說，人只有循道而在、「心」以自然無為的「道」為指導，不先物動，才能獲得「神而明之」的能力。《管子・內業》等的心無為、靜因之術顯然受到《經法・名理》或類似文獻的啟發。《經法・論》中又稱：「〔強生威，威〕生惠，惠生正，〔正〕生靜，靜則平，平則寧，寧則素，素則精，精則神。至神之極，〔見〕知不惑。」並進而明言：「帝王者，執此道也。」非常清楚，《經法・論》通過展示一個獲得認知的完整過程，再次將「見知不惑」與合「道」的心靈與生命修養工夫聯繫了起來。前面「強」、「威」、「惠」、「正」等內容論者多以為與治民賞罰之道有關，其實未必。但從「靜」開始，「平」、「寧」、「素」、「精」、「神」等應當都是指逐次遞進的心之狀態，引文中「以上四句言『治人』，以下五句言『正己』」〔註88〕儒、道所探討的個人修養，無論是有關「心」的還是「性」的，都不是單指個人的道德境界和品格問題，而是人的整個精神境界和生命境界的提高，首要的就包括認識能力，如「知」、「聖智」。而且因為是人的整體提高，所以儒、道兩家都不主張從世界脫離開來的純客觀性觀照和數理分析，而是認為人首先只有在同世界的日益和諧中，把陌生化、異化的世界日益變成與我們完全和諧如一的境界才能最終獲得自由而自然的生存之境。

　　有關心、認知等方面的內容在《黃帝四經》中還有「夜氣」和「一」的思想值得關注。《十大經・觀》有言：「是〔故〕贏陰布德，〔重陽長，晝氣開〕民功者，所以食之也；宿陽修刑，童（重）陰長，夜氣閉地繩（孕）者，〔所〕以繼之也。」陳鼓應先生解釋：「陰氣滿盛時陽氣便開始萌生，所以此時長養之德開始布散；陽氣逐漸積累，晝氣發動，成就事功，人類因此而得到飲食養育。陽氣積久時陰氣便開始萌動，所以此時肅殺之刑開始醞釀；陰氣開始逐漸積累，夜氣閉合，孕育生機，人類因此而得到後繼繁衍。」〔註89〕簡文中的「夜氣」一說可能直接影響了孟子心性修養論上

〔註88〕陳鼓應注譯：《黃帝四經今注今譯：馬王堆漢墓出土帛書》，商務印書館，2007年，第135頁。
〔註89〕陳鼓應注譯：《黃帝四經今注今譯：馬王堆漢墓出土帛書》，商務印書館，

的「存夜氣」說：「其日夜之所息，平旦之氣，其好惡與人相近也者幾希，則其旦晝之所為，有梏亡之矣。梏之反覆，則其夜氣不足以存；夜氣不足以存，則其違禽獸不遠矣。人見其禽獸也，而以為未嘗有才焉者，是豈人之情也哉？」此處之「夜氣」，與「心」高度相關，故徐復觀先生將此「夜氣」與「本心」聯繫起來：「孟子又在《告子》上的『牛山之木嘗美矣』一章中提出『平旦之氣』、『夜氣』，以為此是人的善端最易顯露的時候，也是當一個人的生理處於完全休息狀態，欲望因尚未與物相接而未被引起的時候；此時的心，也是擺脫了欲望的裏脅而成為心的直接獨立的活動，這才真正是心自己的活動；這在孟子便謂之『本心』。」〔註90〕

至於《十大經》中的「一」論我們後文再作闡述。

到了學術爭鳴、碰撞日趨激烈的戰國中後期，對「心」的關注和研究盛行一時。《管子》、《孟子》、《莊子》、《荀子》等均有認識論、養心之術的深入探討，在如何才能獲得正確認識的問題上，戰國中後期的思想家們都把關注的焦點放在「心」上，明確了「心」與認知過程、心理活動的關係；把「心」從耳、目等感官中突出，強調「心」對耳、目等器官的主導作用，明確它們的不同職能；都認為「心」如果能處於某種特定的理想狀態，就能獲得正確的認識，獲得最高的修養。《凡物流形》的「君心」之論，在先秦許多文獻中都可找到其淵源。

《逸周書·武順解第三十二》：「人道尚中，耳目役心。心有四佐，不和曰廢。」以耳目口鼻為心之「四佐」，服務於「心」，認為只有這樣人才能「和」；其以「心」為主導、人的各個部分和器官應當相和成一整體的思想很值得重視。

簡帛《五行》云：「耳目鼻口手足六者，心之役也。心曰唯，莫敢不唯；諾，莫敢不諾；進，莫敢不進；後，莫敢不後；深，莫敢不深；淺，莫敢不淺。和則同，同則善。……『上帝臨汝，勿貳爾心』，此之謂也。」帛本《傳》簡317曰：「耳目也者，悅聲色者也。鼻口者，悅臭味者也。手足者，悅燸餘者也。」〔註91〕

2007 年，第 218 頁。

〔註90〕徐復觀：《中國人性論史》，華東師範大學出版社，2005 年，第 106 頁。

〔註91〕國家文物局古文獻研究室編：《馬王堆漢墓帛書》（壹），文物出版社 1980 年 3 月第 1 版；荊門市博物館：《郭店楚墓竹簡》，文物出版社 1998 年 5 月第 1 版。

照《五行》的說法，心與感官的關係是主與役的關係，心是使令者，感官是聽令者。耳目鼻口手足是人的感覺器官，而心是人的思維器官，感官與思維是和而同一的。人對外界的感知受心的支配，感知什麼對象，如何去感知，感知到什麼程度，無不由心所主宰。孔子所謂「非禮勿視，非禮勿聽，非禮勿言，非禮勿動」（《論語・顏淵》。），就是要求用「心」來控制耳、目、四肢等器官。而人對外界的感知則具有自覺的色彩，如果無所不視，無所不聽，則人性等同於獸性。只有讓感官與心和而同一，乃有所謂善。

郭店《語叢一》：「有生有知，而後好惡生。」《語叢二》：「知生於性。」何以能知？郭店儒簡認為其一是出自天生資質，其二則得自仁、義、禮、知、聖的積累而增長其功力，而天生資質是人所以能知的前提。

《管子・宙合》也說：「耳司聽」，「目司視」，「心司慮」。《管子・心術上》更進一步：「心之在體，君之位也；九竅之有職，官之分也。心處其道，九竅循理。」認為心是「君」，而九竅則是「官」是臣。並強調了心對九竅的控制作用：「耳目者，視聽之官也。心而無與於視聽之事，則官得守其分矣。夫心有欲者，物過而目不見，聲至而耳部聞也。……心術者，無為而制竅者，故曰『君』。」

《管子・心術上》還提出應該人應該弄清楚能「知」的原因，「人皆欲知，而莫索其所以知：其所知，彼也；其所以知，此也；不修之此，焉能知彼？」提出要修養心之術。當然，《管子》四篇中的心術與認知理論，是與其養生、修身思想結合在一起的，所以其對「知」、「心」等的探討同樣追求人內外、生理與心理的統一和和諧。故《管子・內業》云：「定心在中，耳目聰明，四肢堅固，可以為精舍。」所以《管子》四篇對認識論和修身理論發展的貢獻還在其把「道」論和「精氣」說引入其中。

《孟子・告子上》云：「耳目之官，不思而蔽於物，物交物，則引之而已矣。心之官則思，思則得之，不思則不得也。」認為耳目等如果缺乏心的制約、思考就會偏離本性，所以他崇尚心之思，心思就能約束耳目等物慾。在孟子這裡，大體小體，耳目與心皆是「官」，統一於生命之整體。

後來荀子又作了進一步的總結，並使闡釋過程表現得更為嚴密。《荀子・天論》則把耳目口鼻形與心區別為「天官」與「天君」：「天職既立，天功既成，形具而神生，好惡喜怒哀樂臧（藏）焉，夫是之謂天情。耳目

鼻口形，能各有接，而不相能也，夫是之謂天官。心居中虛，以治五官，夫是之謂天君。……聖人清其天君，正其天官，……如是，則知其所為，知其所不為矣，則天地官而萬物役矣。」認為天君與天官能夠各得其所，則萬物都能為我所用。《解蔽》篇又云：「心者，形之君也，而神明之主也，出令而無所受令。自禁也，自使也，自奪也，自取也，自行也，自止也。故口可劫而使墨雲，形可劫而使詘申，心不可劫而使易意，是之則受，非之則辭。故曰：心容，其擇也無禁必自見，其物也雜博，其精之至也不貳。」不過，荀子又對心和各感官的相互配合關係作了另一方面的強調，在《荀子・正名》中，感官已是當簿者，沒有感官「當簿其類」，則心之「徵知」將無知可徵：「心有徵知，徵知則緣耳而知聲可也，緣目而知形可也。然而徵知必將待天官之當薄其類，然後可也。」

《呂氏春秋・貴公》篇亦云：「夫耳目鼻口，生之役也。耳雖欲聲，目雖欲色，鼻雖欲芬香，口雖欲滋味，害於生則止。在四官者不欲，利於生者則弗為。因此觀之，耳目鼻口，不得植行，必由所制。譬之若官職，不得撞為，必有所制，此貴生之術也。」

由《五行》心之役說，至《管子・白心》心君說，至《孟子》大體小體說，再至《荀子》等的天官天君說，前後相繼，可謂一脈相承。

以簡文《凡物流形》與上述典籍對比不難發現，本篇簡書所謂的「心能勝心」，首先就吸收了當時普遍接受的「心」統治、主宰耳目等全體器官和「心」應保持自身和諧寧靜兩方面的思想。「心如能勝心」，表面是分「心」為二，即用一種心去控制和戰勝另一種心，被戰勝的心顯然不單單包含了負面的意識［註92］，還包含著同樣對認知有影響的情緒、欲念、潛意識、生理血氣與體氣等等方面，如果僅僅是一種正面意識對負面意識的克服，那就只是一次平常而自覺的心理活動而已，談不上與「道」、與修身養性有任何聯繫，顯然這是不合簡文主旨的。所以「心能勝心」乃是希望用心來調理整個生理和心理，包括體氣、心氣、心欲等等，保持心靈的潔淨。

不過，《凡物流形》所說的「心能勝心」，還包括精神「專一」和中心要「定」的意思，即心靈高度自在自由、不受任何東西干擾的清靜狀態。即《十大經・名刑》所謂：「能一乎？能止乎？能毋有己，能自擇而尊理

［註92］王中江：《〈凡物流形〉的宇宙觀、自然觀和政治哲學》，《哲學研究》2009年第6期，第57頁。

乎？」正如《荀子·正名》所云：「凡觀物有疑，中心不定，則外物不清；吾慮不清，則未可定然否也。」又云：「故人心譬如槃水，正錯而勿動，則湛濁在下而清明在上。則足以見鬚眉而察理矣。微風過之，湛濁動乎下，清明亂於上，則不可以得本形之正也。心亦如是矣。故導之以理，養之以清，物莫之傾，則足以定是非、決嫌疑矣。小物引之，則其正外易，其心內傾，則不足以決庶理矣。」荀子把儒家的「理」和道家的「清」結合起來，集中強調的只是這種精神的專一和心定的狀態，其目的主要還是在認識論上，而和以養生、修身為歸依的黃老心術有距離。

《五行》篇所說的「一」就主要著眼於心靈和整個精神生命的高度自主和清淨，所以叫「天心」，即合於自然的虛靜狀態。即《韓非子·揚權》所云：「執一以靜。」

當然，《凡物流形》所說的心貴「一」，「執一」，還包含了特定的內涵，乃是以無為之「道」來闡述心術理論的另一種概括。

《中庸》已經談到「自誠明」和「自明誠」等問題，而同屬於思孟學派早期典籍的簡帛《五行》也結合「人」的成長對認知問題有過思考：「君子無中心之憂則無中心之智，無中心之智則無中心之悅，無中心之悅則不安，不安則不樂，不樂則無德。」認為如果沒有情感上的憂愁就不會有思考與認知的獲得，而這種智慧或知識的有無又影響到人「仁義禮智聖」五行的培養和內化，進而影響了人「性」的成長和完善。又說：「智弗思不得，思不清不察，思不長不得，思不輕不形……」認為不思考就不會有智慧、知識，思考時如果心不清虛寧靜，也就不能有明悟。又說：「不仁，思不能清。不智，思不能長。」「仁之思也清，清則察，察則安，……」「智之思也長，長則得，得在不忘，不忘則明。」認為思慮和心的清虛有賴於人對「仁」、「智」等的培養，其實就是認為人以合乎天道和人之為人的本真之態來生活，才能保持心靈的虛靜和平和，進而才能有所得。這明顯是把人的整體生命存在作為認識的前提和準備，認為認知是立基於存在基礎之上，所以要有正確的認知發生，就必須先養性修身，以合於天地之道的方式去生活。然而，客觀來講，在子思等早期儒家思想那裡，這種養心養性之論還只是一種相當模糊的內省工夫和求「善」行「德」的實踐生活要求，對如何認知而有所得尚缺乏細緻的闡述。戰國中期往後，人們開始縝密思考正確認識的因素是什麼，由以子思等為代表的早期儒家所著重闡釋

的養「性」之論，發展到對「心」的更多關注，從而把中國早期思想修身成聖的學說推進到一個新階段。對於「心」處於什麼樣的狀態才能獲得正確認識，人們在「道」思想這一新思潮的洗禮下大體達成共識，那就是認為「己」、自我的挺立造成了對「物」和他者的排斥，進而導致認識的偏差、失誤和有限。當然各家各派對此有著不同的表述，關於心的理想狀態，關尹言「清」、《管子》說「心處其道」、「虛靜」，孟子謂「存心」、「養心」，莊子謂「心齋」，荀子謂心「大清明」、「虛壹而靜」等。而對於認識的障礙和存在的非「道」狀態，宋銒有所謂「宥」，《管子》有「過在自用」和「智與故」，慎到謂之「建己之思」與「用智之累」，莊子謂之「成心」，荀子所謂「蔽」，韓非所謂「前識」，《呂氏春秋》所謂「尤」與「囿」等說法。此擇其要而述之，以明《凡物流形》心「一」理論的內在涵義和思想脈絡。

　　《凡物流形》講究「少敢（徹、徹）」、「寡言」、心能勝心、心「一」，而《黃帝四經》也常用「虛」、「靜」、「公」等術語，如《經法·名理》：「虛靜謹聽，以法為符。」《經法·名理》：「故唯執道者能虛靜公正。」《經法·道法》：「公者明，至明者有功。至正者靜，至靜者聖。無私者智，至智者為天下稽。」又云：「故唯執道者……故能至素至精，浩彌無形，然後可以為天下正。」《經法·論》：「無不寧其心，而安其性。」《十大經·順道》：「力黑曰：大庭之有天下也，安徐正靜，柔節先定。」《十大經·順道》：「中情不流，執一毋求。」而《經法·道法》所謂「見知之道，唯虛無有」可以視為《黃帝四經》論述認識事物和把握「道」總的途徑和方法。「虛無有」就是保持內心的虛靜，不受外界事物和自身各種意欲的干擾和影響。如何才能做到「虛無有」呢？《經法·道法》進而指出：「故執道者之觀於天下也，無執也、無處也、無私也。」《經法·論》還對這種循「道」的認知過程中心靈所具有的狀態進行了一步步描述：「惠生正，正生靜。靜則平，平則寧，寧則素，素則精，精則神。至神之極，見知不惑。」相比較而言，《黃帝四經》中對這種「執道者之觀於天下」的方法和過程描述比《老子》「滌除玄鑒」等說法要明白得多，後者則更抽象、神秘、晦澀。首要原因就在於《黃帝四經》把對「道」落實為事物如禍福吉凶的未形未生狀態，即「禍福之所從生」的「初」與「微」，而《老子》只看重對「道」的直接體認和踐履，不屑於對具體事物加以觀察和瞭解。

經過《黃帝四經》作者、關尹、宋鈃等眾多思想家的多方面努力，到以《管子》四篇為代表的稷下道家，已經形成了詳細而相對嚴密的「心術」理論。

早期道家提倡去欲，楊朱學派提倡「貴己」，而墨家有節儉的思想傳統，至於子思、公孫尼子等人則亦有「坊欲」、修己貴「中和」、貴「誠」的說法。因此，在談到認識問題的時候各家各派幾乎都對「欲」有自己的說法。

《管子・白心》：「思索精者明益衰，……臥名利者寫生危，持而滿之，乃其殆也。名滿於天下，不若其已也。名進而身退，天之道也。」

《管子・內業》：凡食大道：大充，傷而形不臧；大攝，骨枯而血沍。充攝之間，此謂和成。精之所舍，而知之所生。饑飽之失度，乃為之圖。飽則疾動，饑則廣思，老則忘慮。飽不疾動，氣不通於四末；饑不廣思，飽而不廢；老不忘慮，困乃速竭。大心而敞，寬氣而廣，其形安而不移，能守一而棄萬苛，見利不誘，見害不懼，寬舒而仁，獨樂其身，是謂雲氣，意行似天。又說：「食莫若無飽，思莫若勿致。節適之齊，彼將自至。」《立政・九敗解》還特別批評「從欲妄行」的「全生」之說。

受子思學派、稷下學派影響的孟子提出「寡欲」：「孟子曰：養心莫善於寡欲。其為人也寡欲，雖有不存焉者，寡矣。」（《孟子・盡心下》）是說能做到寡欲的人，即使有不能保存本性的，也很少啊。認為飲食等乃是低賤小事，「飲食之人，則人賤之矣，為其養小以失大也。」（《孟子・告子上》）主張「無欲其所不欲」，無以口腹之小養害心志之大養。不過，荀子由於並不堅持以理想的合「道」境界作為一切認識的前提，所以他對「欲」的要求也沒有道家和早期學者那麼嚴格，認為「欲」只要控制得當，就不會對認識有妨礙，有些「欲」甚至對認知有幫助。所以他將「節欲」和「導欲」相結合。《荀子・正名》：「心之所可中理，則欲雖多，奚傷於治？欲不及而動過之，心使之也。心之所可失理，則欲雖寡，奚止於亂？故治亂在於心之所可，亡於情之所欲。」對不當的欲者，即「輕理」之欲，應當節求；當欲者，即合理之欲，則不以多寡為限，一切以是否合乎禮義為轉移。「導欲」就是用教育等辦法，把人的欲多而不欲寡的本性引導到合理的軌道上來，達到禮義法治的目的。因此，他同時接受了儒家「誠」、的「慎獨」的主張：「君子養心，莫善於誠，致誠則無它事矣，唯仁之為守，唯義之為行。誠心守仁則形，形則神，神則能化矣；誠心行義則理，理則明，明則能變

矣。變化代興，謂之天德。天不言而人推高焉，地不言而人推厚焉，四時不言而百姓期焉。夫此有常，以至其誠者也。君子至德，嘿然而喻，未施而親，不怒而威。夫此順命，以慎其獨者也。」

　　荀子的「慎獨」之說，在出土文獻《五行》篇第 184 行也有說明：「能為一然後為君子，君子慎其獨。」第 221 行以下釋此句說：「能為一者，言能以多〔為一 222〕，以多為一也者，言能以夫〔五〕為一也。」劉向《說苑・反質》亦引《鳲鳩》此詩，又引《傳》曰：「尸鳩之所以養七子者，一心也。君子之所以理萬物者，一儀也。以一儀理萬物，天心也。五者不離，合而為一，謂之天心。在我能自深結其意於一。故一心可以事百君，百心不可事一君。是故誠不遠也。夫誠者，一也。一者，質也。君子雖有外文，必不離內質矣。」

　　以《五行》、荀子的「慎獨」、「誠」來審視《凡物流形》的「寡言」之說，十分恰當。

　　在上述已有成果的基礎上，《呂氏春秋・論人》乾脆直接把「節欲」同「知」神而能得萬物之形聯繫在一塊：「何謂反諸己也？適耳目，節嗜欲，釋智謀，去巧故，而遊意乎無窮之次，事心乎自然之途，若此則無以害其天矣，無以害其天則知精，知精則知神，知神之謂得一。凡彼萬形，得一後成。」

　　需要說明的是，《管子・心術》等篇所說的「欲」，不僅僅是指維持生命需要和口腹等生理欲求，即物慾，與宋鈃等人不同〔註 93〕；或者說《管子》四篇所特意強調的不是「人我之養」，而是精神性的意念、情緒、情感等，具體來說就是喜怒、好惡、智巧等。其所謂「去欲」是指排除這些心理干擾，使心達到「無藏」、「虛累」的狀態，目的是「潔其宮」，使心成為精氣駐留。所以，《管子》四篇所涉及認識論的重點是「虛」、「靜」、「潔」等內容。《心術上》云：「潔之者，去好過〔惡〕也」，又說：「是以君子不

〔註93〕郭沫若《青銅時代・宋鈃尹文遺著考》一文認為《管子・心術》等是宋鈃尹文著作，載《郭沫若全集》歷史編第 1 卷，人民出版社 1982 年 9 月版。劉節曾略先於郎沫若，於《管子中所見之宋鈃一派學說》中提出相同觀點。見劉節：《古史考存》，人民出版社 1958 午 2 月版第 238～258 頁。又見郭沫若《十批判書》中《稷下黃老學派的批判》一文，載《郭沫若全集》歷史編第 2 卷，人民出版社 1982 年 9 月版。白奚書《稷下學研究：中國古代的思想自由與百家爭鳴》（北京三聯書店 1998 年版）第 8 章亦有討論。

怳乎好，不迫乎惡，恬愉無為，去智與故。其應也非所沒也，其動也非所取也。」《管子‧內業》云：「憂悲喜怒，邁乃不處。」《內業》又說：「敬除其舍，精將自來。」《心術上》：「天曰虛，地曰靜，乃不忒。潔其宮，開其門，去私毋言，神明若存。紛乎其若亂，靜之而自治。強不能遍立，智不能盡謀。」《管子‧白心》曰：「是以聖人之治也，靜身以待之，物至而名自治之。」這些思想的根源都是《老子》，郭店竹簡甲本云：「我亡為而民自〔化〕。我好青（靜）而民自正。我谷（欲）不谷（欲）而民自樸。」（通行本 57 章）

也就是說，要使精氣入捨而產生智慧，既要使生理等欲望適度，嗜欲充溢則目不見色，耳不聞聲，心失其正，「虛其欲神將入舍；掃除不潔，神乃留處」。同時還要排除智、巧、世故甚至理性、情緒等，這就是「去私」的工夫，使心象明鏡一樣，靜、虛、潔、明，清，「鏡大清者，視乎大明」（《管子‧心術下》），靜則精，精則明則神，則物來而自然生出反映，若「影之象形，響之應聲」。為抵制誘惑，《管子》四篇也贊同早期儒家的養性修身傳統，如《心術下》謂：「外敬而內靜者，必反其性。」

使精氣入舍後，還要使精氣留駐不失。這同樣需要使心經常保持平、靜、安、敬、寧、虛的狀態，即不受任何外界干擾的本然狀態。然而外界事物無時無刻不在干擾和破壞著心的本然狀態，因而要想保住精氣不使喪失，就必須經常調整心態和心境，以抵禦外來的干擾。

《凡物流形》所謂「人白為察」，也就是《管子‧白心》等篇所著重闡釋的「白心」，「以靜為宗」、「恬愉無為」的本然狀態。《管子》四篇就「心」所提出的「虛」、「無藏」、「靜」等要求，就是指要排除了任何個人私情、私欲、本能等所支配的混亂性心靈狀態以及被主觀成見等僅僅停留在理性、語言層面的東西所佔據的狀態，而使整個心靈和精神處於一種好像是自然的狀態；不是沒有已知、前知，而是這種前知在我們的生命中已經內化成為一種自然而然、好似是我們的生命本身一部分的東西，這就是心之「一」的狀態，也就是合「道」、合「自然」的狀態。這樣，我們幾乎意識不到它的存在，它既不是一種理性語言意識，又非盲目性、本能性的混亂情慾衝動，這樣，已知、前知就不會成為我們重新獲取新知的障礙，使我們的心靈和生命重新回到一種既精力充盈又自由自在的狀態，好似「無藏」的大清狀態，也就是荀子所謂的「虛壹而靜」的精神狀態。也只有這樣才

能全面而清楚地反映與我們相接觸的事物的形相，「鏡大清者，視乎大明」（《管子‧心術下》）。《心術上》還說到：「過在自用，罪在變化，自用則不虛，不虛則忓於物矣。變化則為（偽）生，為生則亂矣。」所謂「自用」、「變化」，也就是個人自身的情慾或理性的發動，這種情慾或理性的發動必然會影響到整個心靈乃至生命對事物認識的過程，甚至會完全改變這個人和世界相摩蕩而生成認識的結果。因此，他們主張「去智與故」，同樣是要因為個人化的意欲會改變、影響我們接受、接觸事物的過程。這種心靈狀態和生命境界，實際就是「道」在人身（包括形和心）的過程，也就是《莊子‧人間世》所謂的「唯道集虛，虛者心齋也」。

《管子》四篇還把這種理論進一步從「道」無為思想加以闡述，並將之概括為「靜因之道」。如《管子‧心木上》提出：「因也者，無益無損也」，「因也者，捨己而以物為法者也。」把「因」的思想引入認識論。如《心術上》就說：「是故有道之君子，其處也若無知，其應也若偶之，靜因之道也。」

進一步講，「靜因之道」就是自然無為之「道」。《管子‧樞言》云：「道之在天者，日也；其在人者，心也。」《心術上》：「心之在體，君之位也；九竅之有職，官之分也。心處其道，九竅循理；……故曰：上離其道，下失其事。毋代馬走，使盡其力；毋代鳥飛，使弊其羽翼。毋先物動，以觀其則。動則失位，靜乃自得。……心術者，無為而制竅者也。故曰『君』。」

當然，需要注意的是，《管子》四篇用於闡釋認知問題的「因」、「靜因」，與慎到旨在珍重百姓人情慾望要求的「因」之道不同。《管子‧心木上》等篇所說的「靜因」，乃是指人不妄為，無為、無執、無私，「捨己而以物為法」，其所「因應」的乃是「物」，進一步講是人與物所共同存在其中的本然境遇關係與和諧狀態。

一個特別的地方是，《管子》四篇把包括心術在內的傳統養生思想同另一種流傳已有的思想——「精氣」說結合了起來，通過「精氣」的引入和存養來描述和說明認知的心靈狀態和生命存在境界，以精氣論心、論道，不僅使得傳統「道」論和心性學說、認知理論變得更加通俗易懂，而且豐富並發展了中國古代的「道」論和心性學說。其實齊人很早即把心和氣聯繫了起來，把行氣，治氣視為養心、養生的重要手段。通過對氣的吸納、治養和積聚，使身體堅固，耳目聰明，心靈神清，以至於與天地相配。

　　《管子‧樞言》云：「有氣則生，無氣則死，生者以其氣。」「有氣則生，無氣則死。」認為「生命」在於有精氣，《內業》：「氣道（通）乃生」。又認為道「其在人者，心也」，就是說人若不能合「道」，以道入於內，則人無心。所以綜合來看，《管子‧樞言》篇所說的「生」不僅是個單純肉體性的生命或形體，而是「生，刑（形）與知處也」（《墨子‧經上》），就是肉體和精神的相融相合，其中即還包括意向性創生、開顯萬物的潛在能力和稟賦。所以要獲得「生」進而獲得「知」，就必須獲得精氣，要引入、留住精氣，就必須有心，而且心要定：「定心在中，耳目聰明，四肢堅固，可以為精舍」，認為人若無心、或心不定，則精氣就無法進入或留駐。而要有心且使心能定，就必須循「道」而生活，循「道」而生活，則「道」即在人，道在人即虛己而在，即意味著人心的獲得；循「道」而生活，即意味著培養起來的「心」又能一直保持它本然的合道狀態，即定心，心定則能引入、留住、存養精氣。

　　如何具體地來定心？這包括虛、靜等具體措施；「去欲則寡，寡則靜矣，靜則精，精則獨矣，獨則明，明則神矣」。當然存養、引入精氣與定心不僅僅是個虛、靜等的小方法、措施問題，還關涉人的「性」和「德」，或者說更為根本的還在「德」、養德。因為精氣需要以「德」來招之安之，「是故此氣也，不可止以力，而可安以德」（《內業》）。即在能和合於天地萬物，使萬物及其知識能夠完全內化為我生命的一部分，成為類似於本能的「性」，物我為一。但「德」的養育還是要同物建立意向性關聯，即以「意」迎，並始終保持同物的和諧為一的關係：「是故此氣也，……不可呼以聲，而可迎以意（本作「音」，依王念孫校改）。敬守勿失，是謂成德，德成而智出，萬物果得。」（《內業》）

　　綜合來看，定心引精氣的「心術」關乎「敬除其舍」、寡欲、心和、靜、正、養德、誠意、內靜外敬等工夫，也就是力求合乎「道」的生存狀態和存在境界，包括行動和「心」都要儘量合乎「道」。而養生就是這樣的一個整體的人的修養和存在境界的不斷提高過程。有生而有「知」，也就有了把握萬物之「形」的可能，所以把握「形」的關鍵在合乎「道」的存在狀態。又因為定、靜、虛、正等所描述和形容的狀態其實就是一種無任何不和諧、不統一的物我相融為「一」的狀態，所以一定意義上講，「道」就是「一」。因為「道」就是「一」，所以把握「形」的最終要求也就是能

「執一」，特別是「心」能「執一」，即合道、循道而運化。甚至一定意義上講，「心」本不存在，只是因為「道之在人」而生「心」。所以，「心」並不是一個預先存在的主體或「東西」。這樣，《凡物流形》「執一」說才能得到基本的理解。

以「氣」來解釋認識和「心」，這在《文子》、《孟子》中亦可見。《孟子·公孫丑上》：「志壹則動氣，氣壹則動志也，今夫蹶者趨者，是氣也，而反動其心。」認為志、氣相互作用，主張用「志」來引導氣。

《文子·下德》：「人有順逆之氣生於心，心治則氣順，心亂則氣逆。心之治亂在於道，得道則心治，失道則心亂。心治則交讓，心亂則交爭。讓則有德，爭則生賊。有德即氣順，賊生則氣逆，氣順則自損以奉人，氣逆則損人以自奉。夫氣者可以道而制也。」又說：「人之情性皆願賢己而疾不及人。願賢己則爭心生，疾不及人即怨爭生；怨爭生即心亂而氣逆。故古之聖王退爭怨，爭怨不生，即心治而氣順。故曰：『不尚賢，使民不爭。』」

本意是用氣和心的相互關係來解釋《老子》不尚賢的宗旨，但同時也是對人的心性和認識問題的說明。心統御氣，氣之順逆又決定人和人之間的是相爭還是相讓的關係。而心之治亂，又反過來受到因外界世俗價值攪擾而波動的氣的順逆的影響，進而影響心之治亂，而且人的情性都是希望自己賢於他人的，因此，應該提倡「退爭怨」、「不尚賢」。就每個具體的人而言，即要從「心」下手去疏導調制「氣」，而心又是可以由人的自覺性去調理的，即用柔「道」制心，體道退爭，使心平治，心平治則氣和氣順。因為氣不可捉摸，所以心治、治心才是社會以及個人問題的關鍵，古聖王退爭怨、不尚賢也是治心。

顯然，道家、黃老有時認為治「心」可以制導「氣」，進而把握「道」，與道為一，有時又反過來講通過體認天道、知「退爭怨」、尚謙退的天道而調理心、治理心，由心治實現氣順，進而由氣順又實現在行為上的與人為善，與天地社會和諧一致。怎麼樣才能理氣、治心，這就需要在意願、意志上把握住、堅守住尚謙退的原則，而要培養這種意志，就需要體認天道，知天道，只有從認識上、從真理的意義上發現、相信天道以及天道所代表的上述原則，才能使得那種堅守獲得更多的支持，所以一般並不反對認知。只是有些道家著作反對一般的學和知，而認為只有更高級的「知」、「學」才能通達「道」。

其中還有一個關鍵的地方就是要處理好心與其他身體器官的關係，否則心不可能合道、執一。即要求「心術者，無為而制竅者也，故曰君」(《心術上》)。心為君，竅為官，其實還是要求合道。即《君臣下》所云：「心道進退，而形道滔迂。進退者主制，滔迂者主勞。」「心道」即君道，即只有心能執一、為「君」，才能把握萬千變動不居的「形」。對比來看，簡書《凡物流形》所說的「心能勝心」應當包含了這種心為「君」、耳目等為「官」，「以心制竅」的思想內容。然而《凡物流形》的主旨在「修身而治邦家」，所以和《管子》四篇一樣，先講認識、修養，再歸結到國家與社會治理。但《凡物流形》把這一切放在了一個更大的哲學問題之下，即物之「形」、萬物如何開顯的問題。這樣，就把在《管子》四篇中，斷裂為兩截的認知、養心思想同君主治國理天下理念通過把握「形」而能君萬物的形名學思想緊密連接了起來，即通過對人如何把握「形」的問題的探討，提出只有執一、察道才能君萬物，才能百物不失，所以要合道而修身，修身合道、百物不失才能治邦家天下。《管子》四篇在心術和君主治國之間缺少一個思想來銜接，其危險的結果就是心「君」而竅「官」的心術理論被部分法家借鑒發展成為君主駕御臣民百姓的「君」術。進一步看，《凡物流形》實際是用道家、黃老學系統論述的「道」來重新論證儒家堅持的「聖」人學說和聖人治天下的政治哲學，其察道、執一既沒有如《尹文子》那樣發展為統一的「法」哲學，也不是如黃老道家那樣主張君主設官分職、君逸臣勞的「無為而治」，而是以之來豐富傳統儒家「先知四海」的聖人學說，無論是心「執一」還是「察道」，都是「內聖」的實現，主導的政治主張還是聖人治國理天下的理念，或許這也是荀子「聖王」思想的一個前驅。《凡物流形》認為治國立邦的前提是以「道」修身，這和早期儒家的思路是基本一致的。《凡物流形》也看到，「知」與修身同人的生活本身直接相關，所以可以肯定，簡文和《管子》四篇一樣並沒有拋棄早期子思等早期儒家學派中有關養性的學說。當然，在道家新思潮的影響下，簡文也認識到，要達到理想的認識和修身狀態，內而成「聖」，就必須最終進入身心合一、物我合一、天人合一的存在境界，即與道為一。

當然，《凡物流形》對認知的簡單概述雖吸收了以「道」為論證基核的黃老養心學說和「執一」的政治哲學，卻不見《管子》四篇所反映的齊地養生文化的精氣之說。

　　《凡物流形》強調「終身自若」，這說明簡書作者也認為，「知」萬物，捕捉萬物之「形」而使萬物開顯出來並不是一個單純的認識論問題，首先乃是關乎人的整體，關乎人的自然生活的存在問題。《管子》四篇也不是談一般的認識，而是同子思學派的「德」、「性」相聯接，把認知作為了一個關涉人的存在的系統來考察。《凡物流形》和《管子》四篇一樣，都希望以道為指導而君萬物，認為有一顆體道、順道之心才能得萬物之形，進而把握萬物。「道在人」，人合道而在，則任何事物在與我們相遇時，我們都能把握它。先要能和合於道，才能和合於萬物。至於靠感官、理性、主客二元分離地一一把握事物的屬性，那是次要的。人的整體存在能和同於變動不居的萬物，則能得萬物之形，這是認識的前提，但人的存在境界主要取決於精神、心，故如果心能虛靜地接應、因應萬物的運動變化之法，物我合一，又身心相和合一，就能進入與萬物、天地世界和合與順應的天人合一境界，這就為正確認識提供了基本條件和可能。所以，科學認識乃是發生在合道的本真存在之後的。所以它們不是絕對地排除前見和前識，而是認為在新一輪的認知過程之前，要把這些前見和前識完全內化為人的本真之性，成為與我們的生命融合為一體的「性」，心虛，心才能與外物相接，才能成立認識的狀態。同時，主張官能之欲、私情、前見和潛意識前意識等不能先動，否則就不能真正接納萬物。人必須拋開自我，才能建立與世界的包容和接受關係，才可能有認識的發生。當然，要對物形成多維的認識，對物的屬性形成全面的認識，就有必要在此基礎上更進一步，跳出經驗性的天人合一和自然思維，以及辯證思維，形成對事物的抽象設定、實體性的概念思維和各種邏輯思維，努力進行與個人存在無關的、主客分離的客觀化靜態分析。

　　《凡物流形》把修身、養心與君物治人相結合，認為得「一」的關鍵還在自身：「毋遠求尾（度），於身旨（＝稽）之。」〔註94〕《莊子・逍遙遊》：「大浸稽天而不溺。」成玄英疏：「稽，至也。」此是說：只要立足本身就可以至之，就可以得到它。《鶡冠子》曰：「天地陰陽，取稽於身，故布五正以司五明，十變九道，稽從身始。五音六律，稽從身出，五五二十五，以理天下，六六三十六，以為歲式。氣由神生，道由神成。」認為

〔註94〕一般將「尾（度）」屬上讀，今從顧史考意見，保持每句四字。顧史考：《〈凡物流形〉下半篇試解》，復旦網 2009 年 5 月 2 日。

天地陰陽五音六律等等名號法式，都當從「身」而出。《呂氏春秋・論人》云：「何謂反諸己也？適耳目，節嗜欲，……若此則無以害其天矣，無以害其天則知精，知精則知神，知神之謂得一。凡彼萬形，得一後成。」認為從「己」開始，通過「節嗜欲」等修煉工夫，與自然為一，而能有「知」，知神則謂「得一」，得一而後萬物萬形皆可彰明。其實《中庸》即已提出「反身而誠」的思想，以此作為接物應人的指導意見。

正如前引所示，《經法・名理》把「道」、「神明」和「見知」聯繫起來，《莊子・天地》謂：「立於本原而後知通於神。」，《凡物流形》也講「至靜而知，察知而神」。而《文子・道德》篇則乾脆區分出三種為學、為知的境界：

> 文子問道，老子曰：學問不精，聽道不深。凡聽者，將以達智也，將以成行也，將以致功名也。不精不明。不深不達，故上學以神聽，中學以心聽，下學以耳聽。以耳聽者，學在皮膚；以心聽者，學在肌肉；以神學聽者，學在骨髓（簡本 2482、0756 有殘文對應。）。

聽的工夫深淺不同，而「學」所得的結果也不同。用感官，所得只是皮毛，用心知、意識，所得又深入一層，而用整體生命去回應，去己而因循，「捨己而以物為法」，則能達到主客共融，甚至天人合一的境界。這也就是《莊子・人間世》所說的「無聽之以耳，而聽之以心，無聽之以心，而聽之以氣，聽止於耳，心止於符。氣也者，虛而待物者也。為道集虛。虛者，心齋也」。丁原植說：「神聽，是一種自然的喚回。」是「排除人為的意識而回歸於自然運化的整體」[註95]。《文子》在這裡與《凡物流形》、《管子》四篇有些不同。後者認為「道」在人為「心」，故心如能一直保持循道之本真，即「執一」、察道，就能把握無形或未形的各種事物乃至虛無無形的道。《凡物流形》並且對這種從「知」到「神」的階段有明確說明。而《文子》在此處似乎認為，對於無形或未形，只能把握形、像、名的「心」、「智」是無法把握到的，「聞未生，聖也；先見成形，智也。」

當然，《凡物流形》雖然沒有特意拿出一個境界來說「神」，但簡文無疑也是承認這種境界的，如「察知而神」，就是說如果「心」能良好地實現

〔註95〕詳見丁原植：《〈文子〉思想的哲學基本結構》，《文子》與道家思想發展兩岸學術研討會論文，臺北輔仁大學哲學系主辦，1996 年 6 月 1 日至 3 日。

「執一」、「無為」、「虛」等，就可能達到「神」和「神聽」的境界的。

至於《荀子》則專門提出了「虛壹而靜」的理論用來闡釋有關「知」的問題，對認識論是個了不起的推進：

人何以知道？曰：心，心何以知？曰：虛壹而靜。心未嘗不臧也，然而有所謂虛；心未嘗不滿也，然而有所謂一；心未嘗不動也，然而有所謂靜。人生而有知，知而有志（即識，記也）。志也者，臧也；然而有所謂虛，不以所已臧者害所將受謂之虛。心生而有知，知而有異，異也者，同時兼知之；同時兼知之，兩也；然而有所謂一，不以夫一害此一謂之壹。心，臥則夢，偷則自行，使之則謀。故心未嘗不動也，然而有所謂靜，不以夢劇亂知謂之靜。未得道而求道者，謂之虛壹而靜。……虛壹而靜，謂之大清明。（《荀子·解蔽》）

《管子》四篇、《凡物流形》等典籍中的心「執一」，變成了「虛壹而靜」，《解蔽》篇也成為對一般認識過程的解析。或許是因為合道的生活和心靈境界實在是太難，包括《凡物流形》在內的戰國中期典籍一般都認為這種「執一」、知天道的行為和境界只有聖人才能做到。

荀子實際是把稷下道家的思想和儒家正意、強志的觀念結合起來，從而把道家原用於體道、屬於理想化的心「知」狀態闡釋，發展成為一個人人皆可達致的普通認識理論。相比較而言，《凡物流形》並沒有這種對「心」之「虛」、「一」、「靜」狀態的入微解剖，只是簡單接受了《黃帝四經》、《管子》四篇等典籍中所固有的那些解釋。

在《凡物流形》看來，「形」乃至「名」的發生和形成，也即是「物」的開顯過程，其實不僅關乎著人「心」與「知」，以及人同周邊世界的整體關係。人如何能以恰當的精神、心靈狀態以及恰當的存在境，即以一種與「道」相吻合的姿態去接近萬物，才是君主把握萬物、進而治理天下的關鍵。

第七節 《凡物流形》「執一」說與先秦貴「一」觀念

一、《凡物流形》「執一」說釋義

《凡物流形》中的「一」不僅是「心」、精神乃至生命所應該保守、尊循的合道境界，同時也是治國的重要理念；不僅是養心育知、修身的基

本原理，也是知「形」立名、見小明微、把握萬物的重要哲學基礎。因此，簡書中反映了戰國中期前後豐富的「執一」思想，是早期黃老道家思想的發展和深化。

在解讀簡文之前，先對兩個字的釋讀問題做一番討論。「戠」，廖名春讀為「得」，何有祖主張讀為「察」〔註96〕等等。這個字多次出現在《凡物流形》中，主要用為「戠一」（有三例）、「戠道」（有兩例）。在郭店竹簡本《老子》中，「執」、「守」和「識」三個字寫法不同。在《凡物流形》中，「戠」這個字的寫法，同郭店簡的「執」字寫法也有別。在道家特別是黃老學文本中，「執道」、「執一」是習慣性用語，個別用為「得一」、「守一」。楊澤生氏將此字隸定為「戠」，並對讀為「執」提出了具體的論證」〔註97〕。今從「察」說。

「豸」，整理者一律釋為「豸」而讀為「貌」，謂即「察知物體的形狀」之義〔註98〕，實殊難通。此字作「」；沈培先生指出，由於第 21 簡有「生兩，兩生三」等句（整理者亦誤釋「兩」為「惡」）而可知本字實該讀為「一」〔註99〕；復旦讀書會亦改釋為「鼥」而讀「一」〔註100〕，楊澤生先生指出此字並非「鼥」而實乃「乙（鳦）」字，亦即「燕」字異體〔註101〕。而李銳釋文則徑寫作「一」〔註102〕。此說可信，今從之而讀為「一」。至於此字構形如何則尚無定論。今姑取「鼥」之隸定而讀為「一」。

首先，簡文《凡物流形》在闡述了貴「一」的認識論之後，就把這個「一」進一步提升到普遍性的高度，而不再侷限於作為認識論和心術的最

〔註96〕原整理者、李銳讀為「識」（馬承源：《上海博物館藏戰國楚竹書（七）》，270 頁。）；復旦讀書會釋文疑讀為「守」或「執」；廖名春：《〈凡物流形〉校讀零札（一）》，孔子2000網2008年12月31日。

〔註97〕楊澤生：《說〈凡物流形〉從「少」的兩個字》，載武漢大學簡帛網2009年3月7日。

〔註98〕馬承源：《上海博物館藏戰國楚竹書（七）》，270 頁。

〔註99〕沈培：《上博七字詞補說兩則》，復旦網2008年12月31日。

〔註100〕復旦讀書會：《〈凡物流形〉重編釋文》，復旦網2008年12月31日。

〔註101〕楊澤生：《上博簡〈凡物流形〉中的「一」字試解》，復旦大學出土文獻與古文字研究網2009年2月15日。

〔註102〕李銳：《〈凡物流形〉釋讀札記》，清華大學簡帛研究網2008年12月31日。

基本原理。簡文認為：

> 尋（得）而解之，上【以】（28）亏（賓）於天，下番（蟠）
> 於淵；徔（坐）而思之，每（謀）於千里；记（起）而甬（用）
> 之，練（通）於四海（海）。

「番」，整理者原讀「審」〔註 103〕，讀書會讀「播」〔註 104〕（復旦讀書會：《〈凡物流形〉重編釋文》，今則據《內業》而讀為「蟠」。此亦見《莊子・刻意》：「精神四達並流，無所不極，上際於天，下蟠於地，化育萬物，不可為象，其名為同帝。」「練」，整理者讀為「陳」，謂指「布陣」。季旭昇改隸為「紳」，讀為「申」或「伸」，即「伸張」義〔註 105〕。宋華強則疑當釋為從系、甫聲，讀為「敷」或「布」，其例如整理者已引的（偽古文）《尚書・大禹命》「文命敷於四海」。熊立章贊同此讀「敷」之說，然仍以「東」為聲符，謂「上古東部的某些字在另一方言中可能就是讀魚部的」〔註 106〕。李銳從「練」之釋而讀「通」〔註 107〕；蘇建洲亦舉例肯定原釋而讀「通」〔註 108〕。王連成則釋為「緟」而取其「增益」之義。然此字若釋「緟」，則似亦可以釋為「重迭」之「重」字繁構而仍讀「通」〔註 109〕。「通於四海」為先秦慣語，以讀「通」為是。

李銳指出，此處與《管子・內業》：「一言之解，上察於天，下極於地，蟠滿九州島。」及馬王堆帛書《十六經・成法》：「一之解，察於天地；一之理，施於四海」等文意義相關〔註 110〕。《文子・原道》及《淮南子・原道》亦有類似說法。

〔註 103〕 馬承源：《上海博物館藏戰國楚竹書（七）》，上海古籍出版社，2008 年 12 月，252 頁。

〔註 104〕 復旦大學出土文獻與古文字研究中心研究生讀書會：《〈凡物流形〉重編釋文》，復旦網 2008 年 12 月 31 日。

〔註 105〕 季旭昇：《上博七芻議（二）：〈凡物流形〉》，武漢大學簡帛網 2009 年 01 月 02 日。

〔註 106〕 宋華強：《上博七〈凡物流形〉札記四則》，簡帛網 2009 年 1 月 2 日。

〔註 107〕 李銳：《〈凡物流形〉釋讀札記》（三續），清華簡帛研究網 2009 年 01 月 08 日。

〔註 108〕 蘇建洲：《釋〈凡物流形〉甲 15「通於四海」》，復旦網 2009 年 1 月 14 日。

〔註 109〕 王連成：《〈上博七・凡物流形〉中的「每」與「緟」的識別與釋義》，簡帛研究網 2009 年 01 月 05 日。

〔註 110〕 李銳：《〈凡物流形〉釋文新編（稿）》，清華簡帛研究網 2008 年 12 月 31 日。

　　簡文認為，若能得「一」之奧妙並靈活運用，那就好比飛龍陞於天和潛龍蟠於淵，無所不及，無所不至，坐下來而思考即可謀劃於千里之外，起而用之則能通達天下。這其實是道家的一般說法。簡文上面也說到：「執道，坐不下席。端冕，圖不與事，之〈先〉知四海，至聽千里，達見百里。是故聖人處於其所，邦家之危安存亡，賊盜之作，可之〈先〉知。」乃是繼承《老子》第四十七章說聖人「不出戶，知天下；不窺牖，見天道……是以聖人不行而知，不見而明，不為而成」之言而來。《荀子‧君道》也說：「故天子不視而見，不聽而聰，不慮而知，不動而功，塊然獨坐而天下從之如一體，如四肢之從心。」

　　其次，簡文對為何得「一」能有那麼大的妙用進行解釋，並對「一」的特點加以描述。

　　《凡物流形》第 25 簡說到：「百物不死如月。出則又入，終則又始，至則又反。籖（察）此言∠记（起）於畝（一）端（端）。」認為若察萬物生變之所由起，那麼就會發現皆起於一端，亦即皆起於「一」。換句話說，萬物周而復始的運動變化，如果要追溯其所緣起，最終要來到「一」，即那個最接近於無和「道」的初始，所以萬物都是起於「一」。在此，簡文不僅指出了「一」是萬物生變的源頭，而且要求重視事物變化的起初甚至未生之前。因此，《凡物流形》所說的「一」有一個特別的意義，就是指「始」和「微」。《文子》在論執一無為時說到：「執一者，見小也。見小故能成其大也。」所謂「見小」，即明於初生甚至未生未形之時，這也是《凡物流形》所要表達的意義。簡文意在提醒人們注意禍福、吉凶等事物生變的開始。既然「一」是萬物生變的源頭，所以簡文進一步把這個萬物生變的過程進行高度抽象化總結：

　　　　斛（聞）之曰：畝（一）生兩＝（兩，兩）生厽＝（三，三）
　　生四，四城（成）結。

　　「」，整理者原釋「弔」，讀為「生」，讀書會改釋為「女＝」（「＝」為重文符）而疑讀「母」，沈培則釋為「四＝」〔註111〕。從字形看此字與

〔註111〕分別見馬承源主編：《上海博物館藏戰國楚竹書（七）》，上海古籍出版社，2008 年，第 260 頁；復旦大學出土文獻與古文字研究中心研究生讀書會：《〈上博（七）‧凡物流形〉重編釋文》，復旦網 2008 年 12 月 31 日；沈培：《略說上博七新見的「一」字》，復旦網 2008 年 12 月 31 日。

楚文一般的「四」字的確有別，秦樺林指出，與本篇其他「女」字之形較像，故讀此「女」為「母」，而「結」則解作「聚合、凝聚」，表示萬物「流形成體」的聚合狀態〔註112〕。在秦樺林文後面的跟帖中，沈培先生提出它可能是「四」的錯字。顧史考讀「女」如「庶」，蓋「三」生後無法再細分，乃以萬事庶物之結成為終〔註113〕。今以沈培說為是。將「女」讀為「母」，「三生母」，由「三」再去生出一個創生者來，不合道家基本觀念。《凡物流形》在這裡是論述物從「一」到「四」的生成過程，「四」而完成一輪過程，然後又從「一」開始新一輪。簡文意在強調事物的運化有其「常」〔註114〕。

這個和《老子》「道生一，一生二，二生三，三生萬物」是基本一致的。所以，「一」在此就如同《老子》中「道」和「一」的雙重身份與地位。這是因為在《凡物流形》中它一方面不屬於任何一個具體事物，乃是對事物未形未生的概括和命名，故它相當於「道」，另一方面，它又既為「一」，就是最高的「有」，哪怕是萬物之「始」，所以它又相當於《老子》中的「一」。這種地位有點類似於《六韜・兵道》所說：「黃帝曰：一者階於道，機於神。」結合起來看，《凡物流形》和《黃帝四經》、《文子》中的「一」乃是已生未生、已形未形的聯結點，有了這樣一個用來稱謂雙重身份的言說基點，就避免了《老子》原有的既要說「道」不可說，又不得不說的尷尬。後世人往往用「氣」來重新解釋《老子》的自道開始經「一」、「二」、「三」而至萬物的「生化」模式，把「二」解釋為「陰陽二氣」、「三」解釋為陰陽相搏後的「和氣」，「和氣」生萬物，《淮南子・天文訓》即典型代表：「道始於一，一而不生，故分而為陰陽，陰陽合和而萬物生。故曰：一生二，二生三，三生萬物。」但客觀地講，這樣的解釋完全改變了《老子》該章節原有的語言哲學品格，實際上「道」、「一」、「二」、「三」都只是一種言說方面的代號，是理性抽象的結果，與「氣」論的文化內涵還是有不同。《凡物流形》同樣沒有借助「氣」來說明自然萬物的不同演化階段。

〔註112〕秦樺林：《〈凡物流形〉第二十一簡試解》，復旦網2009年1月9日。
〔註113〕顧史考：《〈凡物流形〉下半篇試解》，復旦網2009年7月16日。
〔註114〕曹峰：《上博楚簡〈凡物流形〉「四成結」試解》一文對簡文為何言「四」有進一步申述，簡帛研究網2009年8月21日。

簡文接著論述:「是古(故)有一,天下亡(無)不又(有)∠,亡(無)一,天下亦亡(無)一又(有)∠。亡〔目〕而智(知)名,亡耳而聞聖(聲);卉(草)木得之以生,含(禽)獸得之鳴。」

簡文認為,如果能把握「一」,那麼就什麼都能掌握了,如果不能理解「一」,那就什麼都無法掌握了;簡文下面再次重申了這一點:「聞之曰:能察一,則百勿(物)不失;女(如)不能察一,則百勿(物)具失。」認為如果能察一,那麼萬物都能明瞭而為我所用;如果無法察一,那麼一物也不能通曉。有「一」,則不需要眼睛也可以見其形,不需要耳朵也可以聽其聲。其實是因為草木鳥獸等萬物都是因為「一」才得以形成和成長的。《黃帝四經·道原》把道作為萬物宇宙之根本,也是萬物存在變化的根據:「鳥得而蜚(飛),魚得而流(遊),獸得而走,萬物得之以生,百事得之以成。人皆以之,莫知其刑(形)。」《文子·道德》亦如此:「夫道者,德之元,天之根,福之門,萬物待之而生,待之而成,待之而寧。」(殘簡 1181、0792 有殘文對應。)另有些文獻則以精氣作為萬物之所以生、之所以如此的根源,如《內業》:「凡物之精,此則為生。下生五穀,上為列神。流於天地之間,謂之鬼神。藏於胸中,謂之聖人。」又云:「夫道者,所以充形也。」《易·繫辭上》:「精氣為物。」《呂氏春秋·盡數》:「精氣之集也,必有入也。集於羽鳥,與為飛揚。集於走獸,與為流行。集於珠玉,與為精朗。集於樹木,與為茂長,集於聖人,與為敻明。」

簡文把「一」看成是萬物生變的根源,以及物之所以為如此之物的原因,這就正好同上半部分追問「草木奚得而生?禽獸奚得而鳴」等對應。

《凡物流形》還對「一」作了特別的描述:

是故亂(一),虞(咀)之又(有)未(味),數(嗅)〔之又(有)數(臭)〕鼓又(有)聖(聲)。忻之可見,操之可操;捵(握)之則失,敗之則槁,測之則滅。

捵(握)之不湟(盈)捵(握),專(敷)之亡所勾(容);

廖名春先生認為「忻」當讀為「昕」,明亮〔註115〕。從前後文看,此字當亦為動詞,未知何字。「操」,李銳讀為「攎」,有「執」義〔註116〕。廖

〔註115〕廖名春:《〈凡物流形〉校讀零札(二)》,清華大學簡帛研究網 2009 年 12 月 31 日。

〔註116〕李銳:《〈凡物流形〉釋文新編》,清華大學簡帛研究網 2009 年 12 月 31 日。

名春先生認為「揀」當讀為「麤」，粗疏〔註117〕；暫從李銳意見。這句話是對「一」的特性和表現的生動描述。

「握之不盈握」，《淮南子‧原道》：「故植之而塞於天地，橫之而彌於四海，施之無窮而無所朝夕。舒之幀於六合，卷之不盈於一握。」與此相近。

「道家常常都是說「道」、「一」無形無象、無聲無味，不可感、不可觸，但恰恰又是萬物的總根源和總根據〔註118〕。其實《老子》等書一般認為「道」無形有像，無聲無味但有「信」（《老子》二十一章）。這種「信」和「象」，其實就是事物生成之前所表現的徵兆，有如卜筮，它有「兆」，有灼燒龜甲留下的裂痕，這種「兆」的顯現就為我們把握無形而莫知其情的「道」提供了一絲可能，通過這些可以把握的「象」和「形」，我們可以間接地把握事物以及體現在事物生變中的「道」。當然這種把握肯定不是直接的、絕對的，不是你能完全掌控的，因為那屬於自然的東西，無形無為的「道」要絕對把握、掌握是不可能的。我們只是通過「形」和「名」讓事物在我們面前開顯和澄明。

《凡物流形》認為「一」可用一般的感官感受，這看起來和一般理解的《老子》有所不同。其實簡文不是說「一」如同具體的「物」有味道，能發出聲音。因為古人認為「味」、「聲」等，並不是單純的感官作用的結果，「聽」、「看」等感受必須是在「心」的支配下才能進行，所以簡文是以「味」、「聲」來說明「一」是可以「知」的，這一點同《老子》並不矛盾，例如《老子》主張一種對「道」的自然踐履，它屬於本真的行為問題，而與語言無關，但既可踐履，當然屬於可「知」的了。而《黃帝四經》、《文子》還具體探討過如何去把握「一」。不過在簡文看來，「一」無法具體而實際的抓住和測量，可見它不是抽象、超驗的概念。需要注意的是，簡文和《黃帝四經》、《文子》所謂的「一」並不是什麼本體或超驗存在，而是具體表現為事物將生未生的「初」與「始」。在《易經》、《黃帝四經》等先秦文獻看來，任何事物的變化如禍福吉凶的轉移和出現都不是憑空而來的，而是有其徵兆的，《易》、《黃帝四經》、《凡物流形》等典籍就是要教

〔註117〕廖名春：《〈凡物流形〉校讀零札（二）》，清華大學簡帛研究網 2009 年 12 月 31 日。

〔註118〕王中江：《〈凡物流形〉的宇宙觀、自然觀和政治哲學——圍繞「一」而展開的探究並兼及學派歸屬》，《哲學研究》2009 年第 6 期，第 49 頁。

人們如何去把握、讀懂這些徵兆。即使「道」、「一」屬於未形未生，不是任何已生的具體事物，但仍然可以根據已有的徵兆和規律去「知」。這裡不能把「道」、「一」看成本體，「道」、「一」指的是事物的未形未生狀態。簡文和《黃帝四經》都認為，已生已成的事物可以進入我們的世界向我們敞明和開顯，未生未成的事物一樣可以可以在我們的「心」中澄明起來。當然，即使事物的生變和「道」通過事物的生變都顯現出了它們的某些徵兆，依然不是所有人或時時刻刻都能把握住這些「形」和「痕跡」的，只有首先以合「道」而生活和存在的人，包括「心」能夠合道、「執一」的人，才能把握到這些「形」和「痕跡」。所以，「形」的提出為「知」提供了可能，並使世界和「道」不再只是永遠停留於不可掌握、不可認知的絕對彼岸和物質實體。

從前面的簡文中我們知道，《凡物流形》並沒有把「一」與人的關聯特別限定為同君主、統治者的關係，簡文也沒有把探討政治原理或統治術作為全篇的主旨，它是所有人都可以效法的在世原則。這同稷下學的大部分作品完全圍繞治國之術展開論述有所不同。但簡文還是特別強調了以「一」修身後治邦、理天下的巨大作用。所以接下來簡文《凡物流形》把「一」所具有的政治意義揭示出來，並以此作為治邦、治天下的最根本政治原理。

> 遠之弋（事）天，忞（忨〔近〕）之矢（施）人；是古（故）
> 察道，所以攸（修）身而訂（治）邦豪（家）。

「忞」，整理者原釋「忨」，今從復旦讀書會釋讀為「近」。李銳則徑釋此字為「邇」，而陳偉則釋為「怩」而讀為「邇」。〔註119〕

簡文認為「一」之為用，近可以事人而遠可事天，近能修己而遠可治邦。簡 30 再次提到：「大之以智（知）天下，少之以治邦。」簡文把修身作為治邦家的前提，認為只有智慧通達的人才可以把家、國治理好。而且，簡文並不以君主作為其唯一論述的對象和目標，而是認為只要能執一、用一，就可知人知天，成就在事物還未萌生時就「可以先知」的聖人。不過，從先秦儒、道一貫的邏輯看，這種真正能掌握「一」的人往往只能是同時用心於國家甚至天下的君王。所以簡文不可能把論述的視野限定為一種純

〔註119〕馬承源：《上海博物館藏戰國楚竹書（七）》，上海古籍出版社 2008 年 12 月，
　　　　第 249 頁；復旦讀書會《〈上博七・凡物流形〉重編釋文》，復旦網 2008 年
　　　　12 月 31 日；李銳《〈凡物流形〉新編釋文》，清華大學簡帛研究網 2008 年
　　　　12 月 31 日；陳偉：《讀〈凡物流形〉小札》，簡帛網 2009 年 1 月 2 日。

粹的內省工夫。

> 得一而**意**之，如併天下而虞（担／取）之；得一而思之，若
> 併天下而治之，此一以為天地旨（稽）。

「**意**」，曹錦炎讀作「圖」，訓為「謀取」〔註120〕。當讀作「度」，效法。《楚辭‧九章‧懷沙》：「章畫志墨兮，前圖未改。」王逸注：「圖，法也。以言人遵先聖之法度，修其仁義，不易其行，則德譽興而榮名立也。」《史記‧屈原賈生列傳》「圖」作「度」。「得一而度之」是說得到一而效法之。馬王堆帛書《經法‧道法》：「無私者知（智），至知（智）者為天下稽。」《管子‧七臣七主》有言：「此一以為天地稽。」《荀子‧儒效》：「與時遷徙，與世偃仰，千舉萬變，其道一也。是大儒之稽也。」皆與此同。

簡文認為效循「一」，那就好像是要並取和治理全天下一樣，這是因為「一」乃是天下的楷式啊。值得注意是是簡文提到了「天下」，和「併天下而取之」。可見，簡文作者的眼光已經不侷限於一國一侯了。

> 一言而冬（終）不窮，一言而有眾，一言而萬民之利，一言
> 而為天地旨（稽）。

一種意見認為，四「言」字皆當讀為「焉」，相當於「乃」，「就」〔註121〕，今姑從多數人意見讀如字。《管子‧內業》：「一言得而天下服，一言定而天下聽。」《經‧成法》：「故曰不多，一言而止……握一以知多，除民之所害。」《鶡冠子‧泰錄》：「用一不窮，影則隨形，響則應聲」，皆與簡文意思相彷彿。蓋謂「察一」而得其用，則終身不窮困，可得民眾而利之，而己則成為天下楷模。但《凡物流形》書中的「一」顯然還不是《尹文子》、《慎子》等典籍中的「法」，《尹文子》曰：「萬物皆歸於一，百度皆準於法。」又曰：「道行於世，則貧賤者不怨，富貴者不驕，愚弱者不懾，智勇者不陵，定子分也。法行於世，則貧賤者不敢怨富貴，富貴者不敢陵貧賤，愚弱者不敢冀智勇‧智勇者不敢鄙愚弱。此法之不及道也。」《尹文子》把「法」直接放在「道」之下，以「道」統「法」。《凡物流形》則以修身為務，也不可能把「一」簡單化為「法」。這或許可以證明《凡物流

〔註120〕 馬承源主編：《上海博物館藏戰國楚竹書（七）》，上海古籍出版社 2008 年 12 月，第 263 頁。

〔註121〕 廖名春：《〈凡物流形〉校讀零札（二）》，清華大學簡帛研究網 2008 年 12 月 31 日。

形》不會晚於戰國中期中段。

二、《凡物流形》「執一」說與先秦貴「一」觀念

　　從現有的文獻來看，貴「一」、尚「一」是自《老子》、《黃帝四經》以來戰國早中期就開始盛行的一種文化現象。

　　例如，《老子》十四章講「混而為一」，三十九章言「昔者得一」，四十二章謂「道生一」，「一」既作為萬物的根據，又有始源的意義。

　　《黃帝四經》中多次提到「一」、「執一」、「握一」：

　　《道原》：

　　　　一者，其號也。

　　把「道」、「一」作為天地萬物的根本和萬物存在變化的根據：「鳥得而蜚（飛），魚得而流（游），獸得而走，萬物得之以生，百事得之以成。人皆以之，莫知其刑（形）。」下引《十大經・成法》所謂「一者，道其本也」與此同。

　　《經法・論》：

　　　　天執一，明三，定二，建八正，行七法，……蚑行喙息，扇飛蠕動，無不寧其心，而安其性，故而不失其常者，天之一也。

　　　　天執一以明三。

　　《十大經・成法》：

　　　　力黑曰：……吾聞天下成法，故曰不多，一言而止。循名復一，民無亂紀。

　　　　黃帝曰：請問天下猷有一虖？力黑曰：然。昔者皇天使馮下道一言而止。五帝用之，以朳天地，以揆四海，以壞下民，以正一世之士。……循名復一，民無亂紀。

　　　　力黑曰：一者，道其本也，胡為而無長？凡有所失，莫能守一。一之解，察於天地；一之理，施於四海。何以知一之至，遠近之稽？夫唯一不失，一以騙化，少以知多。……萬物之多，皆閱一空。……握一以知多，……抱凡守一，與天地同極，乃可以知天地之禍福。

　　《經法・論》談到天之「一」，還有「二」、「三」、「七法」、「八正」，不知具體何指，可能同當時天文學研究上的成果與知識有關。其實引申來

看就是自然之「道」。《十大經・成法》則談歷史上的遠古聖王五帝、黃帝用「一」而調理天下，天下大治。並對「一」的效用作了闡釋。其中認為，如果把握最根本的道，便可以「握一以知多」，「遍知天下而不惑」。力黑認為萬言有其「本」，即道。

凡此種種，都和老子「聖人抱一為天下式」相同。當然，《十大經・名刑》還出現「能一乎？能止乎？能毋有己，能自擇而尊理乎？」這樣的論述，與《管子・內業》「能摶乎？能一乎？」以及《凡物流形》「能寡言乎？能一乎？」皆同，主要是要求在心性上與道相合，前已有論述。

《管子》四篇也有「執一」的說法。《管子・內業》篇云：「一物能化謂之神，一事能變謂之智，化不易氣，變不易智，惟執一之君子能為此乎！執一不失，能君萬物。君子使物，不為物使。得一之理，治心在於中，治言出於口，治事加於人，然則天下治矣。」〔註122〕

《凡物流形》「能執一，則百物不失」的說法，與上述論述皆相類似。都是站在道家的一貫立場上說選擇、持執了道，便能控制、主宰萬物。

《文子》一書對「執一」大力宣揚。從內容上看，竹簡《文子》所代表的思想，似乎是緊接在《老子》哲學觀念的基礎上發展起來的，《文子》的許多語句直接來源於《老子》。雖然今本《文子》出現很晚，但學者普遍認為，在先秦時期《文子》即存在多個本子，最明顯的就是定州西漢中山懷王墓竹簡《文子》了。而在簡本《文子》出現之前，還有其他古本文子存在（王）。因此，《文子》，特別是簡本《文子》作為戰國中期以前學術思想的反映應該是可以信賴的。

簡本《文子》：「文子曰：執一無為。」（0534）《呂氏春秋》採於《文子》者尤多，例如《道德》：「一也者，無適之道，萬物之本也。」《呂覽・下德》：「聖王執一，以理物之情性。夫一者，至貴無敵於天下。」《微明》：「執一以應萬，謂之術。」《為欲》：「一者至貴也，至貴者無敵。」《執一》：「王者執一，而為萬物正。」

簡本《文子》：「是以聖王執一者，見小也；無為者（0593），（守靜）也。見小故能成其大功，守靜（0908）[故能為天]下正……（0775）」，「見

〔註122〕《管子・心術下》；「一氣能變曰精；一事能變曰智。……慕選而不亂，極變而不煩，執一之君子。執一而不失，能君萬物。日月之與同光，天地之與同理。聖人裁物，不為物使。」

小」一詞出自《老子》第五十二章：「見小曰明，守柔曰強。」不過今傳本作：「執者，見小也。見小，故不能成其大也。」剛好與《老子》本義相反，屬改竄者致誤。「見小」即見微知末，見於未形未生之始；能「先見成形」，在禍福尚未顯形、處於萌芽狀態時察覺，就可以提早採取措施，轉禍為福。因為執一、見小，知道萬物萬事變化之始，才能真正無為、因天地而與之變化；能因天地與之變化，才能永遠「盈而不虧，高而不危」，即長守富與貴。《凡物流形》的「執一」也是這個意思。

今傳本《文子‧道德》篇第一章：夫道者，原產有始。始於柔弱，成於剛強；始於短寡，成於眾長；十圍之木始於把，百仞之臺始於下，此天之道也〔註123〕。這段話來自《老子》第五十二章「天下有始，以為天下母」和《老子》第六十四章「合抱之木生於毫末，九層之臺起於累土，千里之行始於足下」。正好是用來解釋「執一者，見小也」，並說明為什麼要「執一」的。

竹簡《文子》又認為：「天地，大器也，不可執、不可為。為者敗，執者失。是以聖王執一者，見小也。無為者，……下正。」（今本在《文子‧道德》篇第七章）也就是說，天地之「大」是不可以把持、佔有和操作的，因循了通行本《老子》二十九章無為思想：「天下神器，不可為也，不可執也。為者敗之，執者失之。」《莊子‧讓王》中也以「大器」解釋天下：「故天下，大器也，而不以易身，此有道者之所以異乎俗者也。」天地萬物的規律（道）是「始於柔弱而成於剛強，始於短寡而成於眾長」。對於已成的剛強、眾長，當然是「不可執，不可為，為者敗，執者失」，要執的那個「一」是柔而弱、短而寡的「一」，也就是「小」的，見小故能成其大功。況且「一」是萬物之始，把握了「一」就能理解萬物的起源和根本點，以小而見其大，以始而明其終。這是對《老子》思想的重要發揮和豐富。

天下、具體的器物數量無限，無從下手，不如「執一」。對君主來說，這一點尤為重要。竹簡《老子》甲本中就說：「道亙（恆）亡名，僕（樸）唯（雖）妻（微），天〔地〕弗敢臣，侯王女（如）能〔守〕之，萬勿（物）

〔註123〕殘簡本現存：「……產於有始。〔始〕於弱而成於強，始於柔而……於短而成於長，始〔於〕寡而成於眾，始……之高始於足下，千萬之群始於寓強……」今本更簡練。

〔將〕自〔賓〕。」

「平王」問如何「以道往天下」，「文子」的答案是「執一無為」。帛書《老子》甲乙本中都有「聖人執一為天下牧」（今本中為「聖人抱一為天下式」）。《莊子・知北遊》云：「通天下一氣耳。聖人故貴一。」《荀子・堯問》云「執一如天地」。其他如《孟子・盡心上》、《管子・心術下》、《管子・內業》、《呂氏春秋・執一》、《呂氏春秋・論人》、《韓非子・揚權》等文獻對「執一」都很重視。竹簡《文子》「執一」與「無為」連用，「無為」的實質就是「執一」，則「富貴不離其身」，並可以「傳之後嗣」，君王之功如天地。

竹簡《文子》以「見小」解釋「執一」，其前提是對「一」的重視，竹簡 2246 號云：「文子曰：『一者，萬物之始也。』」竹簡《文子》把「一」看做萬物之始。《莊子・天地》云：「泰初有無，無有無名；一之所起，有一而未形。」《文子・原》又說：「音者，宮立而五音形矣；味者，甘立而五味定矣；色者，白立而五色成矣；道者，一立而萬物生矣。故一之理，施於四海；一之嘏，察於天地。」〔註124〕

不論是《老子》的「得一」，還是《文子》與《凡物流形》提出的「執一」或「守一」，都不必刻意的「執」或「守」，《文子》與《凡物流形》之所以用「執」或「守」字，乃是強調當始終「得一」而不失。只有總是能自然而然地（無為）見小、執一，才能真正長守富貴，君主也能真正達「道」而成「聖」。

《莊子・知北遊》篇、《天地》篇、《天下》篇，《鶡冠子・度萬》，《呂氏春秋・執一》，以及《淮南子・天文訓》、《俶真訓》、《原道訓》等大量文獻都有對「執一」的重申或補充，此不再重述。

《凡物流形》如此大力提倡「一」，把原屬於養心、修身和聞「道」的「一」發展為政治哲學上的「一」，並倡言「取天下」、「治天下」，不僅同道家、黃老學派的「道」、「一」理論關係密切，而且可能同當時普遍追求「王」天下的王道之治有關聯。

〔註124〕《淮南子・原道》與此類同：「故音者，宮立而五音形矣；味者，甘立而五味亭矣；色者，白立而五色成矣；道者，一立而萬物生矣。是故一之理，施四海；一之解，際天地。」後面兩句顯係因襲帛書以及《管子》而來，但有改動。

　　稷下學早期作品《黃帝四經》已經在大談「王天下」之道，並依據作者們自己所闡釋的黃帝等古聖王歷史，進行了理論上的探討。《黃帝四經‧稱》還有一個帝、王、霸的等階排列：「帝者臣，名臣，其實師也；王者臣，名臣，其實友也；霸者臣，名臣也，其實〔賓也；危者〕臣，名臣也，其實庸也；亡者臣，名臣也，其實虜也。」可能正是後世相關說法的來源之一。

　　竹簡《文子》討論的中心實際上也是如何「王天下」的問題：「王若能得其道，而勿廢，傳之後嗣……則帝王之功成矣。故帝者，天下之者，天住〔往〕也。天下不適不住〔往〕，……矣。是故，帝王者不得人不成，得人……」王曰：「王天下者，……」「……盡行之。帝王之道也。」今本《文子》對應為：「夫道者，小行之小得福，大行之大得福，盡行之天下服，服則懷之，故帝者，天下之適也，王者，天下之往也，天下不適不往，不可謂帝王。故帝王不得人不能成，得人失道亦不能守。」

　　《孟子‧梁惠王上》：

　　　　梁惠王問曰：「天下惡乎定？」吾對曰：「定於一。」「孰能一
　　之？」對曰：「不嗜人者能一之。」

　　此處孟子顯然也在談「天下」、「一天下」。又如《孟子‧公孫丑上》：「行仁政而王，莫之能禦也。」《孟子‧公孫丑下》：「五百年必有王者興。」由「一」而「王」，這是孟子推崇「仁政」的必然思路。

　　至於後來的荀子就更喜好談「王」道了。《荀子‧王霸》：「天下歸之之謂王，天下去之之謂亡。義立而王，信立而霸，權謀立而亡。……皆百里之地也，天下為一，諸侯為臣，通達之屬，莫不從服，無它故焉，以濟義矣。是所謂義立而王也。」《荀子‧王制》：「彼王者不然，仁眇天下，義眇天下，威眇天下。……故不戰而勝，不攻而得，甲兵不勞而天下服，是知王道者也。」《荀子‧正論》：「故非聖人莫之能王。」

　　荀子的這些言論顯然不是空穴來風，這說明這種「王」、「霸」言說早在荀子出生前已經風行很久。荀子在稷下生活多年，其思想顯然受稷下學影響很大。戰國中後期稷下學派，特別是齊地部分學者，如《管子》學派極力鼓吹「帝」、「王」之說，為當時齊國造勢。

　　竹簡《文子》認為「天下」主動地前來，才是真正的帝王之功。這和它所強調的天地不可執和不可為思想是一致的。而秦孝公圖強心切，在商鞅提

供的「帝道」、「王道」和「霸道」方略中，他選擇了符合本國條件並能迅速富國強兵的「霸道」。在戰國後期至秦漢的大量典籍中，都出現了「帝者」、「王者」、「霸者」、「亡者」之類的排列，如《戰國策》、《呂氏春秋》、《鶡冠子》、《說苑》、《韓詩外傳》等皆可見。《凡物流形》提倡「取天下」的「執一」政治哲學，實際只是後來蔚然成風的「王天下」言說的早期表現。

此外，《凡物流形》中還有一些內容值得注意。比如簡文就繼承了老子觀萬物之「復」的思想。自然事物和現象一般都被認為是變化的，而變化是有一定的規律和「常」道可循的。在老子、道家的不少思想家看來，這種「常」道首先就表現為「復歸」、回歸和重複，以及生死、陳新、出入等的相互轉化，「道」的最重要表現就是復歸——「反者道之動」（《老子》第四十章），「萬物並作，吾以觀復」（《老子》第十六章）。人為什麼有生有死，按照《莊子》、《管子》的解釋是「氣」之「聚散」，「人之生，氣之聚也。聚則為生，散則為死。」（《莊子·知北遊》）。《凡物流形》不僅追問人為什麼生、為什麼死，而且可能還追問人為什麼會復活：

> 聞之曰：…執困而復。是故陳為新，人死復為人，水復於天，咸（「昌」）物不死如月。出則又入，終則又始，至則又反（《凡物流形》）。

「天咸」，整理者認為「天咸，當即『天一』之異稱，也就是『太一』」，即《爾雅》所指的「北辰」。其根據一是五行觀念中北方為水。北方為水，則水為「天一」所生，固可言「水復於天咸」；二是郭店簡《太一生水》云：「太一生水，水反輔太一……」。這一理解的問題首先在於這種五行同方位相嚴密配對的觀念是否在《凡物流形》創製時代已經出現，並為《凡物流形》所吸取，這些都不好證實。而且，北方為水也未必和「太一」、「天一」神有什麼直接關係，相反，在古代人的觀念中「太一」通常為天神之主，即《史記·封禪書》所謂「天神貴者太一」。其次，簡文此處乃是要說明萬物會復歸於「一」並由此又重新獲得新生，這和郭店簡《太一生水》所要闡發的萬物創生說並不同；而且，按照《太一生水》的邏輯，水既創生就不能變回「太一」，只能「反輔」太一。凡國棟先生認為「天咸」或與「咸池」有關，「水遝（復）於天咸」想必是說水重新歸復到天上之咸池〔註125〕，

〔註125〕凡國棟：《上博七〈凡物流形〉簡25「天咸」試解》，簡帛網2009年1月5日。

有人疑其為「咸池」之異名〔註126〕。不過，需要注意的是，此處簡文中的「水」可能具有某種生命本源性意義，此點的確類似《太一生水》中的「水」。

何有祖改釋「咸」為「凸」（「凡」）而屬下句讀。顧史考認為「咸」與「凸」形近而易混，故從何氏說，釋為「咸」，然視作「凸」字之訛變。今姑從何、顧之說〔註127〕。

「百物不死如月」，《楚辭‧天問》：「夜光何德，死而又育？」《鶡冠子‧王鈇》：「月信死信生，終則有始。」亦是說月亮能死而又生。值得注意的是，簡文習用「月」為「喻」。《鶡冠子》亦如此，如《夜行》：「天文也，地理也，月刑也，日德也。」《孫子‧勢篇》云：「終而復始，日月也；死而復生，四時也。」《虛實篇》又云：「日有短長，月有死生。」可為佐證。

《凡物流形》此段乃言萬物之「復」，認為人的認識乃至任何事物的發展變化都有個過程，可分為不同的階段，但最終還是會重新回到起點，開始新一輪的原有過程，萬物會像月亮一樣，缺了又圓，生生不滅。必須指出的是，中國古人的這種「常」道總結，並不是簡單的循環和重複，而是在發展、變化的過程論中看到規律。《凡物流形》指出「人死復為人」、「出則又入」、「終則又始」、「至則又反」，通過概括事物變動過程而總結出「生死」、「始終」、「新陳」、「至反」、「出入」等對立面的相互關係。

接下來我們對簡文全篇的結構和思想的內在關係作一個概括和梳理。

《凡物流形》以「形」為關鍵詞，對萬物生變運化的種種現象連續發問，希望能夠把事物及其背後的規律澄明出來。然後論述把握萬物及其規律的核心在於能夠捕捉萬物存在的「始」與「小」，接著簡文認為知「小」需要有特定的「心靈」和生命存在境界，其中提到以「心」為君，「寡言」、「心之所貴唯一」和「心能勝心」等養心、心術理論，以及同時與養性修身有關的「終身自若」說；在這個基礎上，簡文較為詳細地論述了「一」作為化生萬物與萬物存在原理的哲學地位以及「一」的特性，然後把「執一」與「察道」聯繫起來，闡釋「一」之於「修身而治邦家」的重要意義，認為能察「一」，則萬物都能為我所用，自然，以「一」為根本綱領，則君臨天下也不在話下。

〔註126〕陳峻志：《〈凡物流形〉之「天咸」即「咸池」考》，簡帛網 2009 年 3 月 14 日。

〔註127〕何有祖：《〈凡物流形〉札記》，簡帛網 2008 年 12 月 31 日；顧史考《〈凡物流形〉下半篇試解》，復旦網 2009 年 5 月 2 日。

　　《凡物流形》認為要把握不斷生滅運化、變動不居的萬物及其規律，就需要掌握「一」。認識的開啟不僅需要心維持清虛、無為、執一的合道狀態，而且還要整個人的在世存在也保持著一種同世界、萬物自然而然的動態性和諧與順應關係。簡文討論「形」，說明它不是研究質料性的客觀世界從何而來，而是要弄清楚自然而然的世界萬物的生變過程，以及我們該怎樣把握這些過程，在永不停息中如何捕捉某種定性，也就是永恆的過程如何向我們澄明出來，所以它其實不是物理學和立基於物理學之上的形而上學所探討的宇宙萬物創生論，而「道」、「一」也不是憑空創造萬物的上帝或絕對本體。

第八節　《凡物流形》作者與創製年代考

　　前面已經論述到，在惠施前後，在名辨和科學主義思潮的衝擊下，出現大量的形名學家、辯者、科學技術專家和自然哲學家，人們對各種自然或社會現象生變運化的原因和機理充滿好奇，展開無窮追問，例如在《莊子‧天下》篇中所記載的辯者「二十一事」，惠施「歷物」十事，都是長期以來人們對於紛繁複雜的現象所提出的疑問和角度不同的回答，《漢書‧藝文志》著錄名家「七家三十六卷」著作。《凡物流形》應該就是這股形名和論物思潮刺激下的產物。物理學、天文學等新知識的增長使得當時的部分學者和思想家對於這些追問能夠作出某些回答。但當這樣的追問繼續下去並變得越來越多的時候，人們發現物理學等論物之理、「遍為萬物說」的方法是不行的，面對這些彙集到一起無法一一解答的問題，人們開始問有沒有最終的答案？尋求最後的根源和原因成為一種必然的趨勢。當時一些堅持傳統儒家信念同時又接受了道家新思想的人們開始嘗試運用「道」、「一」來統帥這些物之理，以「德」為根，以「身」為要，把關注的重心從「物」收回來，提倡「執一」、不與物遷移（不化）的《凡物流形》和批評惠施「弱於德，強於物，……其猶一蚊一虻之勞」、「逐萬物而不返」的《莊子‧天下》篇的作者就是其中的代表。當然，《凡物流形》的創製也當在名辨思潮發展到一定階段並且那種問物、論物現象已經匯成一股洪流之時，具體講，大概就在惠施前後不久。

　　《莊子‧天下》講到惠施與南方倚人黃繚之辯：

南方有倚人曰黃繚，問天地所以不墜不陷，風雨雷霆之故。

惠施不辭而應，不慮而對，遍為萬物說，說而不休，多而無已，
猶以為寡。

惠施與黃繚之辯，時間上需要推測。惠施先後兩次之楚。一是魏惠王
後元十三年（公元前 322 年）「張儀逐惠施於魏」、楚王「奉惠子而納之宋」
（《戰國策·楚策三》）。此時惠施已進入晚年，此後十年左右可能主要在宋
國從事學術研究，並與莊子為友。今天所看到的惠施「歷物」十事，惠施
的理論和邏輯上已經有受道家思想影響的痕跡，與《天下》篇記載的「說
而不休，多而無已」有些不同，可能是後期的作品。所以，其與黃繚之辯
當在更早時期。

錢穆在《先秦諸子繫年考辨》之《附南方倚人黃繚考》中提到：「徐廷
槐曰：『《戰國策》載魏王使惠子於楚，楚中善辯者如黃繚輩爭為詰難。』是
謂繚、施問答在惠子使楚時也。當時言南方率指荊楚。……又《楚辭》有《天
問》篇，……豈亦如黃繚問施之類耶？屈原為楚懷王左徒，當在惠子使楚稍
後，則《天問》一派之思想，固可與惠施、黃繚有淵源也。」〔註 128〕

魏王使惠子於楚，據《戰國策·魏二》記載：「魏王令惠施之楚，令犀
首之齊。」楚王「郊迎惠施」。此事發生的具體年代不明，《惠施公孫龍評
傳》據林春溥《戰國紀年》定為周顯王三十六年即公元前 333 年，以為即
楚敗齊於徐州之年〔註 129〕。《凡物流形》可能創製於此前後不久。

《凡物流形》有「執一」、「取天下」、「治天下」之說，可能不僅是受
到諸如《黃帝四經》等典籍與思想的啟發，還與戰國中期各國諸侯一個個
力圖「王」天下的現實歷史趨勢有關聯。

戰國中期，自魏惠王始，各主要諸侯國在二十年內相繼稱王。

魏文侯和魏惠王早期都採取了一系列有效措施，魏國因此國力強大，
魏國的威望也逐漸提高。古本《竹書紀年》載：「（魏惠王）十四年，魯恭
侯、宋桓侯、衛成侯、鄭（韓）釐侯來朝。」公元前 344 年，衛鞅去向魏
惠王游說，謂「從十二諸侯」「不足以王天下」，勸說魏惠王「先行王服，
然後圖齊楚」。魏惠於是「廣公宮，製丹衣，旌建九斿，從七星之？」（《戰
國策·齊策五》，「旌」原作「柱」，從王念孫《讀書雜志》改正。），「乘

〔註 128〕錢穆：《先秦諸子繫年考辨》，上海書店 1992 年版，第 324 頁。

〔註 129〕楊俊光：《惠施公孫龍評傳》，南京大學出版社，1992 年版，第 31 頁。

夏車，稱夏王，朝為天子」（《秦策四》）。魏惠王於逢澤會十二諸侯、朝天子〔註130〕。但隨著秦、齊等國的相繼強大，魏惠王在秦、齊等國夾擊中不斷慘敗，於公元前334年不得不採納惠施「以魏合於齊楚以按兵」的建議，率韓國等小國國君赴徐州朝見齊威王，同時齊威王亦承認魏惠王的王號，史稱「徐州相王」。魏惠王遂正式稱王，並於當年改元。

韓宣惠王、秦惠文王、燕易王、趙武靈王等在公元前 323 年前後二十年間相繼稱王。這場聲勢浩大的稱王運動發展到極端的結果就是在齊王看來，稱「王」已經不足以顯示齊王的野心和齊國的強大實力了，於是想要借「皇天上帝」的名義來稱「帝」，帝制運動開始醞釀（宣王時「齊之強，天下不能當。」（《戰國策·齊策一》））。稷下先生們在理論上和輿論上還進行了積極的配合，撰寫、編訂了一大批著作，也為未來的統一大帝國擬定了一套典章制度〔註131〕。後來，齊閔王與秦昭王皆一度稱帝。

因此，從時間上看，《凡物流形》應該創製在齊宣王繼位並大力擴建稷下學宮之前，此時為齊國帝製作準備的《管子》可能還沒有編訂。

簡書《凡物流形》很可能正是以「道」為基核，從儒家「修身以治邦家」的聖人情懷出發，來為當時政治上轟轟烈烈的稱王運動提供一種政治理念參考，特別是為當時在軍事上正遭受嚴重挫敗的魏惠王提供政治指導。

徐復觀先生在對比出土帛書《老子》甲、乙本與通行本時發現，帛本多出了許多語助詞，尤其是「也」字用得特別多，「乎」字也用得不少，這與《論語》用了近六百個「也」字、一百六十多個「乎」字的情形相似。而「也」、「乎」用在一句話中間，語氣便顯得舒緩和婉曲，反映出說話者安詳溫厚的精神狀態。然而戰國中期及其以後的作品，表現在典籍上的語氣便很少如此。徐復觀先生以此證驗《老子》成書於戰國中期以前〔註132〕。受徐先生的啟發，我們發現簡書《凡物流形》的語助詞也已經不多，句式

〔註130〕 《戰國策·齊策五》：「昔者魏王擁土千里，帶甲三十六萬，其強北拔邯鄲，西圍定陽，又從十二諸侯朝天子，以西謀秦。」

〔註131〕 據顧頡剛先生的考證，《周官》一書也是戰國時齊人所作，見顧頡剛：《「周公制禮」的傳說和〈周官〉一書的出現》，載《文史》第六輯。參看白奚《稷下學研究：中國古代的思想自由與百家爭鳴》（北京三聯書店，1998年版）第九章第三節。

〔註132〕 徐復觀：《中國思想史論集續編》，上海書店出版社，第 202 頁。

相對簡練精要，但又不似戰國中期偏晚和戰國後期作品那樣嚴密詳盡。從使用「奚」字作為疑問詞的情形來看，《管子》、《孟子》、《莊子》、《列子》等都多有使用，《管子》屬於彙編性質，其中不少單篇出現時間當早於齊宣王時期；《孟子》一書也是孟子晚年時期與弟子合編的，其中應該主要反映了戰國中期甚至更早時期的語言狀況，《莊子》、《列子》亦大體如此。不過《論語》中也有兩則用例，《論語‧子路》：子路曰：「衛君待子而為政，子將奚先？」子曰：「必也正名乎！」子路曰：「有是哉，子之迂也，奚其正？」似乎習慣以「奚」字為疑問詞的時間不會晚於戰國中期中段。而且《凡物流形》在內容上與《黃帝四經》非常接近，很多用語基本一致甚至非常近似，而一般認為《黃帝四經》產生於戰國中期以前〔註133〕。綜合來看，我們推斷《凡物流形》的創製至早不會早於戰國早、中期之交，或就在戰國中期偏早或戰國中期中段。這與考古推定的上博簡墓葬在公元前 300 年左右是符合的〔註134〕。

作者可能是位三晉名士。

一般認為形名研究發軔於鄭國，始於鄧析。郭湛波分析說：「其所以發生於鄭，而不發生於齊、魯、秦、楚……，這完全是客觀物質條件所決定；因為春秋時代的鄭國，封建制度最先崩壞，商業最先發達；禮的觀念最先破壞，法治觀念最先發生，所以形名學始於鄧析。」〔註135〕三晉名家思想是異常活躍的。而在魏惠王早中期，魏國的國力還是不弱的，甚至一度稱雄於諸侯。聚集在三晉、魏國或魏惠王周邊的人才很多，從更早的吳起算起，孫臏、商鞅、犀首、張儀、范雎、尉繚、惠施、孟子等都是歷史上的威名赫赫者，惜乎魏惠王志大才疏，最終霸業失敗，這些人才都被迫或主動遠走他國。所以，在齊稷下學宮蔚然挺立、名聞天下之前，中原魏國應該也是個人才薈萃之地，政治思想異常活躍。那麼在這裡出現與形名學思想關係密切的作品也是很有可能的。而《凡物流形》這種儒、道結合，有

〔註133〕反過來說，大量文獻特別是出土屬於戰國中期文獻使用與《黃帝四經》語句基本類似的部分又證明《黃帝四經》出於戰國中期以後的種種說法的不可信。

〔註134〕王中江先生認為該篇簡書屬於戰國中早期的作品。見王中江：《〈凡物流形〉的宇宙觀、自然觀和政治哲學》，《哲學研究》2009 年第 6 期，第 58 頁。

〔註135〕郭湛波：《先秦辯學史‧形名學的起像》，上海書店 1992 年影印版，第11 頁。

深刻哲學思想背景的作品，或許正是那個曇花一現的文化重鎮：魏國的又一個政治文化產物，而《凡物流形》的出土和重現，也為我們思考戰國思想與學術演變的脈絡提供了在稷下學之外的另一個線索。

另外，簡文《凡物流形》從認知、養心和修身的角度要求人皆「心能勝心」，內涵了寡欲或節欲的理念，然而魏惠王恰恰「欲」大。可能簡文《凡物流形》即是針對魏惠王之流的各國諸侯欲望膨脹招致禍亂的現實，希望諸侯、魏惠王能清心「執一」。《戰國策·魏策二》「魯共公擇言」一篇記載：

> 梁王魏嬰觴諸侯於范臺，酒酣，請魯君舉觴。……今主君之尊，儀狄之酒也；主君之味，易牙之調也；左白臺而右閭須，南威之美也；前夾林而後蘭臺，強臺之樂也。有一於此，足以亡其國。今主君兼此四者，可無戒與！」

文中魯共公以歷史上的君王為例告誡魏惠王縱慾者必亡國，主旨與本篇簡書多有一致之處。

第九節　《凡物流形》的學派問題

原整理者認為它同屈原的《楚辭·天問》最為相似，將之歸入楚辭類作品。現在學界一般認為《凡物流形》屬於道家或黃老學作品，如淺野裕一認為本篇簡文分兩部分，其中後半部分是道家系統的思想文獻〔註136〕。王中江先生認為「《凡物流形》屬於戰國中早期的黃老學作品」〔註137〕。王先生認為《凡物流形》廣義上可以說是道家作品，更具體說是黃老學作品，「最主要的根據是它關注宇宙的生成、自然的起源，並圍繞『一』這個範疇而建立起來了宇宙生成論、自然哲學和政治原理，而『一』正是黃老學的核心範疇」〔註138〕。李銳則認為簡文取材廣泛，其中的許多話語與《老子》、《文子》、馬王堆帛書《黃帝四經》、《管子》（《內業》、《白心》、《心術》上下諸篇）、《莊子》、《呂氏春秋》、《淮南子》等典籍中的部分內容接近，

〔註136〕淺野裕一：《〈凡物流形〉的結構新解》，簡帛研究網2009年2月2日。
〔註137〕王中江：《〈凡物流形〉的宇宙觀、自然觀和政治哲學》，《哲學研究》2009年第6期，58頁。
〔註138〕王中江：《〈凡物流形〉的宇宙觀、自然觀和政治哲學》，《哲學研究》2009年第6期，58頁。

學派屬性尚難以斷定，但他懷疑先秦時期未必有所謂道家，故不認本篇簡文為道家作品〔註139〕。但從論述語氣上看，他還是基本認同《凡物流形》總體上的道家或黃老學傾向的。

先秦無道家之名，但有屬於後人所說的道家之「實」，故我們一樣可以用漢人所歸納的所謂「道家」來劃分先秦著作的性質，但顯然這會存在許多分歧，有人用漢人理解的「道家」，有人則乾脆用自己理解的「道家」，而對漢人所說的道家也存在理解上的歧見。所以李銳對學派問題的思考不無道理，先秦人有學派、門派意識還是很晚的事情，到《莊子·天下》篇，《荀子·非十二子》，才綜合性地研究和批判此前存在的各種思想的學派屬性。其實除了明顯的師門、組織等清晰的傳承形式外，我們很難用什麼其他標準來談論兩個以上作家及其作品的學派屬性。戰國中期中段之前，學派意識並不強烈，人們自由吸取、接納他人的思想與知識，進入戰國中期以後，各家、諸子之間相互影響和吸收的步伐加快，拿任何人或任何一個學派作標準來定性其他學者及其學說，都會遇到問題。除了少數人外，先秦諸子包括其作品並不具有嚴格的排他性。例如，告子就是一位「兼治儒墨之道者」（《孟子·告子上》趙岐注。），稷下後期陰陽家大師鄒衍最初也是學儒者之術〔註140〕。所以，學派的討論不是要給他們劃定框框，而只是努力找到諸子之間的內在淵源和各種思潮發展的歷史鏈條。

我們認為，《凡物流形》是受形名學思想影響，以儒道結合為主幹，以儒學思想為歸依的一部作品。

本篇簡文從對萬物的生變發問開始，提出天地萬物的任何變化發展都有其徵兆、痕跡可循，萬物的生變作為一個時間的流也都有其初始，所以簡文認為把握事物生變的「始」和「小」是瞭解萬物、掌握萬物的最大關鍵。然而這種能力需要一種特殊的心性修養，特別是以「道」為指導的「心術」，然後簡文從心「一」推進到對「一」之於世界的意義，以此提出「執一」，最後歸結到人當以道、一為根本大法，來「修身而治邦家」。顯然，「一」不只是針對君主、對君主有用，而是對每個人的修身、治家乃至平天下都有用的，簡文作者最後的目標和主旨就在這個「修身而治邦家」。

〔註139〕李銳：《〈凡物流形〉釋文新編（稿）》，孔子2000網2008年12月31日。
〔註140〕《史記·孟子荀卿列傳》述鄒衍之學曰：「然其要歸，必止乎仁義節儉，君臣上下六親之施。」《鹽鐵論·論儒》也說：「鄒子之作變化之術，亦歸於仁義。」

　　《凡物流形》「修身而治邦家」的這個提法和正統的儒家論調完全一致，只不過在這前面加了一個有道家、黃老意味的「察道」，但察道的目的還是為了修身、治邦家。這樣看，簡文其實是用道家的新思想來豐富和發展了儒家內聖外王的最高追求。比如《凡物流形》關係密切的《文子》，《道德》篇亦云：「夫道無為無形，內以修身，外以治人，功成事立，與天為鄰。」也是這個意思。《凡物流形》的創作動機既不是為要論證「道」的最高性，也不是特意為君主提供一個治國理天下的君逸臣勞的無為之道，當然更不是為了論證「法」，「執一」作為治國理天下的根本大法，《凡物流形》實際是用「道」論來充實和發展儒家的內聖外王之學，內裏潛含著儒家思想中如果修身而內聖自然就可以「王」天下的老調，完全不考慮現實的權力爭奪和勢位問題，這都是儒家的典型表現。

　　誠然，「執一」、「執道」一般被認為是黃老學對聖人、君主的教導，但應當看到，《管子》四篇、《文子》、《凡物流形》等文獻中的養心之道，包含了儒家早期心性學、修身理論的影響。

　　《五行》與《孟子》都對「智」有過論述，屬於「五行」之一。而《文子》一方面它秉承《老子》思想，在根本的治國方略上反對「以智治國」，如《道原》謂：「以智慮為治者，苦心而無功。」《精誠》謂：「以智為治者難以持國」，「道有智則亂，德有心則險」。另一方面，對於知識性的「智」又給予肯定，如：「智欲圓，行欲方」，「故仁莫大於愛人，智莫大於知人，愛人即無怨刑，知人即無亂政」（《微明》）；讚美「智」能「先見成形」，能在禍福尚未顯形，處於萌芽狀態時察覺，從而加以預防，轉禍為福。前面我們也論述到，這種聖智、聖「聽」的思想也是《凡物流形》所欣賞的。

　　竹簡本和今傳本《文子》都有談論「聖」、「智」的內容，與思孟學派早期作品《五行》有非常密切的聯繫。八角廊簡《文子·聖知》殘存 7 條簡文，簡本復原為 [註141]：

　　　　〔聖〕知。平王曰：「何謂聖知？」文子曰：「聞而知之，聖也（0896、1193）；〔見而知之，知也。聖者，聞//禍福所生〕而知擇道，知者，見禍福（1200）〔成〕刑而知擇行。故聞而知之，聖也（0765）；「見//而知之，知也。」平王曰：「禍福可聞而知」之、

―――――――――――――――

〔註141〕張固也：《八角廊簡〈文子·聖知〉的復原及其思想》，《文獻》季刊 2002 年第 4 期，28 頁～37 頁。

〔見〕而知之乎？」文子曰：「未生者可（0904）//〔聞而〕知也，
成刑者可見而（0834）知也。故聖者聞（0803）未生，知者見成
（0711）〔刑。聞未生故//知禍福所生，見成刑故知禍福之門。聞
未生，聖也；見成刑，知也；無聞見//者愚迷。

今本《文子‧道德》篇作：

　　文子問聖、智。老子曰：聞而知之，聖也；見而知之，智也。
故聖人常聞禍福所生而擇其道，智者常見禍福成形而擇其行。聖
人知天道吉凶，故知禍福所生；智者先見成形，故知禍福之門。

聞未生，聖也；先見成形，智也；無聞見者愚迷。

兩相比較，顯然今本作了某些改動。

其中「聞而知之，聖也；見而知之，智也」與《五行》「見而智（知）
之，智也；聞而知之，聖也」語句基本一樣。《文子》「聞而知之，聖也」
和「聖人知天道吉凶」與《五行》「聞而知之，聖也，聖人知天道。知而行
之，聖也」完全相合。

可見，不論是簡本還是今本《文子》，其對「聖」與「智」的解釋都
是與《五行》完全一致的，甚至語句都是一樣的（帛書《老子》甲本卷後
學者稱《德聖》說：「聖，天知也。知人道曰知，知天道曰聖。」《大戴禮》
對「聖」與「智」的討論也與此相仿。）《中庸》也說：「苟不固聰明聖
知達天德者，其孰能知之？」也與此基本一致。

《文子》與《五行》一樣，講「聖」聞於未生，「智」見於已形，可
能有共同的來源。例如《經法‧道原》：「故唯聖人能察無形，能聽無聲。」
也與之接近。《五行》一般認為成篇要早於孟子，甚至可能即子思的作品
〔註142〕，應早於《凡物流形》。但不管《文子》是否吸收了思孟早期學術
思想，起碼可以知道的是，這種聖、知思想乃是儒、道兩家共同的資源。
而《凡物流形》顯然也是吸取了早期《文子》等文獻中的「執一」之論的

〔註142〕李學勤先生指出：「郭店一號墓的年代，與孟子活動的後期相當，墓中書
　　　　籍都為孟子所能見。《孟子》七篇是孟子晚年撰作的，故而郭店竹簡典籍
　　　　均早於《孟子》的成書。」見李學勤：《先秦儒家著作的重大發現》，《中
　　　　國哲學》第 20 輯，遼寧教育出版社 1999 年，15 頁。其實只要能夠確定
　　　　荀子批判五行說之語，我們就應該相信「子思唱之，孟軻和之」之說。關
　　　　於《五行》成篇時代，學界也有許多爭論，但同意其屬於早於孟子的居多，
　　　　尤其是在楚竹簡本出土之後。這種爭論李銳曾彙集為十三種意見，見其《仁
　　　　義禮智聖五行的思想淵源》，《齊魯學刊》2005 年第 6 期，第 19 頁。

同時，還接受了這種已生未生、已形未形的區分，雖然這種接受還算不上是一種有意識的行為，如簡 14 就說到：「至聽千里，達見百里」，「聽」是比「見」要高一級的能力；《凡物流形》也認為「先知四海」、「邦家安危存亡、賊盜之作可先知」的能力必須建立在能夠聞未生未形的聖知基礎上。

《老子》確實反對「以智治國」，但理由是「民之難治以其智多」（六十五章），害怕的是民智和與民鬥智。《老子》一書對「聖人」持肯定態度，這說明其總體上與《文子》一樣對聖、知並不反對。今傳本《老子》雖有「絕聖棄智」之論（十九章），但近年公布的郭店簡本實作「絕智棄辯」，研究者認為今本出於後人的竄改，「『絕聖棄智』、『絕仁棄義』似是莊子前後流行的」〔註 143〕。那麼其所針對的當為思孟五行的聖智之論。更重要的是，《老子》五十八章：「禍兮福之所倚，福兮禍之所伏」，這種對禍福轉移之機的把握顯然也是一種聖知，六十四章「為之於未有，治之於未亂」與「聞未生」、「見成形」之說也相通。

《五行》第八章曰：「淑人君子，其儀一也。能為一，然後能為君子，君子慎其獨也。」第九章末句也是「君子慎其獨也」。儒家講究修身，講究以「身」為認識事物之要；講究身、心、行，乃至我與物的和諧如一，即便是隻身獨處，也不為違背天性人性的苟且之事。《文子·精誠》也說：「君子之慘怛，非正為也，自中出者也，亦察其所行，聖人不慚於影，君子慎其獨也。」這裡的「中」，指的是內心和發自內心的「誠」。儒、道兩家都主張「守中」、心「正」，以此作為一種修身養性、養生的存在方式。只不過儒家更強調誠心正意，道家更在乎保持內心的平和、寧靜、真誠，即對體氣、血氣以及情緒等的調理。「慎獨」思想，本為儒家提倡，《文子》襲取過來，與「守中」結合，強調修身過程中的真誠不自欺。後來儒家又把這種生命存在直接引申作為不偏不倚的處世方法論，推衍到社會人生。在《凡物流形》中我們同樣可以看到這種思想，不僅其所概述的養心之術裏包含了「慎其獨」思想，以及作為生命存在的身心、物我、天人的和諧合一要求——「終身自若」，而且認為「道」、「一」都應該「度於身稽之」（第 23 簡）。

《呂氏春秋·執一》：「楚王問為國於詹子，詹子對曰：『何聞為身，不聞為國。』」《淮南子·覽冥》云：「故蒲且子之連鳥於百仞之上，而詹

〔註 143〕丁四新：《郭店楚墓竹簡思想研究》，東方出版社 2000 年，第 61 頁。

何之鶩魚於大淵之中，此皆得清靜之道，太浩之和也。」高誘注：「詹何，楚人，知道術者也，言其善釣，令魚馳鶩來趨釣餌，故曰太浩之和也。」《淮南子・詮言訓》又載：「詹何曰：『未嘗聞身治而國亂者也，未嘗聞身亂而國治者也。』矩不正，不可以為方；規不正，不可以為員。身者，事之規矩也，未聞枉己而能正人者也。」〔註144〕

高誘以詹何為知道術者，現代學者一般又以其為楊朱弟子。但實際上詹何之論也近於《大學》云：「古之欲明明德於天下者，……物格而後知至，知至而後意誠，意誠而後心正，心正而後身修，身修而後家齊，家齊而後國治，國治而後天下平。自天子以至於庶人，壹是皆以修身為本。」

所以，儒、道兩派在早期某些方面的思想是基本相通的。呂思勉先生在《蒿廬札記・無為》一文還說：「世皆以無為譽道家，謂其無所事事，非也。諸子百家無不貴無為者。」「政之為，正其自心之為始也。此無為之真詮也，此無為之所貴也。」儒家文獻中強調「無為以守正」以及「致其誠信與其忠敬」，道家則主張「貴慈」、「守柔」、「襲常」等方法，可謂同歸殊途〔註145〕。吸收了這些思想的《凡物流形》自然表現出儒道兩家相通相合的情形了。

再比如，對以「見小」解釋「執一」並用「十圍之木始於把，百仞之臺始於下」解釋原因的唯有《文子》，而《凡物流形》與此最接近。所以，本篇簡文受到早期《文子》的某些影響是可以肯定的。而從今本《文子》來看，《文子》基核主要也是儒道結合的。比如《文子》「道」和「德」常並稱、連稱，如《道德》說「非道德無以治天下」，認為道德是天下萬物相生相養、相畜相長的根由：「夫道德者所以相生養也，所以相畜長也，所以相親愛也，所以相敬貴也。」所以「積道德者，天與之，地助之，鬼神輔之」。《文子》對社會有最高的追求，即「道」世。但它還要求「道」通過德、仁、義、禮四經在現實展開，追求更高境界的同時並不忽視或歧視它在現實境界中的展開，並認為「道」依賴於德與仁、義、禮的一層層實現

〔註144〕《呂氏春秋・先己》：「昔者，先聖王成其身而天下成，治其身而天下治。」《淮南子・詮言訓》：「能有天下者，必不失其國；能有其國者，必不喪其家；能治其家者，必不遺其身；能修其身者，必不忘其心；能原其心者，必不虧其性；能全其性者，心不惑於道。」

〔註145〕呂思勉：《蒿廬札記・無為》一文（收入《論學集林》，上海教育出版社1987年版）。

和逐步提高與超越。這樣，就在儒道結合的基礎上避免了《老子》「道」境僅僅是一種無法實現的理想或精神世界，而成了一個可以在現實的人文世界裏有實現可能的翔實設計或建構。而《凡物流形》作為一種解「經」、傳「注」的東西，不可能有這麼體系化的嚴密思考，只是籠統地提倡以「一」、「道」為指導而修身為國的聖君之治。

陳鼓應先生從今本《文子‧上德》中發現了道家易學思想和資料，從而證明了文子學派對易學有過深人研究。值得注意的是《凡物流形》以「形」為核心概念來研究天下萬物的生滅變化，這和《易傳》也是基本吻合的。

《凡物流形》所說的「形」，除了一般的形名學思想外，還與《易傳》有一定的關聯。《凡物流形》講「凡物流形」，《彖傳‧乾》講「雲行雨施，品物流形」；《易‧繫辭上》講：「形而上者謂之道，形而下者謂之器。」二者都是以當時的形名學為思想背景來使用「形」這一術語的。又如《凡物流形》謂：「出則又入，終則或始，至則或反。」而《彖傳‧蠱》言：「終則有始，天行也。」《彖傳‧恒》云：「『利有攸往』，終則有始也。」《彖傳》：「復，其見天地之心乎？」

王三峽先生在研究竹簡《文子》時認為，《文子》早期本子應該包括了「古代的格言、諺語彙編」資料〔註146〕。而《凡物流形》屢稱「聞之曰」，其中的許多內容，正是對所「聞」內容的記述或概述，與《文子》一樣，都有對當時或更早時期的格言與諺語的整合，其中就包括與《文子》相同或相近的「執一」等部分。

魏啟鵬先生認為《文子》同晉學、三晉史學有密切關係，並肯定道家文子源出晉學。如《文子》講「性」、「慎微」、「知權」等等〔註147〕。前面我們也已經提到，《凡物流形》與魏國有關聯，因此，如果魏先生所言不誤，則《凡物流形》同早期《文子》有著十分緊密的關係。

因此，雖然說《凡物流形》一定屬於《文子》學派的早期作品尚缺乏足夠有效的證據，但認為《凡物流形》與早期《文子》有著相近的資料來源應該是可以肯定的。

又比如，與《凡物流形》思想十分密切的《管子》四篇，其中的許多

〔註146〕王三峽：《竹簡《文子》新探》，《孔子研究》2003 年第 2 期，第 14 頁～23 頁。

〔註147〕魏啟鵬：《文子學術探微》，《道家文化研究》第十八輯，第 151 頁～162 頁。

內容也與早期儒家思想有緊密的聯繫。

　　《內業》等四篇將齊人固有的行氣、治氣養生思想同當時流行於齊國的老子道論結合起來，創造出具有濃鬱的齊學特色的精氣論。但養生不僅僅是肉體的問題，精神本身也要涵養。而精神的涵養就把早期儒家如子思、公孫尼子等的心性之論納入了這個養生系統。如《管子・內業》：「大心而敵，寬氣而廣、其形安而不移，能守一而棄萬苛，見利不誘，見害不懼，寬舒而仁，獨樂其身，是謂雲氣，意行似天。」、「正形攝德，天仁地義則淫然而自至。」、「善心安愛，心靜氣理，道乃可止。」《管子・心術上》：「凡民之生也，必以正平。所以失之者，必以喜樂哀怒。節怒莫若樂，節樂莫若禮，守禮莫若敬。外敬而內靜者，必反其性。」這些表述已同儒家的口吻差不多了。它是道家氣論同儒家心性學說相結合的初步嘗試。

　　《莊子・讓王》：「曾子居衛，……故養志者忘形，養形者忘利，致道者忘心矣。」講曾子雖貧病甚深而「歌商頌，聲滿天地，若出金石」。徐幹《中論・修本》篇也引子思曰：「能勝其心，於勝人乎何有？不能勝其心，如勝人何？」馬總《意林》引子思子曰：「君子以心導耳目，小人以耳目導心。」與《凡物流形》要求「心如能勝心」是完全一致的。

　　而《凡物流形》所吸收的並不只是道家、黃老思想，而同樣是一種儒道結合的過程，而以儒家思想為歸宿。

　　作為「七十子之弟子」的公孫尼子，其與《管子》四篇、《凡物流形》中的養心術有關聯的思想有性情說、養氣說。

　　唐馬總《意林》卷二引《公孫尼子》曰：「心者，眾智之要。物皆求於心。」認為應萬物萬事，當以修心為務，心是接應萬物的關鍵。所以孟子才會說：「萬物皆備於我也，反身而誠，樂莫大焉。」（《孟子・盡心上》）。《文選》卷三十《沈休文三月三日詩》李善注引《公孫尼子》曰：眾人役物而忘情（案：「眾」當為「聖」字之誤。）。此言聖人以其情順萬物而無情；猶天地之常，以其心普萬物而無心也。《荀子・修身》：「《傳》曰：君子役物，小人役於物。此之謂也。」《管子・內業》：「君子使物，不為物使。」可能正本於此。

　　《春秋繁露・循天之道》篇引《公孫尼子》書云：「公孫之養氣曰：『裏藏泰實則氣不通，泰虛則氣不足。……凡此十者，氣之害也，而皆生於不中不和。故君子怒則反中，而自說以和；喜則反中，而收之以正；憂則反

中，而舒之以意；懼則反中，而實之以精。夫中和之不可不反如此，故君子道至氣則華而上。凡氣從心，心，氣之君也，何為而氣不隨也。』」這是說「氣」當接受心之節制，以心帥氣，使反諸中和。則公孫尼子之言養氣，同於子思之致中和。

這些「心」論、「性」論和「修身」之論，皆可視為《管子》、《凡物流形》的源頭。

關於節欲。《管子・內業》云：節其五欲。又云：節欲之道，萬物不害。而《禮記・月令》：「節嗜欲。」《易・損卦・象傳》：「君子以懲忿窒欲。」《禮記・坊記》：「子思子云：君子禮以坊德，刑以坊淫，命以坊欲。」

修心治心的目的是積累精氣，與道相通，這樣才能與自然之物溝通，進而認知、瞭解萬物，同時培養智慧和人性，既關乎建「知」，又屬於心性的修養。這與孟子所謂盡心，然後能知性，然後知天（「上下與天地同流」（《孟子・盡心上》），「萬物皆備於我」（《孟子・盡心上》））是一致的。《心術》、《內業》不僅不非毀仁義，不蔑棄禮樂，甚且注重仁義禮樂，和儒家亦通〔註148〕。而早期儒家也講究要培養「知道之心」。如被認為是子思學派的簡帛《五行》就深入論述「見而知之，智也；聞而知之，聖也」的道理。《禮記・樂記》云：「人生而靜，天之性也。感於物而動，性之欲也。」「物至知知，然後好惡形焉。好惡無節於內，知誘於外，不能反躬，天理滅矣。夫物之感人無窮，而人之好惡無節，則是物至而人化物也。人化物也者，滅天理而窮人慾者也。」郭店儒簡《性自命出》稱：「凡人雖有性，心無奠志，待物而後作，……」、「凡動性者，物也。」皆研究心、性與物的關係〔註149〕。

正因為《管子》同早期儒家的這種淵源，無怪乎很多學者都認為《管子・內業》等屬於儒家作品〔註150〕。

〔註148〕郭沫若：《十批判書》，《郭沫若全集》歷史編，第二卷，人民出版社，1982年，北京，第118頁。

〔註149〕《性自命出》反映的是戰國中期儒家對心氣、情性、禮樂的普遍看法，和《禮記・樂記》論點相近，與同出的儒家著作各篇，應是曾子、子思一系的門徒所傳。乃是孟子性善說出現以前的著作（葉國良：《公孫尼子及其論述考辨》，《臺大中文學報》，2006年12月，第25期，第44頁。

〔註150〕《管子》一書，漢人列人道家。侯外廬等編著的《中國思想通史》第一卷則認為《管子》四篇似應歸入儒家而不是道家，似乎是一批儒家學者在稷下改造道家學說的產物。白奚也認為《管於》其「氣」論的倫理色彩來自

　　《呂氏春秋‧察賢》篇載儒家弟子宓子事蹟：「宓子賤治單父，彈鳴琴，身不下而單父治。巫馬旗（《說苑‧政理》載有「亦治單父」四字）以星出，以星入，日夜不居，以身親之而單父亦治。巫馬旗問其故於宓子。宓子曰：「我之謂任人，子之謂任力。任力者故勞，任人者故逸。」宓子君子矣〔註151〕。可見，孔子部分弟子的思想已有與所謂的黃老學有一致之處了。

　　因此，戰國早期儒道思想是基本相通的，此後諸子雖各自發展和而出現分化，但在戰國中期偏早，儒道結合則又是學術的基本趨勢，如《管子》部分篇章、早期《文子》、《凡物流形》等，皆如此。

　　《凡物流形》吸收了以「道」為論證基核的黃老養心學說和「執一」的政治哲學，但拋棄了《管子》四篇等黃老心性學說中的「氣」論等齊地養生文化色彩，最終把它重新納入到儒家的內聖外王追求上來，和孟子對《管於》心氣論的引進、改造一樣。簡書屬於在稷下黃老道家思想衝擊尚不十分激烈、影響尚不深廣的情況下，部分仍堅持儒家信念的學者對儒家學說的一個推進，雖然這種改造尚顯粗疏，也缺少嚴密的理論論證。總體上說來，簡書《凡物流形》是在形名思潮的激發和影響下，把儒道相互結合，而以儒家追求為歸依，體現了戰國中期偏早時期學術發展的基本形勢。

以孔子為代表的早期儒家（白奚《稷下學研究》第七章）。羅焌先生以《管子‧內業》為儒家著述。馬國翰在《玉函山房輯佚書‧內業篇序》中說：「《漢志》儒家有《內業》十五篇，《注》，不知作書者。隋唐《志》皆不著錄，佚已久。考《管子》第四十九篇標題《內業》，皆發明大道之蘊，與他篇不同類。蓋古有成書，而管子述之。案《漢志》，《孝經》十一家有《弟子職》一篇，今亦在《管子》第五十九。以此例推，知皆誦述前人。故此《內業》篇在《區言》五，《弟子職》在《雜篇》十，明非管子所自作也。茲據補錄，仍釐為十五篇，以合《漢志》。不題姓名缺疑也。」王應麟《漢志考證》云：「按《管子》有《內業》篇，此書恐亦其類。」馬氏本此。今所傳書，如《心術》上下、《白心》、《內業》、《弟子職》諸篇，實能貫通儒、道二家之微言大義者。《漢志》列《管子》於道家，列《弟子職》於孝經家，列《內業》於儒家，其識卓矣。近世述周秦哲學者，絕不齒及儒家之《內業》，不無遺恨。內，猶心也。業，謂所學之事業。楊子《太玄‧玄摘》云：「秉道德仁義而施之之謂業也。」《內業》者，述儒家養心之學也（羅焌：《諸子學述》，華東師範大學出版社，2008年，第239頁。）。

〔註151〕《韓詩外傳》卷二作「人謂子賤，則君子矣」；《說苑》作「人曰宓子賤則君子矣」。《說苑‧政理》篇記載孔子肯定「夫舉賢者，百福之宗也，而神明之主也。惜乎！不齊之所治者小也。不齊所治者大，其與堯舜繼矣」。

－281－

第五章 《吳命》研究

第一節 《吳命》校釋 [1]

於周。■ [2] 募（寡）君昏（問）[3] 左右：箸（孰）為帀（師）徒 [4]，盞（踐）履墜（陳）埊（地）[5]，己（以）墜（陳）邦非它也，先王妣（姑、故？）麥（姊）大配（姬）[6] 之邑☐【簡8下】

☐古（故）甬（用）[7] 吏（使）丌（其）三臣，毋敢又（有）遲（遲）速之羿（期）[8]。

敢告斫（視）日 [10]。■

會（答）曰：三夫＝（大夫）辱命於募（寡）君之粪（僕）[11]。■募（寡）君一人☐【簡7】

「☐孤居緕（裸）統（繰）[12] 之中，亦唯君是望。君而或言若是，此則社襖（稷）☐」【簡2】

「君之惢（順）之，則君之志也。兩君之弗惢（順）[13]，敢不芒（亡）道己（以）告 [14]。」

吳青（請）城（成）於楚 [15]。■

「昔上天不中（衷）[16]，墜（降）祇（禍）於我☐【簡3正】☐二邑■，非疾痌 [17] 安（焉）加之，而慭（殄）[18] 鱻（絕）我二

— 283 —

邑之好。先＝（先人）又（有）言曰：馬牲（將）走[19]，或童（動）之，速羍（仰？）[20]。」

嘼（州）來[21]告曰：☑【簡1】

「呂（以）䀴（賢？）多舁（期）[22]。」▇

「隹三夫＝（大夫）亓（其）辱昏（問）之，今日隹（唯）不愳（謀）[23]，既犯（犯？）[24]矣。自是日[25]呂（以）逩（往），必（比）[26]五六日，皆稀（敝）邑之舁（期）也。」吳走（遁、退？）隓（陳）[27]。▬（簡9前段）

「楚人為不道，不思亓（其）先君之臣事先王。▍癈（廢）亓（其）賵（貢）獻[28]，不共丮（承）王事。▍我先君蓋（闔）[闔☑]……」【簡9後段】

賽（實）[29]才（在）敿（波）敹（濤）之閜（閒）[30]。咎（舅）生（甥）之邦[31]，聶（攝）[32]周孫＝（子孫），隹（唯）舍（余）一人所豊（體、禮？）[33]。寍（寧）心敪（緩）惥（憂）[34]，亦隹（唯）吳白（伯）父[35]。晉☑【簡6】

坴（賴）[36]先王之福▍，天子之霝（靈）[37]。孤也可（何）袋（勞）力之又（有）安（焉）！孤也敢至（致）先王之福，天子之霝（靈）▍。吳人虘（瘥）【簡8上】

「𣅈（州）逨（來）[38]▬。孤吏（使）一介吏（使）慈（親）於桃（郊？）[39]，逆袋（勞）[40]其夫＝（大夫），盧（且）青（請）亓（其）行[41]。智（荊）為不道，胃（謂）余曰：女（汝）周之胬（孽）子[42]☑【簡4】齧（噬）[43]敢居我江㕣（濱）[44]。曰：余必攼（刊？）芒（亡）[45]尔社褑（稷），呂（以）窒（廣）東海之表[46]。天██亓（其）中，卑周先王俌☑……」【簡5下】

零　簡

［或］又（有）軒輵（冕）[1]之賞，或又（有）釜（斧）戉（鉞）

之愚（威）[2]。已（以）此前後之，猷不能已（以）牧民 [3]，而反志〈忘—望〉[4] 下之相戲（擠）[5] 也，幾（豈）不右（左）才（哉）[6]！【簡5上】

【校釋】

[1] 本篇現存竹簡十一枚，除了九號簡基本完整外，其他皆有不同程度的斷殘，難以連讀成篇。九號簡現存長約 52 釐米，三道編繩，上部編紳距簡頂端約 10.6 釐米，中間那道編繩大致位於竹簡中央，下一道編繩下距竹簡底端約 8.2 釐米。其中第三簡簡背所書「吳命」二字，是為篇名。滿簡書寫，現存 375 字（包括篇題 2 字），有合文 5 處。復旦大學出土文獻與古文字研究中心認為，「從書法風格上看，此簡當與上博一《緇衣》、上博三《彭祖》為同一抄手所寫。」

簡文以說辭為主，整理者曹錦炎先生根據本篇竹書的內容和體例，提出《吳命》篇有可能為《國語·吳語》佚篇；篇中吳王為夫差，事件的發生時間約在魯哀公十三年吳、晉黃池爭霸期間。可補史籍之缺。簡 1、簡 3、簡 8 下段、簡 9（「吳走陳」以上的內容）可能與魯哀公十年（公元前 485 年）冬楚因陳叛楚即吳而命子期伐陳，吳延州來季子救陳一事有關。學者們分析其或屬於公元前 482 年吳晉黃池會盟前後歷史事件的內容，或認為與魯哀公十年（公元前 485 年）楚伐陳、而吳派延州來季子救陳一事有關。單育辰認為「『吳命』猶言『吳國的辭令』」（《佔畢隨錄之八》）。

[2] 單育辰指出，「■■」這種長方形大墨節從歷來發現的楚地竹簡看，都是用作分章或分節的標誌。「■■」前後的簡文大都不會是一件完整的事件，而是各種事件或說話人歷次談話的彙編。《吳命》中「■■」凡四見。長方形大墨節前的那些短語如「吳請成於楚」、「吳走陳」等，除了例（3）不詳外，（1）、（2）、（4）都是用這幾個字來敘述某件歷史事件，那些短語是在本章節說話者所說的外交辭令之外的。我們認為這些短語應該是標示此章節所載的外交辭令是在什麼歷史事件下發生的，或者說，它們充當著補充文義的小標題的作用。所以，《吳命》此篇也應為有關吳國的外交辭令之彙抄（「吳命」猶言「吳國的辭命或辭令」），而並非如整理者曹錦炎先生認為的那樣，是記載某一件或某兩件的歷史事件的前後經過（《札記》）。

　　［3］昏，整理者讀為「問」，楚簡和《說文》古文皆作「䎽」。按：「寡君」當為吳王，即夫差。「左右」指吳王近臣，非整理者所謂左右兩方。

　　［4］箮，整理者讀為「孰」，文獻常見。帀（師）徒，整理者認為即士卒，借指軍隊。

　　［5］𨂢，整理者指為「踐」字異體。履，整理者原釋作𡩡，構形與《說文》古文基本相同。踐履，典籍多見。如《詩・大雅・行葦》「牛羊勿踐履」。墬，「地」之古文。

　　［6］妯𡠾，整理者原釋作「姑每」，讀為「姑緐」，也就是吳王「諸樊」。宋華強先生讀為「姑姊」，認為先王是指吳先王，簡文是就吳、陳兩國的親緣關係而言的，其稱大姬為「先王姑姊」，大概與春秋時期周王或諸侯稱同姓貴族為「伯父」，異姓貴族為「伯舅」「舅氏」一樣，是一種尊稱（《〈上博七・吳命〉「姑姊大姬」小考》）。復旦讀書會釋作妯𡠾。侯乃峰讀為「姑娌」，就是某些地方方言中「女兒」、「姑娘」之意，則「先王」當指周武王，簡文即「先王的女兒太姬之邑」（《〈上博七・吳命〉「姑娌」小考》）。大姬，整理者原將後字讀為「熙」。宋華強等學者一般都讀為「大姬」，指陳國建國之君胡公之妻，又為周武王長女。按：宋先生的說法很難獲得文獻支持，侯先生之說則以方言為基礎。如果從周武王所封吳之先公周章來看，大姬即吳之先王周章之「姊」。則需要把「姑」讀為「故」。

　　［7］甬，從整理者讀為「用」，郭店楚簡本「用」皆作「甬」，上博簡亦見。

　　［8］吏，整理者讀為「使」，受命出使。整理者謂是晉國派三位大臣出使吳國。按：當為吳國迅速派三大臣率領軍隊趕往陳國，後句答語為楚使之辭。

　　［9］遟（遲）速，「遟」原圖作[字形]。整理者釋為「避」。復旦讀書會認為該字當隸定為「遟」。遟，今作「遲」。「遲速」文獻屢見。𢄉，整理者原讀為「旗」，此從復旦讀書會改讀為「期」。

　　［10］斫（視）日，原整理者隸定為從司從刀。該字字形作[字形]，復旦讀書會隸定為「斫」，疑「斫」是個從「斤」得聲的字。從斤得聲之字一般歸入文部或微部。此處可能讀為「視」。「視日」古書、楚簡屢見。何有祖指前字即「視」字，不過他認為可讀作「示」（《小札》）則不可從。張崇禮讀為「度日」亦誤。

[11] 辱命，敬語，交付使命。業，整理者曹錦炎讀為「僕」，趙平安則時為「業」。

[12] 繜統，原整理者隸定為「賸系綺」三字。圖版作 ![字形]。復旦讀書會隸定為「繜統」，讀為「褓緥」。「統」、「緥」音近可通。「褓緥」猶「襁褓」。《淮南子‧要略》：「武王立三年而崩，成王在褓緥之中，未能用事，蔡叔、管叔輔公子祿父而欲為亂。」《呂氏春秋‧明理》：「夫亂世之民，長短頡梧，百疾，民多疾癘，道多褓緥，盲禿傴尪，萬怪皆生。」陳偉讀為「保阿」，與「保傅」相當，簡文應是吳王自稱自己還小的時候（《上博七楚竹書「褓綺」試說》）。簡文是吳王自稱自己當年還小，一切只好聽您（對方）的，您若認為是這樣，那就是社稷之（福）啊。

[13] 巛，整理者指即「順」之異構。亦見郭店楚簡《緇衣》，上博簡省作「川」，和順。志，期望。

[14] 芒，整理者原釋為「喪」，魯家亮釋為「芒」讀為「忙」，把「敢不芒（忙）道以告」解釋為「怎麼敢不急忙告知？」單育辰認為這同古人語言習慣不合。林文華把「芒道」讀為「往道」，並認為「往道以告」，即「往來道路以告之意」。禤健聰從魯先生斷讀，但把「芒」釋為「喪」，謂「喪道」為喪禮之義。單育辰指出，《吳命》簡 3「攷（殘）亡」的「亡」亦做「芒」，只比此篇簡 3 的「芒」多一「中」頭而已。故簡 3 的「芒」亦應從「復旦讀書會」讀為「亡」，「敢不亡道以告」也就是「敢不以亡道告」，「亡道」猶「無道」。「敢不以亡（無）道告」是說：如果兩個君王沒有和順，那麼，我們也只好向您告訴我們將做無道（不合禮宜）的行為了。這裡所謂的「無道」，應是交戰的一種委婉的說法（《隨錄之九》、《札記》）。按：簡文是說，兩國君王如果能和順、達成一致，則也遂了您的意願了。如果兩國國君無法達成一致，我們也只好向您告訴我們將做無道的行為了。「弗順」，吳、楚二君務兵不務德，兵戎相見。「無道」，是交戰狀態中的一種委婉外交辭令。

整理者曹錦炎先生將簡文斷為：「兩君之弗順，敢不喪？導以告吳，請成於楚。」復旦研究生讀書會讀斷為：「兩君之弗順，敢不芒（亡）？道以告吳，請成於楚。」魯家亮先生斷讀為「君之順之，則君之志也。兩君之弗順，敢不芒（忙）道以告，吳請成於楚。」

[15] 成，整理者原釋讀為「城」，誤，當指講和，如《國語‧越語》：

「遂使之行成於吳。」「吳青（請）城（成）於楚」：於是吳國向楚國請求和解。屬於竹書作者的敘述。

　　[16] 中，整理者讀為「衷」，善。高祐仁讀如本字，訓為中正、公平（《釋〈吳命〉簡 3「天不中」》）。

　　[17] 疧，原整理者隸定為從疒從因，不確。其字原形作。復旦讀書會指出，該字形又見於《柬大王泊旱》簡 18，作。《柬大王》篇有「瘥」字，在簡 5 作，在簡 8、簡 20 分別作、。可見其字左旁是疒之省，該字確應隸定作疧。魯家亮讀為「困」。張崇禮讀為「瘟」（《釋「瘟氣」》）。

　　[18] 慜，整理者讀為「慎」。復旦讀書會認為「慜」當讀為「畛」。「慜」、「畛」語音關係密切，他們都是舌音真部字。包山簡 122 有一個寫作「」形的字，其右下角即是在「斬」的基礎上添加聲符「今」。今本《老子》第五十六章「同其塵」的「塵」，郭店簡《老子》甲本簡 27 作「斬」，馬王堆帛書《老子》甲本則作從「蟄」字。

　　[19] 走，整理者釋「走」，訓疾趨、奔跑。禤健聰認為即蒦之省變，讀為「駭」，表驚起（《說〈吳命〉簡 1 的「駭」字》）。劉雲認為可能是「害」或「遏」字（《說〈吳命〉簡 1 中所謂的「走」字》）。

　　[20] 羕，曹錦炎讀為「仰」，抬頭。何有祖讀作「養」，屬下讀（《小札》）。陳偉讀為「衢」或「瞿」或「懼」（《小札》）。范常喜讀作「殃」，「速殃」即「招致禍殃」（《「殃」補議》）。魯家亮讀為「祥」，善、吉利（《〈上博七·吳命〉的「祥」字》）。楊澤生讀為「傷」（《〈上博七·吳命〉中的「先人」之言補釋》）。侯乃峰讀為「蹶」（《雜記六則》）。待考。

　　[21] 嵒（州）來，整理者視前一字為「竈」異構。為晉臣壽來。陳偉先生認為是州來（《讀〈吳命〉小札》），林文華從之（《〈吳命〉1、3 號簡文補說》）。《春秋經·哀公十年》：「冬，楚公子結帥師伐陳，吳救陳。」又《左傳·哀公十年》：「冬，楚子期伐陳，吳延州來季子救陳，謂子期曰：『二君不務德，而力爭諸侯，民何罪焉？我請退，以為子名，務德而安民。』乃還。」簡 3、簡 1 正與此可對讀。當然，這個「季子」當非吳王壽夢少子季札，而應當是其後人。《左傳·哀公十年》孔穎達疏謂：「襄昭之傳稱延州來季子者皆是季札也，此說務德安民，是大賢之事，亦當是札。故計跡其年，言雖老猶能將兵也。」疏又引孫毓云：「季子食邑於州來，世稱

延州來。……延州來季子或是札之子與孫也。」近人楊伯峻注曰：「此延州來季子未必即季札本人，以近百歲老翁帥師，恐情理所難，或其子孫，仍受延、州來之封，故仍其稱乎。」（《春秋左傳注》，第 1656 頁）

　　［22］昇，曹錦炎指「期」字古文，讀為「忌」。

　　［23］惎，曹錦炎先生讀為「敏」，認為「不敏」是說話者的謙稱，劉雲讀為「悔」（《說〈上博七·吳命〉中所謂的「走」字》）。單育辰指出，從楚簡用字習慣來看，「惎」一般都是用為「謀」的，此處也應讀為「謀」，「不謀」也就是沒有料想到的意思，「今日雖不謀既犯矣」是說現在雖然沒料想到已經侵犯到您了（《札記》；張崇禮亦主此說，見孟蓬生文後發帖）。蘇建洲先生讀為「侮」，指輕侮（《〈吳命〉簡 9「吳害陳」段試讀》）。按：此從單育辰「謀」說。

　　［24］迟，形作 。原整理者隸定為從「立」從「卩」，讀為「蒞」。復旦讀書會隸該字右旁為「氾」之聲符。該字疑讀為「犯」。孟蓬生隸定為迟，為「俟」（《〈吳命〉一得》）。

　　［25］是日，曹錦炎先生釋為「望日」，復旦讀書會釋為「暑日」，大丙（網名）讀為「曙日」。陳偉先生改釋為「是」（《小札》）。沈培先生從之（《補說二則》）。按：「是日」可從，「曙日」一詞典籍則未見其例，「暑日」日期含混不定。

　　［26］必，曹錦炎讀如字，表示肯定。陳偉讀為「比」（《小札》）。按：簡文意思是說，（楚國）既然侵犯陳國了，從望日以後五、六日都是敝邑可以交戰的日子。言下之意是我們也不怕打仗，戰爭的準備也做好了。吳人雖想與楚軍議和，但和約不是靠卑躬屈膝可以求來的。

　　［27］，目前學界有多種意見，整理者釋讀為「走」，去、離開。和《左傳·哀公十年》季子說完一番話後「乃還」相吻合。今從之。劉雲認為當讀為「遁」或「退」。宋華強（網名：jiaguwen1899）懷疑可以讀為「朅」，與「害」聲近韻同。《說文》：「朅，去也。」也就是「離開」。蘇建洲釋為「捍」，抵禦、抗拒之意。按：從《左傳·哀公九年》記載吳延州來季子救陳，州來對子期說了那番「二君不務德，而力爭諸侯，民何罪焉？我請退，以為子名，務德而安民」的話後，接著《左傳》記錄為「（楚軍）乃還」。這樣看，讀為「遁」或「退」是不合適的，況且即為《吳命》，記錄者屬於吳國立場，用詞當非貶義可知。而《左傳》即為「還」，則蘇

建洲讀為「捍」與此文獻不符。

[28] 瞳，整理者曹錦炎先生讀為「賨」，但「賨獻」不辭，單育辰讀為「貢」，「瞳」所從之「童」為定紐東部；「貢」為見紐東部，二字聲韻相近。「貢獻」一詞典籍常見，如《國語・吳語》：「吳王親對之曰：『天子有命，周室卑約，貢獻莫入，上帝鬼神而不可以告。』」（《札記》）王連成亦從之（《上博吳命釋字四則》）。按：《左傳・僖公四年》：「管仲對曰：……爾貢苞茅不入，王祭不供。」正可與簡文「瀺（廢）丌（其）瞳（貢）獻」對讀。《國語・吳語》：「吳王夫差既退於黃池，乃使王孫苟告勞於周，曰：『昔者楚人為不道，不承共王事。以遠我一二兄弟之國。吾先君闔廬不貰不忍，被甲帶劍，挺鈹搢鐸，以與楚昭王毒逐於中原柏舉。天捨其衷，楚師敗績，……』」可與簡文相互參看。這裡是指責楚人不道，不臣事周天子，表明吳國乃是既有禮制的維護者。

[29] 賽，整理者釋讀為「賽」，或作「塞」。何有祖認為這裡取掩蔽、隔絕之意，指僻處一隅（《小札》）。單育辰疑其為「實」字訛混（《佔畢隨錄之八》）。暫從「實」說。

[30] 敜（波）歔（濤），原整理者解釋十分迂曲，復旦讀書會讀為「波濤」。簡文中有「江濱」、「東海」之語，應與「波濤」有所聯繫。按：簡文「敜（波）歔（濤）之閞（聞）」可能和簡 5 下段中的「江濱」、「東海之表」有相應聯繫。《國語・吳語》記載：「晉乃命董褐覆命曰：『今君掩王東海…』」董褐是說吳王的權威覆蓋東海。此處簡文或許也是周王美贊吳王，言其威望達於東海之外。

[31] 咎（舅）生（甥），原整理者理解為「災禍滋生」，復旦讀書會認為「咎生」當讀為「舅甥」。《左傳・成公二年》：「兄弟甥舅。」杜預注：「兄弟，同姓國；甥舅，異姓國。」又：「夫齊，甥舅之國也。」杜預亦注：「齊世與周婚，故曰甥舅也。」簡書下文又稱「吳白（伯）父」，《儀禮・聘禮》：「同姓大國則曰伯父，其異姓則曰伯舅。同姓小邦則曰叔父，其異姓小邦則曰叔舅。」是周天子對諸侯國君的稱謂。

[32] 聶，整理者指通「攝」，收攏、聚合。「攝周子孫」指聚合在一起的周人子孫。

[33] 豊，曹錦炎讀為「禮」。張崇禮讀為「體」，「所體」屬下讀，分封諸侯為「體國」（《〈吳命〉短札一則》）。

[34] 敔，曹錦炎讀為「撫」；陳偉釋「援」，讀為「緩」，舒解（《小札》）。張崇禮讀為「援」，訓救（《〈吳命〉短札一則》）。悬，憂，憂愁、憂慮。按：陳偉說可從。

[35] 簡文可以和《國語·吳語》記載周王答曰：「苟，伯父令女來，明紹享余一人，若余嘉之。昔周室逢天之降禍，遭民之不祥，余心豈忘優恤，不唯下土之不康靖。今伯父曰：『戮力同德。』伯父若能然，余一人兼受而介福。伯父多歷年以沒元身，伯父秉德已侈大哉！」相參看。簡文為周天子之語。周王可能認為周王室已經沒落，雖然自己對異姓、同姓國都不忘優恤，但安定天下諸侯，還得仰仗你吳國啊。

[36] 垯，整理者釋作垯，讀為「來」，並斷開屬上讀。復旦讀書會讀為「理」，訓為「賴」。《孟子·盡心下》：「稽大不理於口。」「理」即訓為「賴」。「理」或寫作「俚」。

[37]「先王」，指吳先王。簡文是吳王在周天子的讚譽後的自謙，認為自己所做的一切都靠先王和天子的福祐。

[38]「酓逨」，今從陳偉先生所釋，讀為「州來」（《小札》），這裡可能是地名，處於吳、楚之間，兩國在此多有衝突、爭鬥。《左傳·昭公四年》：「秋七月，楚子以諸侯伐吳，……然丹城州來。」《左傳·昭公十二年》：「楚子狩於州來。」《左傳·昭公十九年》：「楚人城州來。沈尹戌曰：『楚人必敗。昔吳滅州來，……』」《左傳·昭公二十三年》：「吳人伐州來，楚人薳越帥師及諸侯之師奔命救州來。」殘缺簡文可能提到楚國人在州來築城或楚軍進入州來等吳、楚關於州來的紛爭。當然，「州來」也可能是人名。

[39] 桃，整理者認為是地名。復旦讀書會提出，文獻中有「郊勞」之禮，逆、勞之事定當發生於郊。頗疑「桃」也當讀為「郊」（讀書會中也有學者指出，「桃」、「郊」聲母遠隔，或許此意見只能存疑待考）。

[40] 逆，整理者解釋為「迎」。袋，古文「勞」，慰勞。蘇建洲提出前字隸定為「迖」，與前一字組成「桃迖」，可能就是上博簡《昭王與龔之脽》中的「逃瑤」，為地名（《〈吳命〉簡4「桃迖」試解》）。

[41] 青（請）其行，《左傳·昭公五年》：「余姁使人犒師請行。」《儀禮·聘禮》：「賓至於近郊，張旃。君使下大夫請行。」鄭玄注：「請行，問所之也。」

[42] 胥（孳）子，原整理者隸定為「菊是」，讀為「舊氏」。前一字

原圖作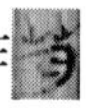，復旦讀書會認為當隸定為「肖」。此字聲符即楚簡中常見的「詴」等字所從聲符（讀書會上還有學者指出，此字或許即是「薛」之省，戰國文字「薛」大多即從「月」得聲）。第二字是個殘字，當是「子」字之上半。我們將之讀為「孽子」。「孽子」即庶出之子。吳是姬姓國，其先王泰伯是周古公亶父之子，因此可能被稱為「周之孽子」。按：讀書會意見可從。

［43］蠶，原整理者讀為「衍」，不確。復旦讀書會指出，「蠶」在上博《周易》中用為「噬膚」之「噬」。「噬」可作發語詞。《詩．唐風．有杕之杜》：「彼君子兮，噬肯適我。」朱熹《集傳》：「噬，發語辭。」

［44］江㝉（濱），原整理者隸定為「江完」，讀為「江干」。第二字原形作，該字形又見於《容成氏》簡 5及《周易》簡 40，復旦讀書會認為當是「㝉」字。「江㝉」當讀為「江濱」。簡文是就吳先祖太伯奔吳立言，不僅表示輕蔑、敵視之意，大概也是醜化吳先祖太伯。

［45］攼，曹錦炎指同「䟪」，見《集韻．翰韻》。《說文》訓「止」。林文華讀為「搴」，拔取；或讀作「刊」，砍削（《〈吳命〉「攼亡尔社禝」解》）。蘇建洲讀為「虔」（《〈吳命〉「攼亡尔社禝」補說》）。復旦讀書會將「芒」讀為「亡」，訓為「滅」。「攼芒」疑與「殘亡」同義。此句當能與《國語．越語上》「吾將殘汝社稷滅汝宗廟」句對讀。又《墨子．所染》：「國家殘亡，身為刑戮，宗廟破滅，絕無後類。」暫從林文華讀為「刊亡」。

［46］簡文可能是楚人威脅吳人之辭，意我們一定會滅亡你們的宗廟和國家，把我們楚國的領土擴大大東海邊上。

零　簡

［1］軒轋（冕），曹錦炎釋如是，借指官位福祿。後一字復旦讀書會隸定為「轉」。

［2］原整理者隸定為從心從冒，讀為「賵」。其字原形作，復旦讀書會認為其上當為「畏」字，因此應當隸定作「愄」。「愄」讀為「威」。文獻中「斧鉞之威」屢見。《莊子．胠篋》篇說「雖有軒冕之賞弗能勸，斧鉞之威弗能禁」，可與簡文對讀。

［3］牧民，曹錦炎訓治民，比喻。

［4］志，曹錦炎解釋為「德性」。何有祖解釋為志願、志向（《小札》）。單育辰認為可能是「忘」之訛，讀為「望」（《隨錄之八》、《札記》）。宋華

強讀為「待」，楚簡帛多有「志」與「寺」聲字相通之例（《〈吳命〉5 號簡「志」字小議》）。

　　[5] 𢾎，曹錦炎原指其為「 」字異體，讀為「擠」，何有祖認為表示陷害、排擠（《小札》）。陳偉訓為恐懼（《小札》）。單育辰釋「敵」，亦讀為「擠」（《隨錄之八》）。

　　[6] 飛虎（網名）引一上示三王（網名）的意見，認為此上半段不應歸入《吳命》篇（參看復旦研究生讀書會：《〈上博七·吳命〉校讀》，文後飛虎（網名）2009 年 1 月 12 日的發言。），甚確。整理者曹錦炎先生把它斷為：「以此前後之猷，不能以牧民而反志，下之相𢾎（擠）也，豈不右（祐）哉！」「復旦讀書會」斷讀為：「以此前後之，猷不能以牧民而反志，下之相𢾎（擠）也，豈不左（差）哉！」單育辰斷讀為：「以此前後之，猷不能以牧民，而反志〈忘—望〉下之相敵（濟）也，豈不左哉！」（《隨錄之八》、《札記》）。

第二節　《吳命》編聯與文本主旨

　　1987 年湖南慈利石板村 M36 所出竹簡亦可能屬於《國語·吳語》內容的佚篇〔註1〕。但該批簡文迄今尚未完整發表，已公布的文字資料亦十分殘缺，就完整性來講，要遠遠遜色於《吳命》。因此，《吳命》簡文甫一公布，即得到學界高度關注，並圍繞著釋文、編聯等問題進行了熱烈的討論。

　　關於本篇竹書的性質和內容，除整理者的上述意見外，單育辰先生認為「『吳命』猶言『吳國的辭令』」〔註2〕；王連成先生則認為是一篇「檄文」，「文風有似於《尚書》中有關『誓』的篇章」〔註3〕。林文華曾指出 1 號簡、3 號簡等可能與魯哀公十年楚伐吳一事有關〔註4〕，周波先生（網名：飛虎）曾提到：「或以為簡 1、簡 3、簡 8 下段、簡 9（「吳走陳」以上的內容）可能與魯哀公十年（公元前 485 年）冬楚因陳叛楚即吳而命子期

〔註1〕 湖南省文物考古研究所等：《湖南慈利縣石板村 36 號戰國墓發掘簡報》，《文物》1990 年第 10 期；張春龍：《慈利楚簡概述》，《新出簡帛研究》文物出版社，2004 年版。

〔註2〕 單育辰：《占畢隨錄之八》，復旦大學出土文獻與古文字研究中心網 2009 年 1 月 3 日。

〔註3〕 王連成：《上博七·〈吳命〉釋字四則》，簡帛研究網 2009 年 1 月 8 日。

〔註4〕 林文華：《〈吳命〉1、3 號簡文補說》，簡帛網 2009 年 1 月 8 日。

伐陳，吳延州來季子救陳一事有關，惜不得確證，僅錄此以備考。」〔註5〕蘇建洲《〈吳命〉簡9「吳害陳」段試讀》一文肯定此說〔註6〕。也有人提出，《吳命》此篇似有關吳國的外交辭令之匯抄〔註7〕。綜合看起來，在不能把所有竹簡編聯成為一篇完整文章內容的情況下，學界基本上接受此十一支簡簡文屬於與吳國有關的外交辭令的彙編。《吳命》也不是一篇敘事完整的文獻，自然也就不可能是《國語・吳語》的佚篇。只不過在對比《國語・吳語》中的相關部分後，針對其中關鍵的幾支簡，學者們分析其或屬於公元前482年吳晉黃池會盟前後歷史事件的內容，或認為與魯哀公十年（公元前485年）楚伐陳、而吳派延州來季子救陳一事有關。

由於竹簡殘缺、殘斷嚴重，除第9簡完整外，其他各簡皆殘泐，編聯復原工作存在相當大的困難。整理者對所有竹簡作了審慎的排序和簡文釋讀工作，仍有許多再討論的空間，有關編聯問題目前學界大致形成了以下主要建議：

復旦出土文獻與古文字研究中心研究生讀書會提出：5號簡可分上下兩段，而兩段之間似並無緊密聯繫，上段簡末文字緊湊，不太可能與下段相接。此後，這一意見成為學界共識，但具體分段於何處、以及如何與他簡相聯接，則又存在分歧。一種意見認為簡4和簡5下段（首字「噬」）〔註8〕。第二種意見是簡5上半段（末字「才」）下接簡8〔註9〕。第三種意見則懷疑5號簡上段（至「才」字）另屬它篇〔註10〕。根據學者的觀察，簡5上半段的保存狀況與《吳命》其他簡明顯有別，而內容上也似乎有差異，故簡5上半段不屬於已公布的《吳命》應該是對的，學界也基本接受這一看

〔註5〕復旦大學出土文獻與古文字研究中心研究生讀書會：《〈上博七・吳命〉校讀》一文下的評論（復旦網2009年1月12日。）。

〔註6〕蘇建洲：《〈吳命〉簡9「吳害陳」段試讀》，復旦大學出土文獻與古文字研究中心網2010年11月24日。

〔註7〕見復旦大學出土文獻與古文字研究中心研究生讀書會：《〈上博七・吳命〉校讀》一文之後「ee」於2008年12月31日所寫的跟帖，《〈上博七・吳命〉校讀》一文見復旦大學出土文獻與古文字研究中心網，2008年12月30日。

〔註8〕復旦大學出土文獻與古文字研究中心研究生讀書會：《〈上博七・吳命〉校讀》，復旦大學出土文獻與古文字研究中心網，2008年12月30日；李銳：《讀〈吳命〉札記》，清華大學簡帛研究網，2009年1月11日。

〔註9〕陳偉：《讀〈吳命〉小札》，簡帛網，2009年1月2日。

〔註10〕見「飛虎」2009年1月12日於《〈上博七・吳命〉校讀》文後「一上示三王」的評論《關於〈吳命〉竹簡拼合、排列的幾點意見》一文。

法〔註11〕。當然也不能完全排除有其他可以算作《吳命》部分而又可與簡5上半段相銜接的竹簡存在。從《吳命》圖版上看，5號簡明顯斷裂為上下兩端，斷口正在「才（哉）」字後，故將簡 5 斷口定於「才（哉）」字後無疑是正確的。至於編聯問題則需進一步全盤考察，才能做出判斷。

陳偉先生認為，簡3有上端，背面書有篇題，大概屬於本篇竹書的第2、第 3 號簡。從簡文內容看，1 號簡可以接在 3 號簡之下。如此，則 1號簡只在尾端殘缺大約二字〔註12〕。目前學界也基本認同這一將簡 1 調整到簡 3 之後的研究結論。

李銳先生指出，4 號簡和5 號簡的下段（存留簡之首字為「噬」）似乎可以連接〔註13〕。這也很有道理，因為簡4後半段簡文作「荊為不道，胃（謂）余曰：『女（汝）周之胄（孽）子』，而簡5 下半段「『齧（噬），敢居我江雩（濱）。』曰：『余必攷芒（亡）爾社禝（稷），吕（以）宝（廣）東海之表。』」從語氣和內容上看，正可以視為簡 4 後半句所引楚人之語。「飛虎」先生也認為，從竹簡長度、編繩位置、文義等看，4 號簡很可能當接 5 號簡下段，拼合後中間約缺 5 字。4 號簡末的「汝周之孽子」，簡 5 下的「噬，敢居我江濱」均為吳人引述楚人之言，文氣一貫〔註14〕。

張崇禮先生則將簡7和簡9 連讀〔註15〕。但於理於據都稍嫌牽強。

復旦大學出土文獻與古文字研究中心研究生讀書會將 8 號簡於「於周」之後分作上、下兩段的建議，目前也得到陳偉等多數學者的肯定〔註16〕。但如何與它簡相連接，則目前學界沒有一個相對為大家所認可的結論。

「飛虎」先生又認為，「6 號簡的相對位置很可能當在 8 號簡上段之後，

〔註11〕 見復旦大學出土文獻與古文字研究中心研究生讀書會《〈上博七·吳命〉校讀》一文之後「飛虎」於 2009 年 1 月 12 日所寫的跟帖《關於〈吳命〉竹簡拼合、排列的幾點意見》一文，《〈上博七·吳命〉校讀》一文見復旦大學出土文獻與古文字研究中心網 2008 年 12 月 30 日。

〔註12〕 陳偉：《讀〈吳命〉小札》，簡帛網，2009 年 1 月 2 日。

〔註13〕 李銳：《讀〈吳命〉札記》，清華大學簡帛研究網，2009 年 1 月 11 日。

〔註14〕 見復旦大學出土文獻與古文字研究中心研究生讀書會《〈上博七·吳命〉校讀》一文之後「飛虎」於 2009 年 1 月 12 日所寫的跟帖《關於〈吳命〉竹簡拼合、排列的幾點意見》一文，《〈上博七·吳命〉校讀》一文見復旦大學出土文獻與古文字研究中心網 2008 年 12 月 30 日。

〔註15〕 張崇禮：《〈釋吳命〉的「度日」》，復旦大學出土文獻與古文字研究中心網，2009 年 1 月 14 日。

〔註16〕 陳偉：《讀〈吳命〉小札》，簡帛網，2009 年 1 月 2 日。

9 號簡的相對位置則很可能在 6 號簡、8 號簡之前，這一部分簡文當與黃池之會後吳王使王孫苟告勞於周之辭有關。」〔註17〕。

簡牘符號在編聯與釋文過程中具有獨特的作用〔註18〕，因此，《吳命》的編聯也需要充分考慮簡文中的各種符號。《吳命》有多處符號標記，其中對編聯特別有幫助的符號主要有：■■、▌等。「■■」形在《吳命》共出現於五次，其所在位置如下：

1. 簡 3：「……兩君之弗恖（順），敢不芒（亡，無，從單育辰說）道呂（以）告。」吳青（請）城（成）於楚。■■「昔上天不中（衷），鹽（降）恖（禍）於我☐」

2. 簡 4：昌（壽─曹？）速（來）。■■孤吏（使）一介吏（使）慜（親）於桃……

3. 簡 7：「古（故）甬（用）吏（使）丌（其）三臣，毋敢又（有）遲（遲）速之异（期），敢告䀹（視？）日。」■■會（答）曰：「……」

4. 簡 8：於周。■■募（寡）君昏（問）左右：篕（孰）為帀（師）徒，踐（踐）履墜（陳）埅（地），……」

5. 簡 9：「……自是日呂（以）逑（往），必五六日，皆希（敝）邑之异（期）也。」吳走（或「捍」，「會」？）墜（陳）。■■「楚人為不道，不思丌（其）先君之臣事先王。☐」

由已發掘的楚簡長方形大墨釘「■■」使用情形看，並審核本篇簡文五處用例，可知文中「■■」符當為段或者章之間隔符號。單育辰先生提到：「『■■』這種長方形大墨釘，由歷來發現的楚地竹簡看，都是用為分章或分節標誌」〔註19〕。如簡 3，「■■」符號前後，無論語氣還是內容，

〔註17〕見復旦大學出土文獻與古文字研究中心研究生讀書會《〈上博七·吳命〉校讀》一文之後「飛虎」於 2009 年 1 月 12 日所寫的跟帖《關於〈吳命〉竹簡拼合、排列的幾點意見》一文，《〈上博七·吳命〉校讀》一文見復旦大學出土文獻與古文字研究中心網 2008 年 12 月 30 日。

〔註18〕譚步云：《出土文獻所見古漢語標點符號初探》，載《中山大學學報》（社會科學版）1996 年第 3 期；李均明：《簡牘符號考述》，載《華學》編輯委員會：《華學》第二輯第 93～107 頁，〔廣州〕中山大學出版社 1996 年版。

〔註19〕單育辰：《占畢隨錄之八》，復旦大學出土文獻與古文字研究中心網 2009 年 1 月 3 日。

都不屬於連貫的一句。簡 7「█」符前後顯係兩個人之間的話語對答，另起一節實屬自然。簡9也是如此，「吳走（或「捍」，「會」）陳」屬於作者的敘事，乃是使者之間外交辭令之外的作者之言；而「楚人為不道，不思丌（其）先君之臣事先王。……☑」則屬於某個人所說的話。如此看來，在有「█」形的第 3、4、7、8、9 簡中，均有這種分段、分節甚至分章的情形出現，表示語意、語氣、對話角色、對話場景等方面的轉換或改變，須應密切注意，應分為上、下節。

至於「▮」符，全部九支簡共出現於六處：

簡 1：☑二邑▮，非疾痼安（焉）加之，

簡 7：會（答）曰：三夫=（大夫）辱命於募（寡）君之業（僕）。▮募（寡）君一人☑

簡 8：坴（賴）先王之福▮，天子之霝（靈）。

簡 8：天子之霝（靈）▮。吳人虔（虐）……

簡 9：呂（以）邲（賢？）多昇（期）。▮隹三夫=（大夫）丌（其）辱昏（問）之

簡 9：不共丹（承）王事。▮我先君蓋（闔）〔閭☑〕

其意並不明朗，但至少作為句讀是可以的。

《吳命》的編聯還需要密切注意它與傳世文獻《國語·吳語》的緊密聯繫，這種聯繫不僅表現在內容上的高度關聯、相近上，也表現在文體、文風、用語等方面，可以互為參考。例如《國語·吳語》：「昔者楚人為不道，不承共王事。以遠我一二兄弟之國。吾先君闔廬不貰不忍，被甲帶劍，挺鈹搢鐸，以與楚昭王毒逐於中原柏舉。天捨其衷，楚師敗績，王去其國，遂至於郢。」以及《吳越春秋·夫差內傳第五》：「昔楚不承供貢，闊遠兄弟之國，吾前君闔閭不忍其惡，帶劍挺鈹與楚昭王相逐於中原。天捨其忠，楚師敗績。」正可與簡 9 後半段：「楚人為不道，不思丌（其）先君之臣事先王。▮濾（廢）丌（其）矓（？）獻，不共丹（承）王事。▮我先君蓋（闔）〔閭☑〕……」對讀，《國語·吳語》周王答曰：「苟，伯父令女來，明紹享余一人，若余嘉之。昔周室逢天之降禍，遭民之不祥，余心豈忘優恤，不唯下土之不康靖。今伯父曰：『戮力同德。』伯父若能然，余一人兼受而介福。伯父多歷年以沒元身，伯父秉德已侈大哉！」《吳越春秋·夫差內傳第五》：「周王答曰：『伯父令子來乎盟國一人則依矣，余實嘉之。

伯父若能輔余一人，則兼受永福，周室何憂焉？』」又皆可與簡6聶（攝，有？）周孫＝（子孫），隹（唯）舍（余）一人所豊（體？禮？）。寍（寧）心敓慐（憂），亦隹（唯）吳白（伯）父。」相參看，至於其中簡 6、簡 8等是否與黃池會盟有密切關聯，甚至就是黃池會盟之後吳王使王孫苟告勞於周天子之辭，則需要結合史料仔細辨別。在用語上如簡 3「上天不中（衷）」在《國語・吳語》亦屢見。因此，對於《吳命》的編聯應充分利用這一資源。當然，《左傳》、《史記》等歷史文獻也為本篇簡文的編聯和釋讀提供了更多的有利條件。

　　由於竹簡斷殘比較嚴重，所以目前學界對《吳命》的編聯還主要是依據文字釋讀以及在此基礎上的字句間的表面聯繫，很難給出一個可以基本通讀的相對完整文本，有學者乾脆把它看作是一種相互之間沒有太多緊密關係的辭令彙編。這就和我們今天看到的、經過後人整理過的《國語・吳語》還有差距，當然竹書的編聯和釋讀工作還沒有完成。《國語・吳語》雖然也屬於記言為主的語論體史家文獻，但各篇均相對獨立，內部也基本完整；或者記錄圍繞一個事件而展開的論述，或者圍繞一個思想而進行討論。相比於各自基本成篇的《國語・吳語》，竹書《吳命》的恰當編聯就需要我們努力發掘各支簡簡文之間的內在聯繫，並找到一個或數個可以串聯 9 支竹簡的事件「基點」與思想「基點」。因此，我們試著把文字釋讀、編聯、史實分析和文本思想解析等方面結合起來考慮，在綜合學界已有學術成果和意見的基礎上，以期給出一個相對更為全面和合理的編聯方案，並試著就其內容、性質等相關問題略陳一二，望有補於時賢之闕，不妥之處，亦祈方家指正。

　　首先我們接受簡 3 後接著為簡 1 的意見。其次，5 號簡分上下兩段，上段部分簡文「又（有）軒轅（冕）之賞，或又（有）釜（斧）戉（鉞）之愳（威）。㠯（以）此前逡（後）之，獻不能㠯（以）牧民而反志，下之相敝（擠）也，幾（豈）不左（差）才（哉）！」另屬它篇；簡 5 下段（首字「噬」）則上接簡 4。再次，簡 8 也確實應該分開為兩段，從圖版上看，上段在「虐」字處已經斷裂，「虐」本身餘有上半字符，那麼即使隸定該字為「虐」，也不可直接與 8 號簡下段「於周」二字連接。至於是否像整理者那樣通過假定「虐」和「於周」之間有殘文而把上下段連接則另作討論。

由於竹簡殘、斷較多，目前沒有十分可靠的證據來確定《吳命》簡文中的對話是圍繞什麼歷史事件而展開的。因此，在考慮到很多竹簡之間無法直接連接、存在不少斷殘的情況下，我們提出可能存在的幾種編聯意見。

一種可能的編聯方案是：

簡 8 下段＋7＋2＋3＋1＋簡 9 前段，這一部分屬於吳、楚使者之間的直接對話；簡 9 後段＋6＋8 上段＋4＋5 下段，為吳國使者出使周、告勞於周王而與周王的對話。但這兩部分簡文都與楚伐陳而吳出兵救陳的歷史事件有關聯。也就是說為楚伐陳一事，吳國一方面派人與楚軍直接交涉，另一方面又派使者告勞於周天子；或者後一部分吳國使者告勞於周天子的簡文也屬於《國語・吳語》記載的黃池會盟後王孫苟與周王談話中的內容，但這一部分今本《國語・吳語》沒有保存。如果《吳命》中吳使者同周王談話的那一部分內容屬於黃池會盟後王孫苟與周王那一次談話的佚文，則《吳命》記述了吳國使者關於楚伐陳、吳救陳這同一歷史事件的兩次外交談話。就是說，《吳命》是以事件為中心，將相關辭令、即「語」串聯起來，而《吳命》的全部簡文也藉以相同的歷史事件作為其聯接整合的線索。

就已有的簡而言，上下端皆殘的 8 號簡下段「於周。■寡（寡）君昏（問）左右：箸（孰）為帀（師）徒，戔（踐）履墬（陳）墬（地），呂（以）墬（陳）邦非它也，先王姅（姑）麥（姊）大皉之邑▨」和其他所有簡都不好直接連接，但如果考慮到在內容上的某種關聯的話，則 7 號簡前半部分「▨古（故）甬（用）吏（使）丌（其）三臣，毋敢又（有）遲（遲）速之羿（期）。敢告斫（視？）日。■」似乎和 8 號簡下段都是吳使者講述吳王決定出兵救陳國的理由和過程，8 號簡下段是講到吳王認為吳、陳之間有親緣關係。而 7 號簡接著談到吳國派三臣率軍迅速趕到陳國，當然，簡 8 下段和簡 7 前半部分都是吳國使者對楚軍使者所說的話。不管「姅麥」如何釋讀，大多學者都贊同簡 8 下段中「呂（以）墬（陳）邦非它也，先王姅麥大皉之邑▨」這句話是就吳、陳之間的關係而言的，這樣，簡 8 下段中的「寡君」亦屬吳使對吳王的指稱，但下句簡 7 有「敢告視日」一句，則不會是吳使者對周天子或其主事者所說的話，「視日」也不能是對周天子或其主事者的稱呼。故簡 8 下段應該不會是吳使對周天子的答語。這樣看，簡 8 下段應該屬於吳國使者對楚軍使者的談判辭令，而簡 7 前段則屬於楚使者向吳國使者所作的答語。簡 7 後段、即「答曰」

之後為吳國使者之辭。

　　至於簡2「☐孤居繢（褨）統（緣）之中，亦唯君是望。君而或言若是，此則社稷（稷）☐」學者討論很少。從其內容看，和簡4、簡8上段一樣都有一個「孤」，應該屬於吳王自稱，但是否和簡4、簡8上段一樣屬於在和周天子對話過程中吳王或吳國使者轉述吳王之辭呢？從語氣上看，簡2作為吳國派遣與楚軍談判的使者轉述的吳王之辭可能更為合理，也和簡3在語氣上能夠順接，因此，今暫定位於簡3之前。今本篇簡文從吳國立場出發展開記述，因此3號簡很有可能屬於吳國使者的話，即「吳語」。而簡3說到「吳青（請）城（成）於楚」，即吳國希望和楚軍講和，這也符合傳世文獻所記載的史實。《左傳·哀公十年》記錄：「冬，楚子期伐陳，吳延州來季子救陳。謂子期曰：『二君不務德，而力爭諸侯，民何罪焉？我請退，以為子名，務德而安民。』乃還。」正與此同。簡3「君之忩（順）之，則君之志也。兩君之弗忩（順），敢不芒（亡）道呂（以）告。」也和延州來季子言於子期「二君不務德」相近。但和約不是卑躬屈膝可以求來的，所以簡文中非常清晰地傳達了吳國使者不卑不亢的外交禮節。簡1接簡3已成學界共識，此不贅述。簡9前段說「自是日呂（以）迳（往），必（比）五六日，皆番（敝）邑之昪（期）也」，意思是說，從這一日開始往後五六天，都是我國出兵打仗的好日子，言下之意是我們吳軍已經做好準備了，並不怕和楚國兵戎相見。因此，簡3、簡1和簡9前段就都屬於吳、楚使者會面時的史實敘述和外交談判辭令記錄。它們之間較合理的連接順序是：簡8下段＋7＋2＋3＋1＋簡9前段。

　　簡4，由於直接提到「聖（荊）為不道，胃（謂）余曰：……」，當屬於吳人向非楚人的另一人的轉述，不屬於吳、楚使者的直接對話至為明顯，簡5下段乃是吳人引述的楚人之辭，和簡4相接，可一起視為吳人告勞周王之語。簡6「聶周孫＝（子孫），佳（唯）舍（余）一人所豊（體？禮？）。盥（寧）心敔惪（憂），亦佳（唯）吳白（伯）父。」，是說天下諸侯之事，還得仰仗於吳伯父啊。與《國語·吳語》周王答曰：「苟，伯父令女來，明紹享余一人，若余嘉之。昔周室逢天之降禍，遭民之不祥，余心豈忘優恤，不唯下土之不康靖。今伯父曰：『戮力同德。』伯父若能然，余一人兼受而介福。」以及《吳越春秋·夫差內傳第五》：「周王答曰：『伯父令子來乎盟國一人則依矣，余實嘉之。伯父若能輔余一人，則兼受

永福，周室何憂焉？』」可相互參看。這樣看，簡 6 就屬於周王對吳使之答語。簡 8 上段「坖（理）先王之福▉，天子之霝（靈）。孤也可（何）袋（勞）力之又（有）安（焉）！孤也敢至（致）先王之福，天子之霝（靈）▉。」意思是說，是靠先王和天子您的福祐啊，我哪出了什麼力氣呢，有什麼功勞呢。應該是吳王之語，或為吳使者引述吳王答周天子之語。

9 號簡後段「楚人為不道，不思丌（其）先君之臣事先王。▉灋（廢）丌（其）疃（？）獻，不共牙（承）王事。▉我先君蓋（闔）〔閭〕☑」屬於吳人對周王之辭令無疑，可以和《國語‧吳語》黃池會盟之後吳王夫差派王孫苟告勞於周王之辭對讀：

> 吳王夫差既退於黃池，乃使王孫苟告勞於周，曰：「昔者楚人為不道，不承共王事。以遠我一二兄弟之國。吾先君闔廬不貰不忍，被甲帶劍，挺鈹搢鐸，以與楚昭王毒逐於中原柏舉。天舍其衷，楚師敗績，王去其國，遂至於郢。」（《國語‧吳語》）

另外，《吳越春秋‧夫差內傳第五》：「昔楚不承供貢，闊遠兄弟之國，吾前君闔閭不忍其惡，帶劍挺鈹與楚昭王相逐於中原。天舍其忠，楚師敗績。」亦與此同。

因為簡 9 並未斷為兩截，故我們從文字上區分的簡 9 前段和簡 9 後段自然應該直接連接。但是，簡 9 後段應該是連接簡 4、簡 5 呢還是簡 6、簡 8 上段呢？參照《國語‧吳語》王孫苟於周王的對話來看，則簡 9 後段連接簡 6，然後接簡 8 上段更為合理。而且，簡 8 上段末尾「吳人虘（瘧）」可能是要敘述吳國人和楚國人在接壤邊境上的紛爭，如果後面接上第 4 簡「昌（州）迷（來）。▉孤吏（使）一介吏（使）……」，假如「昌（州）迷（來）」是陳偉先生所認可的吳楚間一地名〔註20〕，則正好和歷史上吳、楚爭奪州來的屢次戰爭相吻合。如此，吳使告勞於周天子這一章的簡序應該是：簡 9 後段＋6＋8 上段＋4＋5 下段。

這樣，一種可能的簡序為：簡 8 下段＋7＋2＋3＋1＋簡 9 前段＋簡 9 後段＋6＋8 上段＋4＋5 下段。然而把《吳命》全部簡文都看成是和楚侵伐陳而吳出兵救陳有關的文獻，面臨的問題就是，在楚伐陳這個事情上，

〔註20〕陳偉先生認為州來是吳楚間地，二國曾在此爭鬥、拉鋸。不過陳先生將 4 號簡上接 1 號簡。見陳偉：《讀〈吳命〉小札》，簡帛網 2009 年 1 月 2 日。當然，此處也可能是人名，即延州來季子，非季札本人，當為其子孫。

吳國是否確實曾經派過使者出使周，並告勞於周王，這是現有的歷史文獻中所找不到的。而且，簡9後段、簡6部分和《國語‧吳語》中黃池會盟後吳國使者王孫苟與周天子的對話比較接近，這也難以解釋，除非是《國語‧吳語》記載有誤。所以，我們只能設想在《國語‧吳語》所記載的黃池會盟後王孫苟與周王的那次外交談話中也涉及到吳、楚爭奪陳國的歷史事件，只是今本的《國語‧吳語》沒能保留這一部分的辭令與內容。當然，相近也不等於是完全相同，吳使兩次同周天子的談話在局部上近似也不是沒有可能。例如《國語‧吳語》中王孫苟對周王既說了楚國「不承共王事。以遠我一二兄弟之國」，接著又說齊國「又不承共王命，以遠我一二兄弟之國」；說過「吾先君闔廬不貫不忍，被甲帶劍，挺鈹摺鐸⋯⋯」，接著又說「夫差不貫不忍，被甲帶劍，挺鈹摺鐸⋯⋯」，似乎今本《國語‧吳語》中這段王孫苟的談話內容是綜合數次外交辭令的結果。

第二種可能的編聯方案是：

將除簡5上段之外的所有《吳命》簡文分為毫不相干的兩章，其中一部分是吳楚之間的直接交涉，關乎魯哀公十年楚伐陳、吳派延州來季子救陳的歷史事件，相關竹簡包括簡8下段＋7＋2＋3＋1＋9前段。另一部分則是吳使者或吳王告勞於周天子、與周王的對話，但發生在黃池會盟之後，包括簡9後段＋6＋8上段＋4＋5下段；雖不涉及魯哀公十年楚伐陳、吳派延州來季子救陳一事，但仍然提及了吳、楚之間的爭鬥與談判。這後一部分屬於《國語‧吳語》王孫苟與周王之間談話辭令的另一個版本，補充了《國語‧吳語》所沒有的那部分內容。

還有一種編聯方案需要考慮：除了簡5上段之外的所有已經公布的《吳命》簡文皆為吳使者告勞於周天子之辭。簡序為簡8下段＋7＋2＋3＋1＋9＋6＋8上段＋4＋5下段。則「吳命」的意思大概是吳受命於周天子，而《吳命》乃是吳人對於吳國崛起過程中就其告勞於周天子、與周天子之間對話的記述。當然也可分作兩部分，一是吳使者就吳楚紛爭向周天子的告勞之辭；另一部分則是黃池之會後吳王使王孫苟告勞於周天子之辭。如果這些竹書都與《國語‧吳語》所記載的黃池之會後王孫苟同周天子的對話有關聯，則《吳命》就為我們提供了一個較《國語‧吳語》更為詳盡的王孫苟與周王對話版本。但這樣一種理解需要我們把除了簡6為周天子之辭外的其他所有簡書都視為吳使者的辭令，當中既有對在楚伐陳、

吳救陳事件過程中吳國使者、吳王話語的引述，又有對楚人話語的引述，如簡 4 後段（「胃（謂）余曰」往下）、簡 5 下段、簡 7 後段（自「答曰」往下）皆為吳人引述的楚人之辭。問題是在先秦文獻中很難找到這種通過大量引述前人辭令來復現當時情形、並以之用於當前外交談話的例子，特別是在「語」論體中更不存在這種敘述體例。因此，這種理解很可能是有問題的。

但總的看來，上述編聯方案所反映的簡序是一致的，只是理解上有不同。

當然，整理者的意見不能忽視。整理者曹錦炎先生是把簡 8 和簡 9 視為「吳王派臣下告勞於周天子之辭（文句大致同於今本《國語·吳語》）……」整理者又提出：「從內容分析，此篇的吳王為夫差，事件的發生時間約在魯哀公十三年吳、晉爭霸期間。雖然，其所記不見於典籍，但卻可補史籍之缺。」整理者是把簡 1 到簡 7 的簡文定為吳、晉黃池爭霸前吳、晉使者圍繞吳軍進入陳國一事而展開的外交談判，「吳王親自率領軍隊北上，到達陳國境內，引起晉國恐慌，晉君派遣三位大夫與作為使臣與吳交涉」﹝註 21﹞。似乎在黃池爭霸之前不久吳晉之間就發生過一次交鋒。《吳命》中的確有部分簡文屬於吳使與周天子之間的外交對話，這一點學界並無異議。但《吳命》中是否存在吳晉黃池爭霸前吳、晉使者圍繞吳軍進入陳國一事而展開的外交談判辭令呢？

黃池之會發生在魯哀公十三年（前 482 年）（見《左傳·哀公十三年》），而《國語·吳語》言：「吳王夫差既退於黃池，乃使王孫苟告勞於周」，可見，吳使王孫苟告勞於周是在黃池會盟之後。所以即使《吳命》部分簡文跟吳晉爭霸有關，簡 9 後段等簡文也當定在黃池爭霸之後。而且《國語·吳語》所記載的那段對話發生在吳使王孫苟與周天子之間，與晉並無關係。整理者為了和吳晉黃池爭霸聯繫起來，將明顯是為周王對吳使者所說的簡 6「聶周孫＝（子孫），隹（唯）舍（余）一人所豐（體？禮？）。盎（寧）心敓悬（憂），亦隹（唯）吳白（伯父）」解釋成「晉臣述天子告讓之辭」，似乎在吳晉黃池爭長之前不久周天子就接見過吳王，抑或接見過晉使，又或者簡 6 完全是晉臣編造之言而假託為周王之語。

﹝註 21﹞馬承源：《上海博物館藏戰國楚竹書（七）》，上海古籍出版社 2008 年版，第 303 頁。

其次，傳世文獻中吳晉黃池爭霸與陳國、陳地並沒有多少關係，但《吳命》簡文中明確提到陳：「▇募（寡）君昏（問）左右：箐（孰）為帀（師）徒，戔（踐）履陸（陳）堅（地），已（以）陸（陳）邦非它也，先王姁（姑）麥（姊）大毗之邑☐」（簡8）。」為彌補這種矛盾，整理者只好推測此事發生在黃池會盟之前，「吳王親自率領軍隊北上，到達陳國境內，引起晉國恐慌，晉君派遣三位大夫與作為使臣與吳交涉」，但從地理上看，黃池會盟時吳國軍隊應該不會經過陳國，合理的行軍路線是從淮水北上，過宋到達位於宋、衛、鄭、晉四國交界之處的黃池（今河南封丘附近）。為了爭霸中原，吳王夫差在此之前繼開通邗溝之後又「闕為深溝，通於商、魯之間，北屬之沂，西屬之濟，以會晉公午於黃池」（《國語‧吳語》）。這項工程一是向西開渠，溝通淮水與濟水，便於大軍直達宋國附近；二是向北開渠，溝通淮水與泗水，便於大軍直達盟國魯國附近。如此，吳國因為地理原因而難於逐鹿中原的情勢就得到改善了，自然，吳軍直接進入中原腹地也不必經過與楚國交界的陳國等地了。黃池之會後，吳軍回國的路線也沒有陳國，「吳王既會，越聞愈章，恐齊、宋之為己害也，乃命王孫雒先與勇獲帥徒師，以為過賓於宋，以焚其北郛焉而過之。」（《國語‧吳語》）而且，經過陳地並不安全。楚國一直對陳虎視眈眈，對陳國親近吳國十分不滿。一心要和晉國爭霸的夫差當然要極力避免和楚國的直接交鋒，也不可能再去刺激楚國而經過陳國。況且就在黃池爭霸的魯哀公十三年夏，楚國再一次侵伐陳國：「夏，楚公子申帥師伐陳。」（《春秋經‧哀公十三年》）時間上同在這一年夏，顯然，楚國出兵陳國就有威脅吳軍後路的目的，這個時候吳軍、晉軍都不太可能來陳地。另外，包括整理者在內的大多數學者都認為上舉簡8句是吳國使臣之語，其中「寡君」為吳國國君，他問左右：誰願意率領軍隊前往陳國，因為陳國和我們吳國是有親緣關係的。吳王特意要求有人率領軍隊前往陳地，肯定是有原因的，但這與黃池吳、晉爭霸有什麼關係呢？在爭霸期間或爭霸之前，即使吳王知道楚軍侵伐陳國，在吳王主要動作是指向北方的齊國和晉國的前提下（吳、齊大戰艾陵之戰就發生在公元前484年），面臨齊、晉大國的壓力，吳不可能再分兵對付侵伐陳地的楚軍，所以在黃池爭霸前三年，當楚惠王再一次派兵侵入陳國時，吳國雖然派延州來季子救陳，但並不願意和楚國交戰：「冬，楚子期伐陳，吳延州來季子救陳。謂子期曰：『二君不務德，而力爭諸侯，民何罪焉？我請退，以為子名，務德而

安民。』乃還。」（《左傳‧哀公十年》）。再者，即使吳王在爭霸之前不久曾經分兵於陳，也和晉國以及吳晉爭霸沒有關係，而是吳、楚之間的直接交鋒。自吳國崛起，陳國一直就屬於吳、楚爭奪的對象。

從已有的歷史文獻看，在吳王夫差著手稱霸前吳國已經威服陳國；在吳晉黃池會盟之前，陳國也一直親近於吳國（《左傳‧哀公九年》（前 486年）：「夏，楚人伐陳，陳即吳故也。」可證黃池爭霸前數年，陳與吳走得近。），為此，楚國多次出兵侵伐陳國，如上舉《左傳‧哀公九年》、《左傳‧哀公十年》，記載了楚侵伐過陳國。所以即使吳國途徑陳國前往黃池，晉國也不可能派兵來陳國攔截或阻撓吳軍。而且，如果晉國有如此實力並敢於直接攔截吳軍前往黃池，則黃池爭霸時就不可能出現吳君整軍逼迫晉君的史實〔註 22〕。吳晉爭霸前，晉國內部已經出現趙、韓、智等多家豪宗爭權的情形，晉國在這種內耗中不可能同時兼顧著處於吳、楚兩個大國爭奪中的陳國。所以，黃池爭霸前應該不會出現如整理者所說的那種吳晉提前交鋒，來勢洶洶的吳軍也不可能退出陳國。如此看來，整理者把《吳命》同吳晉爭霸聯繫起來推測《吳命》中的部分簡文屬於黃池爭霸前吳晉之間圍繞吳軍進入陳地而展開的外交談判並不符合史實和邏輯。

而正如整理者所言，《吳命》中確實有部分簡文屬於吳使和周王之間的外交談話，但在沒有更多可靠證據的情況下，我們推測有兩種可能：（一）吳使和周王的外交談話是圍繞吳、楚關係、甚至是魯哀公十年楚伐陳而吳救陳一事而展開；（二）吳使和周王的外交談話是發生在黃池會盟之後，那麼《吳命》的這部分簡文就是不同於《國語‧吳語》的另一個版本。

下面我們以第一種編聯方案為例，結合相關史實，對《吳命》簡文做一點文本疏通和解釋工作。

於周。■募（寡）君昏（問）左右：箶（孰）為币（師）徒，釜（踐）履墜（陳）塋（地），呂（以）墜（陳）邦非它也，先王姀（姑？故？）麥（姊）大肥之邑☒【簡 8 下】

此處「寡君」當為吳王，即夫差。「左右」指吳王近臣〔註 23〕。「先

〔註22〕《國語‧吳語》：「吳王昏乃戒，令秣馬食士。……既陳，去晉軍一里。昧明，王乃秉枹，親就鳴鍾鼓、丁寧、錞于振鐸，勇怯盡應，三軍皆嘩扣以振旅，其聲動天地。晉師大駭不出，周軍飭壘，乃令董褐請事。」
〔註23〕馬承源主編：《上海博物館藏戰國楚竹書（七）》，第 322 頁。

王」後兩字，此從復旦讀書會所釋〔註24〕，但宋華強先生讀為「姑姊」，認為先王是指吳先王，簡文是就吳、陳兩國的親緣關係而言的，其稱大姬為「先王姑姊」，大概與春秋時期周王或諸侯稱同姓貴族為「伯父」，異姓貴族為「伯舅」「舅氏」一樣，是一種尊稱〔註25〕。侯乃峰則讀為「姑娌」，就是某些地方方言中「女兒」、「姑娘」之意〔註26〕。「大妃」二字，一般都讀為大姬，即陳國建國之君胡公之妻，又為周武王長女。宋先生的說法很難獲得文獻支持，侯先生之說則以方言為基礎。如果從周武王所封吳之先公周章來看，大姬即吳之先王周章之「姊」。則需要把「姑」讀為「故」。

　　　　☑古（故）甬（用）吏（使）兀（其）三臣，毋敢又（有）
遲（遲）速之斝（期）。

　　　　敢告研（視？）日。▇

　　　　會（答）曰：三夫＝（大夫）辱命於募（寡）君之業（僕）。▇募（寡）君一人☑【簡7】

　　前句簡文是說吳國迅速派三大臣率領軍隊趕往陳國，後句答語為楚使之辭。

　　　　「☑孤居繿（褵）統（緣）之中，亦唯君是望。君而或言若是，此則社祝（稷）☑」【簡2】

　　「居」後二字，復旦讀書會讀為「褵緣」〔註27〕，但據陳偉先生所言，文獻中未見有人自稱出於襁褓之中。陳先生轉而讀為「保阿」，與「保傅」相當〔註28〕。簡文應是吳王自稱自己當年還小，一切只好聽您（對方）的；您若認為是這樣，那就是社稷之（福）啊。

　　　　君之恖（順）之，則君之志也。兩君之弗恖（順），敢不芒（亡）道呂（以）告。

　　　　吳青（請）城（成）於楚。▇

　　整理者指出，當在「君之順之」之前補一「兩」字，「兩」字應在上

〔註24〕復旦讀書會：《〈上博七・吳命〉校讀》，復旦網2008年12月30日。
〔註25〕宋華強：《〈上博七・吳命〉「姑姊大姬」小考》，簡帛網2009年1月1日。
〔註26〕侯乃峰：《〈上博七・吳命〉「姑娌」小考》，復旦網2009年1月5日。
〔註27〕復旦讀書會：《〈上博七・吳命〉校讀》，復旦網2008年12月30日。
〔註28〕陳偉：《上博七楚竹書「褵綺」試說》，簡帛網2009年4月23日。

簡簡末。可從。「芒」，此從單育辰先生所釋，讀為「亡」〔註29〕，簡文是說，兩國君王如果能和順、達成一致，則也遂了您的意願了。如果兩國國君無法達成一致，我們也只好向您告訴我們將做無道的行為了。「弗順」，吳、楚二君務兵不務德，兵戎相見。「無道」，是交戰狀態中的一種委婉外交辭令。「吳青（請）城（成）於楚」：於是吳國向楚國請求和解。屬於竹書作者的敘述。

　　　　昔上天不中（衷），墬（降）悠（禍）於我☒【簡3正】☒二邑▉，非疾痼安（焉）加之，而慦（殄）鑑（絕）我二邑之好。先＝（先人）又（有）言曰：馬牗（將）（走或駭），或童（動）之，速羕（狹？）。

　　　　厰（竈—曹？）來告曰：☒【簡1】

　　「中」，讀為「衷」，「不中（衷）」，即不善。「痼」，魯家亮讀為「困」，張崇禮先生讀為「瘟」〔註30〕，可備一說。「速」，招致。

　　簡文是說，從前老天作惡，給我們兩國降下禍害，怎麼給我們強加這種瘟疫之外的禍害呢（指兩國交戰），從而使我們兩國斷絕了友好關係。先人說過：馬如果正要飛奔（或指馬剛受到驚嚇），如果有人再去驚動它，就會迅速招致災禍啊。這裡可能是借馬打比方，吳、楚兩國本來就處於敵對狀態，這個時候如果因為陳國的原因而再受到刺激，那麼就會給兩國帶來更大的災難。此句簡文可能是吳使所言，或者就是延州來季子勸告楚軍統帥子期，兩國應避免繼續交戰，兩軍應當迅速議和。

　　「厰來」，整理者原釋為晉臣壽來〔註31〕，恐不確。陳偉先生認為是州來〔註32〕，林文華從之〔註33〕。

　　《春秋經·哀公十年》：「冬，楚公子結帥師伐陳，吳救陳。」又《左傳·哀公十年》：「冬，楚子期伐陳，吳延州來季子救陳，謂子期曰：『二君不務德，而力爭諸侯，民何罪焉？我請退，以為子名，務德而安民。』

〔註29〕單育辰：《佔畢隨錄之九》，簡帛網2009年1月19日。
〔註30〕魯家亮：《〈吳命〉札記兩則》，簡帛網2009年1月1日；張崇禮：《釋瘟氣》，復旦網2009年1月16日。
〔註31〕馬承源主編：《上海博物館藏戰國楚竹書（七）》，上海古籍出版社，2008年12月，第306頁。
〔註32〕陳偉：《讀〈吳命〉小札》，簡帛網2009年1月2日。
〔註33〕林文華：《〈吳命〉1、3號簡文補說》，簡帛網2009年1月8日。

乃還。」簡3、簡1正與此可對讀。當然，這個「季子」當非吳王壽夢少子季札，而應當是其後人。《左傳・哀公十年》孔穎達疏謂：「襄昭之傳稱延州來季子者皆是季札也，此說務德安民，是大賢之事，亦當是札。故計跡其年，言雖老猶能將兵也。」疏又引孫毓云：「季子食邑於州來，世稱延州來。……延州來季子或是札之子與孫也。」近人楊伯峻注曰：「此延州來季子未必即季札本人，以近百歲老翁帥師，恐情理所難，或其子孫，仍受延、州來之封，故仍其稱乎。」〔註34〕

「吕（以）臤（賢？）多异（期）。」█

「隹三夫＝（大夫）丌（其）辱昏（問）之，今日隹（唯）不㥃（侮），既𢒰（犯？）矣，自是日吕（以）迋（往），必（比）五六日，皆希（敝）邑之异（期）也。」吳（走）墜（陳）。▆▆
（簡9前段）

「㥃」，一般讀為「敏」〔註35〕，今從蘇建洲先生意見讀為「侮」，指輕侮〔註36〕。

簡文意謂我們雖然不輕侮任何人，但（楚國）既然侵犯陳國了，從望日以後五、六日都是敝邑可以交戰的日子。言下之意是我們也不怕打仗，戰爭的準備也做好了。吳人雖想與楚軍議和，但和約不是靠卑躬屈膝可以求來的。

「」，目前學界有多種意見，整理者釋讀為「走」，去、離開。和《左傳・哀公十年》季子說完一番話後「乃還」相吻合。今從之。劉雲先生認為當讀為「遁」或「退」〔註37〕。宋華強先生（網名：jiaguwen1899）懷疑可以讀為「朅」，與「害」聲近韻同。《說文》：「朅，去也。」也就是「離開」〔註38〕。蘇建洲釋為「捍」，抵禦、抗拒之意〔註39〕。從《左傳・哀公九年》記載吳延州來季子救陳，州來對子期說了那番「二君不務德，而力

〔註34〕楊伯峻：《春秋左傳注》，中華書局，1981年版，第1656頁。
〔註35〕馬承源主編：《上海博物館藏戰國楚竹書（七）》，上海古籍出版社，2008年12月，第324頁。
〔註36〕蘇建洲：《〈吳命〉簡9「吳害陳」段試讀》，復旦網2010年11月24日。
〔註37〕劉雲：《說上博七〈吳命〉中所謂的「走」字》，復旦網2009年1月16日。
〔註38〕見「jiaguwen1899」在2009年1月16日發表於劉雲先生《說上博七〈吳命〉中所謂的「走」字》一文後面的評論。
〔註39〕蘇建洲：《〈吳命〉簡9「吳害陳」段試讀》，復旦網2010年11月24日。文中蘇先生還給出了另一種猜測，即讀為「會」。

爭諸侯，民何罪焉？我請退，以為子名，務德而安民」的話後，接著《左傳》記錄為「（楚軍）乃還」。這樣看，讀為「遁」或「退」是不合適的，況且即為《吳命》，記錄者屬於吳國立場，用詞當非貶義可知。而《左傳》即為「還」，則蘇建洲讀為「捍」與此文獻不符。

> 「楚人為不道，不思丌（其）先君之臣事先王。▍澐（廢）丌
> （其）瞳（貢）獻，不共丹（承）王事。▍我先君蓋（闔）〔閭▨〕」
> 【簡 9 後段】

「瞳」，從王連成先生之說，讀為「貢」〔註40〕。《左傳·僖公四年》：「管仲對曰：……爾貢苞茅不入，王祭不供。」正可與簡文「澐（廢）丌（其）瞳（貢）獻」對讀。

《國語·吳語》：「吳王夫差既退於黃池，乃使王孫苟告勞於周，曰：『昔者楚人為不道，不承共王事。以遠我一二兄弟之國。吾先君闔廬不貰不忍，被甲帶劍，挺鈹搢鐸，以與楚昭王毒逐於中原柏舉。天舍其衷，楚師敗績，……』」可與簡文相互參看。這裡是指責楚人不道，連周天子都不臣事，表明吳國乃是既有禮制的維護者。

> 賽（實）才（在）敄（波）敦（濤）之閞（閒）。咎（舅）生
> （甥）之邦，聶（攝，有）周孫=（子孫），佳（唯）舍（余）
> 一人所豊（體？禮？）。盔（寧）心敄惥（憂），亦佳（唯）吳白
> （伯）父。晉▨【簡 6】

「敄敦」，今從復旦讀書會讀為「波濤」。簡文「敄（波）敦（濤）之閞（閒）」可能和簡 5 下段中的「江濱」、「東海之表」有相應聯繫。《國語·吳語》記載：「晉乃命董褐覆命曰：『今君掩王東海…』」董褐是說吳王的權威覆蓋東海。此處簡文或許也是周王美贊吳王，言其威望達於東海之外。

「咎（舅）生（甥）之邦」，指異姓諸侯國。《左傳·成功二年》：「兄弟甥舅。」杜預注：「兄弟，同姓國；甥舅，異姓國。」又：「夫齊，甥舅之國也。」杜預亦注：「齊世與周婚，故曰甥舅也。」

「舍（余）一人」，乃周天子自稱。《左傳·昭公三十二年》：「（周天子）余一人無日忘之。」《國語·吳語》中周王答曰：「伯父若能然，余一人兼受而介福。」《儀禮·覲禮》：「天子曰：『非他，伯父實來，予一人嘉之。伯父其入，予一人將受之。』」《曲禮·君天下》記載了周天子的這種自稱：

〔註40〕王連成：《上博吳命釋字四則》，簡帛研究網 2009 年 1 月 8 日。

「天子朝諸侯分職授政任功曰予一人。」故「予一人」，即天子自稱。

「吳白（伯）父」，《儀禮‧聘禮》：「同姓大國則曰伯父，其異姓則曰伯舅。同姓小邦則曰叔父，其異姓小邦則曰叔舅。」是周天子對諸侯國君的稱謂。

簡文可以和《國語‧吳語》記載周王答曰：「茍，伯父令女來，明紹享余一人，若余嘉之。昔周室逢天之降禍，遭民之不祥，余心豈忘優恤，不唯下土之不康靖。今伯父曰：『戮力同德。』伯父若能然，余一人兼受而介福。伯父多歷年以沒元身，伯父秉德已侈大哉！」相參看。

簡文為周天子之語。周王可能認為周王室已經沒落，雖然自己對異姓、同姓國都不忘優恤，但安定天下諸侯，還得仰仗你吳國啊。

垫（賴）先王之福■，天子之霝（靈）。孤也可（何）裞（勞）力之又（有）安（焉）！孤也敢至（致）先王之福，天子之霝（靈）■。吳人虘（瘧）【簡8上】

「先王」，指吳先王。簡文是吳王在周天子的讚譽後的自謙，認為自己所做的一切都靠先王和天子的福祐。「吳人」後殘斷，估計是講到吳、楚之間的紛爭。

「昌（州）逨（來）。■孤吏（使）一介吏（使）懃（親）於桃，逆、裞（勞）其夫=（大夫），叡（且）青（請）丌（其）行。罰（荊）為不道，冒（謂）余曰：女（汝）周之胄（孽）子☐【簡4】齰（嗤），敢居我江宀（濱）。曰：余必攼芒（亡）尔社褹（稷），呂（以）窒（廣）東海之表。天▨丌（其）中，卑周先王佾☐……」【簡5下】

「昌逨」，今從陳偉先生所釋，讀為「州來」〔註41〕。這裡可能是地名，處於吳、楚之間，兩國在此多有衝突、爭鬥。《左傳‧昭公四年》：「秋七月，楚子以諸侯伐吳，……然丹城州來。」《左傳‧昭公十二年》：「楚子狩於州來。」《左傳‧昭公十九年》：「楚人城州來。沈尹戌曰：『楚人必敗。昔吳滅州來，……』」《左傳‧昭公二十三年》：「吳人伐州來，楚人薳越帥師及諸侯之師奔命救州來。」殘缺簡文可能提到楚國人在州來築城或楚軍進入州來等吳、楚關於州來的紛爭。當然，「州來」也可能是人名。

〔註41〕陳偉：《讀〈吳命〉小札》，簡帛網2009年1月2日。

　　「桃」，整理者曹錦炎先生認為「桃」為地名；而蘇建洲先生認為「桃」與下一字一起，為「逃珤」，地名〔註42〕，然難以找到文獻支持。一般皆從復旦讀書會讀為「郊」〔註43〕，恐怕不確。據《說文》等文獻記載，「距國百里為郊」，進一步說，周時距離國都五十里的地方叫近郊，百里的地方叫遠郊。《爾雅・釋地》亦云：「邑外謂之郊。」文獻用例如《左傳・僖公三十二年》：「素服郊次。」以及《詩・魏風・碩鼠》：「適彼樂郊。」皆可證明「郊」離國都不會太遠。尤其是行「郊勞」之禮之「郊」，乃是近郊。《儀禮・覲禮》：「至於郊。」鄭玄注：郊，謂近郊，去王城五十里。《小行人職》曰：「凡諸侯入王，則逆勞於畿。」則郊勞者，大行人也。賈公彥疏：知「近郊去王城五十里」者，成周與王城相去五十里，而《君陳序》云「分正東郊成周」，鄭云：「今河南洛陽相去則然，是近郊五十里也。」吳、楚交戰，楚當不可能至於深入吳王城五十里，吳也不可能和楚軍行和平時期發生於國都五十里的「郊勞」之禮。當然，雖不可能行「郊勞」禮，但吳王還是可以派使臣前往邊邑給予一般的慰勞的。故「桃」或「桃」與下一字一起讀作地名比較恰當，此暫從整理者所釋。

　　「勞」，即慰問，慰勞。

　　「青（請）其行」，指問楚軍、楚人將到哪去，即問其目的。「請行」，《左傳・昭公五年》：「余瓟使人犒師請行。」《儀禮・聘禮》：「賓至於近郊，張旃。君使下大夫請行。」鄭玄注：「請行，問所之也。」文獻中對「勞」禮多有說明，下文再詳述。

　　「胃（謂）余曰」以下是楚人對吳使所講。當然，此是出自吳人之轉述。

　　「肙（孽）子」，此從復旦讀書會意見，孽子，即庶出之子。可能是以吳先王泰伯為先周古公亶父的庶出之子。則泰伯是否為謙讓王位之說可以重新考慮。

　　「齰（噬）」，此從復旦讀書會所釋，為發語詞〔註44〕。《詩經・唐風・有之杜》：「彼君子兮，噬肯適我。」朱熹《集傳》曰：「噬，發語詞。」

　　「周之肙（孽）子，敢居我江旁（濱）」，是就吳先祖太伯奔吳立言，不

〔註42〕見蘇建洲：《〈吳命〉簡4「桃迌」試解》，復旦網2009年2月6日。
〔註43〕復旦讀書會：《〈上博七・吳命〉校讀》，復旦網2008年12月30日。
〔註44〕復旦讀書會：《〈上博七・吳命〉校讀》，復旦網2008年12月30日。

僅表示輕蔑、敵視之意，大概也是醜化吳先祖太伯。

攷芒（亡），「攷」，或可讀為「搴」或「殘」，「芒」，即「亡」，滅意。

「余必攷芒（亡）尔社禝（稷），吕（以）宔（廣）東海之表」是楚人威脅吳人之辭，意我們一定會滅亡你們的宗廟和國家，把我們楚國的領土擴大大東海邊上。

「天██丌（其）中，卑周先王佾」，此為吳人語，大意是說幸好上天沒有讓它（楚國）如意，賴周先王之福祐。殘文可能是說吳軍取得勝利。那麼，殘簡中可能又提到吳軍攻破楚都郢之戰。

綜合來看，簡 8 下段、簡 7、簡 2、簡 3、簡 1 和簡 9 前段記錄了魯哀公十年（前 485 年）楚令尹子期帥軍侵伐陳國，吳王派遣延州來季子救陳時，吳使對楚軍使者之間的外交談判。吳王意在中原稱霸，所以吳國不願與楚國兵戎相見，季子也批評「二君不務德」，認為兩國本來就已經敵對、交戰多年，如果為了陳國又各有動作，勢必會給兩國帶來更大災難，希望與楚軍締結和約。但談判中不可能靠搖尾乞憐，所以，吳使認為，如果楚軍執迷不悟，硬要對抗到底，吳軍也做好了戰爭的準備。而簡 9 後段、簡 6、簡 8 上段、簡 4、簡 5 下段則記錄了吳使在同周天子的外交談話中講述了吳、楚之間的多年紛爭，包括楚侵伐吳國邊境州來和陳國的事件，以及楚不臣事周王等種種無道行徑。其中不少內容和辭令可以和《國語·吳語》對讀。

第三節　《吳命》與《國語·吳語》

前面我們已經提到，《吳命》不可能是《國語·吳語》的佚篇，可能是一種與《吳語》沒有直接關係的文獻。在此，我們作進一步申述。

首先，今本《吳語》結構緊湊，敘事完整，而上博簡《吳命》則明顯有些雜亂，難以成篇。王青先生還指出《吳命》中的「吳請成於楚」「吳走陳」等的表述形式與《吳語》不類，若按照《吳語》的表述，應作「王乃使人請成於楚」「乃走陳」〔註 45〕。不無道理。《吳命》既然不是一篇來龍去脈皆備的完整文獻，自然也就排除了它是《國語·吳語》佚篇的可能性。

〔註45〕王青：《「命」與「語」：上博簡〈吳命〉補釋》，《史學集刊》2013 年第 4 期。

其次，結合慈利《吳語》來看，上博簡《吳命》也當非《吳語》佚篇，這一點李炎乾碩士論文已經引張春龍相關釋文和論述做了論證〔註46〕。

第三，李炎乾還司馬遷作《史記》，在記述吳、越史事時，常利用《國語・吳語》《國語・越語》中的材料。但是《史記》中找不到《吳命》所記之事〔註47〕。

第四，《越絕書》和《吳越春秋》中亦無《吳命》所記之事。雖然《吳越春秋・夫差內傳第五》有與簡9後半段和簡6類似言語，但它們的更可能源於《國語・吳語》。

當然，不論採取哪一種編聯方案，簡書《吳命》都不會是出自《吳語》。不過，《吳命》等相關史類文獻可能成為《國語》成書的重要文獻來源。

第四節 《吳命》與先秦「勞」禮

《吳命》第4簡謂：「■孤吏（使）一介吏（使）惹（親）於桃，逆、袰（勞）其夫=（大夫），叚（且）青（請）丌（其）行。」其中「袰」字，即「勞」。而簡9後段等內容，學界一般都認定它們與《國語・吳語》所記王孫苟覲見、告勞於周天子一事有關聯。需要特別注意的是，這其中關涉了春秋時期的外交禮制。

「勞」在金文中有「袰」、「勞」、「 」三種字形。竹簡《吳命》與金文《齊侯鎛》（1.271）「勞」同作「袰」形。何謂「勞」？段玉裁注《說文・木部》「橐」云：「慰其勞苦曰勞。」〔註48〕《廣韻・號韻》云：「勞，慰，又郎刀切。」《集韻・號韻》：「勞，郎到切，慰也。」可見，「勞」亦意「慰勞」。但「勞」的特別意義在於，它關乎春秋時期廣泛見於典籍的一種外交禮制：勞禮。

勞禮即慰勞來使之禮，包括諸侯之間相互聘問以及諸侯覲見天子時都會有勞禮。先秦有五禮之說，在賓禮中，有關諸侯之間相互聘問的外交（邦交）禮儀叫「聘禮」，聘與問意通，諸侯派大夫問於諸侯稱聘。《周禮・秋官・大行人》：「凡諸侯之邦交，歲相問也，殷相聘也，世相朝也。」《儀禮・聘禮》篇對出聘前的謀事、命使、準備禮物、使者受命、告禰、過邦

〔註46〕李炎乾：《〈國語・吳語〉新探》，華東師範大學，2016年，第22頁。
〔註47〕李炎乾：《〈國語・吳語〉新探》，華東師範大學，2016年，第22～23頁。
〔註48〕段玉裁：《說文解字注》，上海古籍出版社1981年版，第252頁。

假道、預習威儀、至境迎入、入境展幣、主國郊勞、致館設飧諸禮儀、如
何行聘享之禮等都一系列行「聘禮」的過程作了詳細說明和專門的記錄。
在《儀禮・聘禮》中，「勞禮」屬於外交性「聘」禮中的一個重要環節：

> 賓至於近郊，張旃。君使下大夫請行，反。君使卿朝服，用
> 束帛勞。上介出請。入告。賓禮辭，迎於舍門之外，再拜。勞者
> 不答拜。賓揖，先入，受於舍門內。勞者奉幣入，東面致命。賓
> 北面聽命，還，少退，再拜稽首，受幣。勞者出。授老幣，出迎
> 勞者。勞者禮辭。賓揖，先入，勞者從之。乘皮設。賓用束錦儐
> 勞者，勞者再拜稽首受。賓再拜稽首，送幣。勞者揖皮出，乃退。
> 賓送再拜。夫人使下大夫勞以二竹簠方，玄被纁裏，有蓋，其實
> 棗蒸栗擇，兼執之以進。賓受棗，大夫二手授栗。賓之受，如初
> 禮。儐之如初。下大夫勞者遂以賓入。

可見，這個過程是比較複雜的。《國語・周語中》「單子知陳必亡」章
也提到這種勞禮：

> 周之《秋官》有之曰：

> 敵國賓至，關尹以告，行理以節逆之，候人為導，卿出郊勞，
> 門尹除門，宗祝執祀，司里授館，司徒具徒，司空視途，司寇詰
> 奸，虞人入材，甸人積薪，火師監燎，水師監濯，膳宰致饔，廩
> 人獻餼，司馬陳芻，工人展車，百官以物至，賓入如歸。是故小
> 大莫不懷愛。其貴國之賓至，則以班加一等，益虔。至於王吏，
> 則皆官正蒞事，上卿監之。若王巡守，則君親監之。

《周禮・秋官・司儀》也云：「主君郊勞，交擯，三辭，車逆拜辱，
三揖三辭，拜受，車送，三還，再拜。主君郊勞，備三勞而親之也。」《周
禮注疏》卷三十八《秋官司寇第五》解釋：鄭司農云：「交擯三辭，謂擯
主之擯者俱三辭也。車逆，主人以車迎賓於館也。拜辱，賓拜謝辱也。」
玄謂交擯者，各陳九介，使傳辭也。車迎拜辱者，賓以主君親來，乘車出
舍門而迎之，若欲遠就之然。見之則下拜，迎謝其自屈辱來也。至去又出
車，若欲遠送然。主君三還辭之，乃再拜送之也。車送迎之節，各以其等，
則諸公九十步，立當車軹也。三辭重者，先辭辭其以禮來於外，後辭辭升
堂。

還有一種「勞」禮，它屬於諸侯覲見天子禮儀中的一部分。對於這種

覬禮中的「勞」禮，《儀禮》之《覬禮》篇有特別說明：

> 至於郊，王使人皮弁用璧勞。侯氏亦皮弁迎於帷門之外，再
> 拜。使者不答拜，遂執玉，三揖。（《儀禮‧覬禮》）
>
> 乃右肉袒於廟門之東。……侯氏再拜稽首，出，自屏南適門
> 西，遂入門左，北面立，王勞之。（《儀禮‧覬禮》）

《覬禮》記述秋天諸侯晉見天子的禮儀。張爾岐《儀禮鄭注句讀》：「秋見曰覬。」《周禮》「春見曰朝，夏見曰宗，秋見曰覬，冬見曰遇。」

「郊」，指近郊，離王城五十里。周時距離國都五十里的地方叫近郊，百里的地方叫遠郊。前一句是說諸侯到達王城的近郊，天子派人穿皮弁服，用玉去慰勞。諸侯也穿皮弁服在帷宮門外迎接，兩次行拜禮，使者不回拜，拿著璧玉前行，諸侯三次拱手行禮。

後一句是說諸侯在廟門正式覬見天子之後，……諸侯出來。由屏風的南邊到門的西邊，穿好上衣，然後從門的左邊進入，面朝北站立，天子慰勞他。諸侯再拜稽首。就是說，諸侯覬見天子之後，天子還會再一次慰勞諸侯。

顯然，從程序上講，一般外交中的勞禮有幾個環節。先是郊勞。郊勞在先秦典籍中有多有記載。如前述《儀禮‧覬禮》：「（侯氏）至於郊，王使人皮弁用璧勞。」《儀禮‧聘禮》：「賓至於近郊，張旃。君使下大夫請行。反。君使卿朝服，用束帛勞。上介出請……賓揖，先入，受於舍門內。」《周禮‧秋官‧小行人》亦云：「凡諸侯入王，則逆勞於畿。」《左傳‧僖公三十三年》：「齊國莊子來聘，自郊勞至於贈賄，禮成而加之以敏。」杜預注：「迎來曰郊勞，送去曰贈賄」，所以《正義》曰：「《聘禮》，賓至於近郊，君使卿朝服用束帛勞。及聘事皆畢，乃去，賓遂行，舍於郊，公使卿贈如覬幣。是來有郊勞，去有贈賄也。」又《左傳‧昭公二年》：「叔弓聘於晉，報宣子也。晉侯使郊勞。辭曰：『寡君使弓來繼舊好，固曰：女無敢為賓！徹命於執事，敝邑弘矣。敢辱郊使？請辭。』」《左傳‧昭公五年》云：「宴有好貨，殮有陪鼎，入有郊勞，出有贈賄，禮之至也。」清人凌廷堪《禮經釋例》「賓客之例」首條謂「凡賓至，則使人郊勞」〔註49〕。

《國語‧周語》記載：「襄王使太宰文公及內史興賜晉文公命，上卿逆

〔註49〕凌廷堪：《禮經釋例》，〔北京〕中華書局 1985 年版，第 147 頁～148 頁。

於境，晉侯郊勞，館諸宗廟，饋九牢，設庭燎。」就是說周襄王派太宰文公與內史興向晉文公頒賜任命，晉國的上大夫在邊境上迎接，晉文公則到郊外慰勞，住處安排在宗廟，用九牢的宴席來招待，廳堂上安設了照明的大火把。

郊勞又稱「迎勞」，是由所使方派人於國都近郊館舍迎接、慰勞來使。但如果逢到有喪事，則這種郊勞可以省略：

> 聘遭喪，入竟，則遂也。不郊勞。不筵幾。不禮賓。主人畢歸禮，賓唯饔餼之受。不賄，不禮玉，不贈（《儀禮·聘禮》）。

「小聘」也不郊勞：

> 小聘曰問。……不郊勞。其禮，如為介，三介（《儀禮·聘禮》）。

其次，正式聘禮、覲禮禮畢之後，所使國國君還要親自慰勞來使，行禮場所為所使國祖廟。凌廷堪謂：「凡聘、覲禮畢，主人皆親勞賓。」〔註50〕

> （侯氏）乃右肉袒於廟門之東……侯氏再拜稽首，出。自屏南適門西，遂入門左。北面立，王勞之（《儀禮·覲禮》）。

> 擯者出請，賓告事畢。擯者入告，公出送賓。及大門內，公問君……公勞賓，賓再拜稽首，公答拜。公勞介，介皆再拜稽首，公答拜（《儀禮·聘禮》）。

使者回去，也有「勞」：

> 使者歸，及郊，請反命。朝服，載旜，襲，乃入。…授上介幣，再拜首，公答再拜。私幣不告。君勞之，再拜稽首，君答再拜。若有獻，則曰：「某君之賜也。君其以賜乎？」上介徒以公賜告，如上賓之禮。君勞之。再拜稽首。君答拜。勞士介亦如之（《儀禮·聘禮》）。

與一般的外交聘禮中的勞禮相比，《吳命》中的勞禮實在值得好好解讀。學界一般從曹錦炎先生所釋，將《吳命》簡4「勞」前一字讀作「逆」，意為「迎」，解為「逆勞」。前面我們已經提到，不能將《吳命》第4簡中的「桃」讀作「郊」，「郊勞」中的「郊」是個特定稱謂，而《吳命》中吳王派使者前往「逆勞」楚軍，嚴格說也不屬於諸侯之間友好外交往來中的「聘禮」。那麼，《吳命》篇中的「逆勞」是怎麼回事呢？吳國是以友好國的身份，或者說吳國是打著友好的幌子前去陳國「逆勞」楚軍的。吳國使

〔註50〕凌廷堪：《禮經釋例》，〔北京〕中華書局1985年版，第162頁。

者借助「勞」禮，不僅巧妙地向楚軍表達了善意和友好，也表明了吳國不會無視楚軍對陳國的侵略行為。吳使「（且）青（請）丌（其）行」，表面是友好慰問，其實是試探，並表明吳國捍衛陳國的決心，「自是日吕（以）逴（往），必（比）五六日，皆番（敝）邑之昪（期）也」。吳國使者借助這種勞禮，同楚軍談判，並最終取得成功，從而避免了雙方直接的戰場交鋒。這樣看，雖然說這種「逆勞」不能算嚴格的「郊勞」，但吳國在儀式上照樣可以按「郊勞」禮行事。

勞禮不僅有多個環節，而且存在等級上的差別，如勞次（如上公三勞、侯伯二勞、子男一勞）、勞服（如皮弁、朝服）、勞物（如璧、束帛、束帛加璧）、勞樂（如《肆夏》《文王》《鹿鳴》）等儀制，均有等差規定，此不一一贅述。

勞禮行禮人分使者與勞者兩方，二者於禮書各有專稱，即：使者稱「賓」，其副稱「上介」，還有「次介」「末介」和「眾介」；勞者稱「上擯」，次「承擯」「末擯」和「紹擯」，並有人數規定。鄭玄注：「擯，謂主國之君所使出接賓者也。」〔註51〕

《吳命》亦有關於勞禮雙方的記載：

　　■孤吏（使）一介吏（使）（親）於桃，逆（勞）其夫＝（大夫），（且）青（請）丌（其）行。【簡4】

　　……古（故）甬（用）吏（使）丌（其）三臣，毋敢又（有）遲（遲）速之丌（期），敢告斦（視？）日。■【簡7】

　　■隹三夫＝（大夫）丌（其）辱昏（問）之，今日隹（唯）不（侮），既（涖）矣。【簡9】

簡4之「吏（使）」即是勞者，「大夫」為使者。

就吳、楚之間的緊張關係來說，不管《吳命》篇中所記載的吳使是否嚴格遵循禮制，這種勞禮多少都有些變味。春秋時的智者已經注意到這種對待禮制的工具主義態度，認為「禮」和「儀」不同。《左傳·昭公五年》記錄：

　　公如晉，自郊勞至於贈賄，無失禮。晉侯謂女叔齊曰：「魯侯不亦善於禮乎？」對曰：「魯侯焉知禮？」公曰：「何為？自郊

〔註51〕阮元校刻：《十三經注疏》，〔北京〕中華書局1980年版，第1053頁。

勞至於贈賄，禮無違者，何故不知？」對曰：「是儀也，不可謂禮。禮所以守其國，行其政令，無失其民者也。今政令在家，不能取也。有子家羈，弗能用也。奸大國之盟。陵虐小國。利人之難，不知其私。公室四分，民食於他。……禮這本末，將於此乎在，而屑屑焉習儀以亟。言善於禮，不亦遠乎？」君子謂：「叔侯於是乎知禮。」

女叔齊認為魯侯雖然對外交儀式很熟，但並不懂得真正的「禮」。

與這種既訴諸武力又不完全否棄禮制的現實相對應，當時諸侯、貴族在思想上說並沒有自立為「王」、為「帝」的念頭。說到底吳國還和齊桓公、晉文公、楚莊王等侯伯一樣，只是為了爭霸，武力之外還是會尊重基本的禮制和道義，諸侯國之間還沒有淪落到戰國中後期那樣赤裸裸的戰爭掠奪。其另一個表現就是尚且維繫了對周天子的基本尊重，爭霸中的諸侯依然總是打著維護周王室的旗幟，以使自己站在道義的制高點上。在《吳命》中，吳王仍然派使者出使周王，並將吳、楚之間的紛爭親告於周天子。《國語‧吳語》也記載：「吳王夫差既退於黃池，乃使王孫苟告勞於周。」在同周王的談話中，吳人一再表達自己維護周王地位和既定秩序的貢獻和決心，如認為吳國和陳國都是姬姓侯國，有親緣關係，並批評楚國「楚人為不道，不思其先君之臣事先王，廢棄貢獻，不共承王事」。因此，在還沒有完全拋開周王室、禮義和仁道的春秋末期，禮制依然得到了一種表面的尊重和認可。但是，吳王所其親逆、勞楚大夫，「孤吏（使）一介吏（使）（親）於桃（郊），逆（勞）其夫＝（大夫），（且）青（請）丌（其）行」，很顯然已經不是一般諸侯國之間的友好往來。這反映了春秋禮制的失落，雖然尚未完全被廢棄，但已經逐漸流於形式化，至多是諸侯爭霸或爭鬥中用於佔據道義制高點的外在工具和手段。

雖說春秋以降，宗法性禮樂政治文明的「神聖」感逐漸削弱，軸心期的文化總體表現為以「禮崩樂壞」為標誌的禮儀的世俗化和倫理化〔註52〕，然而春秋和戰國終歸是有所不同：

春秋時猶尊禮重信，而七國則絕不言禮與信矣；春秋時猶宗周王，而七國則絕不言王矣；春秋時猶嚴祭祀、重聘享，而七國

〔註52〕陳來：《古代宗教與倫理——儒家思想的根源》，上海：三聯書店，1996年，第3頁～5頁。

則絕無其事矣；春秋時猶論宗姓氏族，而七國則絕無一言及之矣；
春秋時猶宴會賦詩，而七國則絕不聞矣；春秋時猶有赴告策書，
而七國則絕無有矣。邦無定交，士無定主，此皆變於一百三年間
〔註53〕。

　　從《吳命》可以看出，具體的禮樂制度和操持儀式在春秋末期仍在發
揮作用，但人們對待禮制的態度已悄然改變，禮制將逐步淡出實際的政治
與日常生活。春秋雖然禮崩樂壞，但各種禮典儀式仍在，而至戰國則蕩然
無存。本存在於實際踐履中、百姓日用而不知的禮儀在春秋時仍被視為「天
經地義」，至戰國卻逐漸失去了理性依據和價值來源的地位〔註54〕。

第五節　《吳命》文體試說

　　從體裁上看，《吳命》無疑屬於先秦流行的「語」類史書作品。

　　「語」作為典籍的一種，最早見稱於《國語・楚語上》「莊王使士亹
傅太子箴」章。士亹出任太子傅後向申叔時諮詢如何教太子，申叔時回答：
「教之春秋，而為之聳善而抑惡焉，以戒勸其心；教之世，而為之昭明德
而廢幽昏焉，以休懼其動；教之詩，而為之導廣顯德，以耀明其志；教之
禮，使知上下之則；教之樂，以疏其穢而鎮其浮，教之令，使訪物官；教
之語，使明其德，而知先王之務用明德於民也；教之故志，使知廢興者而
戒懼焉；教之訓典，使知族類，行比義焉。」在申叔時提出的教學內容中
就包括了「春秋」、「世」、「詩」、「禮」、「樂」、「令」、「語」、「故志」、「訓
典」等九科，其中說到：「教之《語》，使明其德，而知先王之務用明德於
民也。」韋昭注：「《語》，治國之善語。」韋昭《國語解敘》概括《國語》
主旨時說：左丘明「故復採錄前世穆王以來，下迄魯悼知伯之誅，邦國成
敗，嘉言善語，陰陽律呂，天時人事逆順之數，以為《國語》」。這與《楚
語上》韋注「語」為「治國之善語」的思路相通。當然，從申叔時的回答
中也大概可以知道，「語」與先王歷史故事有明確關係。所以一般相信，
《國語》即是各國之《語》的結集〔註55〕，而且正如韋昭所言，乃是治

〔註53〕顧炎武：《日知錄》卷十三「周末風俗」條。
〔註54〕韓高年：《禮俗儀式與先秦詩歌》，北京：中華書局，2006年，第13頁。
〔註55〕張政烺：《〈春秋事語〉解題》，《文物》1977年第1期，後收入《張政烺文
　　　　史論集》，中華書局2004年4月，458頁；王樹民：《國語集解》「前言」，

國之「善語」。

「語」，參加過《春秋事語》整理的張政烺先生即指出《春秋事語》屬於「語」類史書，是春秋時期的一種古書體裁，「語」的意思是講話，「《語》這一類的書雖以記言為主，但仍不能撇開記事，所以又有以『事語』名書的。劉向《戰國策書錄》敘述他所根據的底本共有六種書，其中第四種就是《事語》。其書雖已不可見，但估計它的形式和馬王堆帛書《戰國縱橫家書》近似，即既敘事，也記言。」〔註56〕。所以，李零先生又把「語」歸入「故事類的史書」中。從出土發現來看，「語」在春秋戰國時期極其重要。傳世文獻中《國語》、《國策》、《說苑》、《新序》皆屬於「語」類史書〔註57〕。出土文獻中如馬王堆帛書《春秋事語》和《戰國縱橫家書》，上博簡《昭王毀室》、《柬大王泊旱》、《君人者何必安哉》、《景平王問鄭壽》等皆是。《春秋事語》共有十六章，涉及燕、晉、齊、魯、宋、衛、吳、越八國，所記事件不少見於《春秋》三傳和《國語》，不過文字內容並不同，而且其中多出許多對相關史事的評論。這說明在春秋戰國時期，語類古書非常流行，數量非常大。甚至同一人物、同一事件，會有多種不同的版本。慈利楚簡中也有《國語・吳語》，「基本見於今本，但也有不見於今本者，所見史事包括黃池之盟和吳越爭霸等。」〔註58〕《晉書・束皙傳》記載汲冢竹書即有《國語》三篇，「言晉、楚事」。李零還推測，根據劉向《戰國策書錄》的佚文，語類史書不僅包括《國語》類古書，也包括《戰國策》類古書，至少是春秋故事和戰國故事的共名；它與所謂「諸子百家語」的「語」也有關係，諸子書，今多視為哲學或政論，但在古代，卻是私家之史乘，即後世所謂的稗官野史；它還是諸子求仕游說的談資，如《韓非子・說林》及內外《儲說》，《呂氏春秋》、《韓詩外傳》、《說苑》、《新序》也收錄了很多這樣的故事；「語」還與《左傳》「君子曰」、史之贊、賦之亂，還有各種箴銘，以及小說家言也有關係。這種「語」往往以壓縮的形式出現，成為成語格言。從本質上講，它是屬於掌故性質的古書，因而與後世的辭賦、

中華書局 2003 年 6 月，第 1 頁。

〔註56〕張政烺：《〈春秋事語〉解題》，《文物》1977 年第 1 期，36 頁～39 頁；後收入《張政烺文史論集》，中華書局 2004 年 4 月。

〔註57〕李零：《簡帛古書與學術源流》，三聯書店 2007 年，第 219 頁。

〔註58〕張春龍：《慈利楚簡概述》（摘要），《古代文明研究通訊》，總第六期（2000年9月），第 31 頁～32 頁。

類書也有一定關係。這種史書是諸子時代最有代表性的史書。《國語》應該
就是這類「語」的合編整編〔註59〕。

「語」後來成為《春秋》學的一部分，屬於史書體裁。但在當時，同
《春秋》相比較，「語」可能更像是「私史」、「野史」。到諸子著書時，也
也大量利用「語」史書材料，這一類諸子書往往利用古史、古人來作談話
背景，相比於原史書，更富於故事性，更注意修辭和文學性。例如《韓非
子・內儲說》和《外儲說》，就是用歷史「語」類的故事作辯論和游說的有
力支撐。而且，正因為「語」多屬「私史」、諸子學，故常常被其他文獻所
採用，甚至被以各種方式整編、綴合到《國語》、《春秋事語》之類的集子
當中。

而《吳命》正是記錄吳國君王、臣子在外交場合中的嘉言善語，如吳
使對楚臣言：「君之順之，則君之志也。兩君之弗順，敢不芒（亡）道以告。」
又如：「楚人為不道，不思丌（其）先君之臣事先王。瀶（廢）丌（其）贖
（貢）獻，不共承王事。我先君蓋（闔）閭……」這些都是相當得體而又
富於外交智慧的外交辭令。

這樣的內容，無論比之申叔時說的「先王之務用明德於民」，還是韋昭
注中所說的「治國之善語」，抑或韋昭《國語解敘》所說的「邦國成敗、嘉
言善語」，均相吻合。

李零先生將包括《昭王毀室》在內的「故事類」史書都視為「語」，顯
然，他對「語」採取了一種寬泛的理解〔註60〕。這樣，《鄭子家喪》、《君人
者何必安哉》等篇竹書也可以算作「語」，即「楚語」。

但即使從比較嚴格的「語」來講，《吳命》也依然可視為「語」。此從
《吳命》與今傳本《國語・吳語》的關係來看這個問題。

一、《國語・吳語》與《吳命》文風非常相似。《國語》以國為經，記
「語」為緯，重於議論和辭令，屬於語論體著作。全書語體大略有諫、謀、
命、盟、誓、對等類。《吳語》篇各體均有，《吳命》作為外交對話語錄，
自然屬於現有《國語》的常見類別。觀之《吳命》，全篇簡文「曰」字凡五

〔註59〕李零：《簡帛古書與學術源流》，三聯書店 2007 年，第 299 頁。
〔註60〕李零：《簡帛古書與學術源流》，三聯書店 2007 年，第 294 頁～297 頁。另
　　　外，陳偉：《〈昭王毀室〉等三篇竹書的幾個問題》也論及此點，《出土文獻
　　　研究》第七輯，第 30 頁～35 頁。

見，「問」字二見，「胃（謂）」字一見，「答」字一見，「（才）哉」字一見，為語論體無疑。《國語》樸實簡潔，重言善喻，委婉溫厚。而《吳命》屢見「先人」、「先王」「先君」等語，以遠喻近；「昔上天不中（衷），降禍於我二邑，非疾安（焉）加之，而殄鹽（絕）我二邑之好」、「今日隹（唯）不敏，既犯矣。自是日以往，必（比）五六日，皆敝邑之期也」這一類語言，宛轉中不失一國使者的氣節，語氣、用詞均可見春秋貴族士子的涵養與風度。凡此皆與《國語・吳語》相似相似。

另外，與《吳命》較接近的慈利出土楚簡除了能與《國語・吳語》可以對勘外，還與《逸周書・大武》等有關聯，而清代學者謝墉認為《逸周書》的許多章節「文義酷似《國語》」〔註61〕。說明《吳命》、慈利楚簡等都可以歸入「語」這一文體。

二、《吳命》與《國語・吳語》在內容方面有關聯。從前面的分析我們知道，《吳命》有些內容可能是吳晉黃池會盟後吳王派王孫苟告勞於周天子之辭；當然，即使不屬於這一事件，其辭令也和黃池會盟比較接近。很可能是今傳本的《國語・吳語》是在綜合了有關吳國的「語」類史書中的外交辭令後整合而成的，這種語句上的近似乃至基本相同很可能由此而來。

所以，綜合來看，《吳命》很可能即當時編《國語・吳語》時的參考資料之一。

〔註61〕張春龍：《慈利楚簡概述》，《新出簡帛研究》文物出版社，2004 年版。

結　語

近年來，出土文獻日益增多，這為先秦歷史、文學、哲學等的研究帶來了新機遇。

就《上海博物館藏戰國楚竹書（七）》而言，首先，除了《吳命》，《武王踐祚》《鄭子家喪》《君人者何必安哉》《凡物流形》都有多個版本，《武王踐祚》還可以同傳世本子對讀，無疑，這為戰國文獻的比勘研究提供了新材料。進一步說，對它們的研究將啟發我們去深入瞭解先秦學術史和文獻的生成，而不再是靜態地看待單篇著述的思想內容。因此，這為開闢先秦學術史、文獻史研究新範式是有直接幫助的。

其次，結合傳世文獻的記載，我們發現面對同一段歷史，戰國文獻往往有不同的敘述，而對這些不同版本著作的文學研究讓我們看到當時歷史敘事的多元樣貌，例如武王自我警戒故事的不同表述、鄭子家故事的重新剪裁和鏈接，就代表了不同的敘事角度、敘事身份和敘述目的，這不僅是歷史理解上的差異，而且是敘事上主體文學意識覺醒的典型案例。因此，這對於研究戰國敘事文學具有示範價值。

再次，五篇簡書廣泛涉及戰國歷史、諸侯國之間的紛爭與外交禮儀制度、戰國儒學和哲學，因此，《上博七》的出土極大豐富、拓展了我們對於戰國文化與歷史的認知。特別是像《凡物流形》這樣的哲學文本，使我們不得不在經驗式語錄、倫理性教義和政治理念的紛爭之外，看到中國先哲們在語言分析和哲學思辨上的深度和無窮可能，它們是足以和古希臘哲學相媲美的經典。

　　同文獻和歷史的要求相比，本著作的研究還存在諸多欠缺，希望在將來能有更深入的探索，也期待學界會有相關佳作問世。

參考文獻

一、出土文獻與工具書

（一）出土文獻

1. 湖北省荊沙鐵路考古隊：《包山楚墓》，文物出版社，1991 年。

2. 湖北省考古研究所等編：《望山楚簡》，中華書局，1995 年。

3. 河北省文物研究所定州漢簡整理小組：《定州西漢中山懷王墓竹簡〈文子〉釋文》，《文物》1995 年 12 期。

4. 河北省文物研究所定州漢簡整理小組：《定州西漢中山懷王墓竹簡〈文子〉校勘記》，《文物》1995 年 12 期。

5. 荊門市博物館：《郭店楚墓竹簡》，文物出版社，1998 年。

6. 馬承源主編：《上海博物館藏戰國楚竹書（一）》，上海古籍出版社，2001 年。

7. 馬承源主編：《上海博物館藏戰國楚竹書（二）》，上海古籍出版社，2002 年。

8. 馬承源主編：《上海博物館藏戰國楚竹書（三）》，上海古籍出版社，2003 年。

9. 馬承源主編：《上海博物館藏戰國楚竹書（四）》，上海古籍出版社，2004 年。

10. 馬承源主編：《上海博物館藏戰國楚竹書（五）》，上海古籍出版社，2005 年。

11. 馬承源主編：《上海博物館藏戰國楚竹書（六）》，上海古籍出版社，2007年。

12. 馬承源主編：《上海博物館藏戰國楚竹書（七）》，上海古籍出版社，2008年。

13. 馬王堆帛書整理小組：《馬王堆漢墓帛書》（壹），文物出版社，1974年。

14. 馬王堆帛書整理小組：《老子（馬王堆漢墓帛書）》，文物出版社，1976年。

15. 馬王堆漢墓整理小組：《戰國縱橫家書（馬王堆漢墓帛書)》，文物出版社，1976年。

16. 睡虎地秦墓竹簡整理小組：《睡虎地秦墓竹簡》，文物出版社，1977年。

17. 銀雀山漢墓竹簡整理小組：《銀雀山漢墓竹簡》（壹），文物出版社，1975年。

18. 銀雀山漢墓竹簡整理小組：《孫臏兵法（銀雀山漢墓竹簡》，文物出版社，1975年。

19. 銀雀山漢墓竹簡整理小組：《孫子兵法（銀雀山漢墓竹簡》，文物出版社，1976年。

（二）工具書

1. 白於藍：《簡牘帛書通假字字典》，福建人民出版社，2008年。

2. 陳復華、何九盈：《古韻通曉》，戰國社會科學出版社，1987年。

3. 陳漢平：《金文編補訂》，中國社會科學出版社，1993年。

4. 高亨纂著、董治安整理：《古字通假會典》，齊魯書社，1989年。

5. 古文字詁林編纂委員會：《古文字詁林》，上海教育出版社，2006年。

6. 郭若愚：《戰國楚簡文字編》，上海書畫出版社，1994年。

7. 郭錫良：《漢字古音手冊》，北京大學出版社，1986年。

8. 《漢語大字典》編輯委員會：《漢語大字典》，湖北辭書出版社、四川辭書出版社，1992年。

9. 何琳儀：《戰國古文字典》，中華書局，1998年。

10. 李守奎：《楚文字編》，華東師大出版社，2003年。

11. 馬承源主編：《商周青銅器銘文選》，文物出版社，1998年。

12. 容庚編著、張振林、馬國權摹補：《金文編》，中華書局，1985 年。

13. 商承柞：《戰國竹簡彙編》，齊魯書社，1995 年。

14. 湯餘惠：《戰國文字編》，福建人民出版社，2001 年。

15. 唐作藩：《上古音手冊》，江蘇人民出版社，1982 年。

16. 滕壬生：《楚系簡帛文字編（增訂本）》，湖北教育出版社，2008 年。

17. （漢）許慎撰、（清）段玉裁注：《說文解字注》，浙江古籍出版社，1998 年。

18. 于省吾主編：《甲骨文字詁林》，中華書局 1999 年。

19. 張守中：《包山楚簡文字編》，文物出版社，1996 年版。

20. 張守中等：《郭店楚簡文字編》，文物出版社，2000 年。

21. 張新俊、張勝波：《新蔡葛陵楚簡文字編》，巴蜀書社，2008 年。

22. 趙誠：《甲骨文簡明詞典》，中華書局，1988 年。

23. 中國社會科學院考古研究所編：《甲骨文編》，中華書局，1965 年。

24. 中國社會科學院考古研究所編：《殷周金文集成》（修訂增補本），中華書局，2007 年。

25. 周法高主編：《金文詁林》，香港中文大學出版社，1975 年。

26. 宗福邦等主編：《故訓匯纂》，商務印書館，2003 年。

二、古今著述

1. （漢）班固：《漢書》，中華書局，1962 年。

2. （漢）范曄：《後漢書》，中華書局，1965 年。

3. （漢）高誘注、顧廣圻校：《戰國策》，上海古籍出版社，1978 年新校點本。

4. （漢）高誘注、何寧校釋：《淮南子校釋》，中華書局，1998 年。

5. （漢）韓嬰撰、許維遹校釋：《韓詩外傳》，中華書局，1980 年。

6. （漢）劉向撰、向宗魯校證：《說苑校證》，中華書局，1987 年。

7. （漢）劉向撰、石光瑛校釋：《新序校釋》，中華書局，2001 年。

8. （漢）司馬遷：《史記》，中華書局，1959 年。

9. （漢）宋衷輯注：《世本》，商務印書館，1957 年排印本。

10. （漢）王充著、劉盼遂注：《論衡集解》，上海古籍出版社，1957 年。

11. （漢）王充著、黃暉校釋：《論衡校釋》，中華書局，1990 年。

12. （漢）王逸注、（漢）洪興祖補注：《楚辭章句》，中華書局，1957 年。

13. （漢）揚雄撰，（宋）司馬光集注，劉韶軍點校：《太玄集注》，中華書局，2003 年。

14. （漢）袁康：《越絕書》，叢書集成本。

15. （漢）趙曄撰、周生春輯校：《吳越春秋》，上海古籍出版社，1997 年。

16. （晉）杜預注、（唐）孔穎達疏：《春秋左傳集解》，上海人民出版社，1977 年。

17. （北魏）酈道元著，楊守敬、熊會貞疏：《水經注疏》，江蘇古籍出版社，1989 年。

18. （唐）李善注：《文選李善注》，中華書局 1977 年縮印本。

19. （唐）李善、呂延濟、張銑等注：《文選六臣注》，四部叢刊影宋本。

20. （唐）陸德明：《經典釋文》，中華書局，1983 年。

21. （宋）晁公武撰：《郡齋讀書志》，景印文淵閣四庫全書，臺灣商務印書館，1983 年。

22. （宋）晁公武撰，孫猛校證，《郡齋讀書志校證》，上海古籍出版社 1990 年。

23. （宋）陳振孫撰：《直齋書錄解題》，上海：商務印書館，民國 26 年（1937 年）。

24. （宋）王堯臣等撰，（清）錢東垣等輯纂，（清）錢侗補遺：《崇文總目》（輯釋五卷附錄一卷），上海古籍出版社，1995 年。

25. （宋）王應麟：《困學紀聞》，商務印書館，1959 年。

26. （宋）朱熹：《楚辭集注》，上海古籍出版社，1979 年。

27. （宋）朱熹：《四書章句集注》，中華書局，1983 年。

28. （明）高儒撰：《百川書志》，續修四庫全書本，上海古籍出版社，1995 年。

29. （清）崔述：《崔東壁遺書》，上海古籍出版社，1983 年。

30. （清）顧炎武著，黃汝成集釋，《日知錄集釋》，上海古籍出版社，1985 年。

31. （清）郭慶藩：《莊子集釋》，中華書局，2004 年。

32.（清）郝懿行：《爾雅義疏》，上海古籍出版社，1983 年。

33.（清）郝懿行：《山海經箋疏》，上海古籍出版社，1989 年。

34.（清）胡玉縉撰：《四庫全書總目提要補正》，中華書局，1964 年。

35.（清）馬驌：《繹史》，中華書局，2002 年。

36.（清）皮錫瑞：《經學通論》，中華書局，1954 年。

37.（清）皮錫瑞：《今文尚書考證》，中華書局，1989 年。

38.（清）皮錫瑞：《經學歷史》，中華書局，2004 年。

39.（清）沈德潛：《古詩源》，中華書局 1977 年。

40.（清）錢曾撰：《述古堂藏書目》，叢書集成初編，上海：商務印書館，民國 24 年（1935）。

41.（清）錢大昕：《潛研堂集》，上海古籍出版社，1989 年。

42.（清）錢大昕：《十駕齋養新錄》，江蘇古籍出版社，2000 年。

43.（清）孫星衍：《尚書今古文注疏》，中華書局，1986 年。

44.（清）孫希旦：《禮記集解》，中華書局，1989 年。

45.（清）孫詒讓：《周禮正義》，中華書局，1987 年。

46.（清）孫詒讓：《墨子閒詁》，中華書局，2001 年。

47.（清）王先謙：《後漢書集解》，商務印書館，1959 年。

48.（清）王先謙：《詩三家義集疏》，中華書局，1987 年。

49.（清）王先謙：《荀子集解》，中華書局，1988 年。

50.（清）王夫之：《莊子解》，北京：中華書局，1964 年。

51.（清）王聘珍：《大戴禮記解詁》，中華書局，1983 年。

52.〔清〕王念孫：《廣雅疏證》，中華書局，1983 年。

53.〔清〕王念孫：《讀書雜志》，中華書局，1991 年

54.（清）王引之：《經傳釋詞》，嶽麓書社，1984 年。

55.〔清〕王引之：《經義述聞》，江蘇古籍出版社，1985 年。

56.（清）王先慎：《韓非子集解》，中華書局，1998 年。

57.（清）姚振宗：《隋書經籍志考證》，二十五史刊行委員會編《二十五史補編》（四），中華書局，1955 年。

58.（清）嚴可鈞：《全上古三代秦漢三國六朝文》，中華書局，1958 年。

59.（清）永瑢等編撰：《四庫全書總目》，中華書局影印本，1965 年。

60. （清）章宗源：《隋書經籍志考證》，二十五史刊行委員會編《二十五史補編》（四），中華書局，1955 年。

61. （清）章學誠著、葉瑛校注：《文史通義校注》，中華書局，1985 年。

62. （清）朱謙之：《老子校釋》，中華書局，1963 年。

63. （清）朱彬：《禮記訓纂》，中華書局，1996 年。

64. 安徽省考古學會楚文化研究小組編：《楚史參考數據》，安徽省考古學會印。

65. 〔日〕白川靜著、彭林譯：《西周史略》，三秦出版社，1992 年。

66. 陳夢家：《殷虛卜辭綜述》，科學出版社，1958 年。

67. 陳奇猷：《韓非子集釋》，中華書局上海編輯所，1958 年。

68. 陳奇猷：《韓非子集釋補》，中華書局上海編輯所，1961 年。

69. 陳國慶：《〈漢書·藝文志〉注釋彙編》，中華書局，1983 年。

70. 陳鼓應：《老子注譯及評介》，中華書局，1984 年。

71. 陳鼓應主編：《道家文化研究》第三輯，上海古籍出版社，1993 年。

72. 陳鼓應主編：《道家文化研究》第六輯，上海古籍出版社，1995 年。

73. 陳鼓應：《易傳與道家思想》，上海三聯書店，1996 年。

74. 陳鼓應主編：《道家文化研究》第十七輯（郭店楚簡專號），三聯書店，1999 年。

75. 陳鼓應主編：《道家文化研究》第十八輯，三聯書店，2000 年。

76. 陳鼓應：《老子今注今譯》，商務印書館，2007 年。

77. 陳鼓應：《莊子今注今譯》，商務印書館，2007 年。

78. 陳立：《白虎通義證》，中華書局，1994 年。

79. 陳來：《古代宗教與倫理——儒家思想的根源》，三聯書店，1996 年。

80. 陳來：《古代思想文化的世界》，三聯書店，2002 年。

81. 陳偉：《包山楚簡初探》，武漢大學出版社，1996 年。

82. 陳偉：《郭店竹書別釋》，湖北教育出版社，2002 年。

83. 陳偉：《郭店竹書別釋》，湖北教育出版社，2003 年。

84. 陳偉：《楚地出土戰國簡冊》（十四種），經濟科學出版社，2009 年。

85. 陳劍：《甲骨金文考釋論集》，線裝書局，2007 年。

86. 程樹德：《論語集釋》，中華書局，1990 年。

87. 〔日〕池田知久：《馬王堆漢墓帛書五行研究》，中國社會科學出版社，2005 年。

88. 〔日〕池田知久著，曹峰譯：《簡帛研究論集》，中華書局，2006 年。

89. 丁原植：《郭店楚簡儒家佚籍四種釋析》，臺北：臺灣古籍出版有限公司，2000 年。

90. 丁原植：《楚簡儒家性情說研究》，臺北萬卷書樓，2002 年。

91. 丁四新：《郭店楚墓竹簡思想研究》，東方出版社，2000 年。

92. 丁鼎：《〈儀禮·喪服〉考論》，社會科學文獻出版社，2003 年。

93. 范文瀾：《文心雕龍譯注》，人民文學出版社，1958 年。

94. 方詩銘等輯證：《竹書紀年》，上海古籍出版社，1981 年。

95. 馮友蘭：《中國哲學史新編》，人民出版社，2004 年。

96. 方向東：《〈大戴禮記〉匯校集解》，中華書局，2008 年。

97. 高亨：《重訂老子正詁》，中華書局，1959 年。

98. 高明：《帛書老子校注》，中華書局，2002 年。

99. 高華平：《〈論語集解〉校釋》，遼海出版社，2007 年。

100. 葛兆光：《中國思想史》，復旦大學出版社，2001 年。

101. 顧頡剛主編：《古史辨》，上海古籍出版社，1981～1982 年。

102. 顧頡剛：《顧頡剛古史論文集》（1－2 冊），中華書局，1988 年。

103. 顧頡剛：《古史辨自序》，河北教育出版社，2000 年。

104. 郭沫若、聞一多、許維遹：《管子集校》，科學出版社，1956 年。

105. 郭沫若：《郭沫若全集·歷史編》（第一卷），人民出版社，1982 年。

106. 郭沫若：《郭沫若全集·考古編》，科學出版社，1982 年。

107. 郭沫若：《兩周金文辭大系圖錄考釋》（上、下），上海書店出版社，1999 年。

108. 《郭店楚簡研究》（《中國哲學》20 輯），遼寧教育出版社，1999 年。

109. 《郭店簡與儒學研究》（《中國哲學》21 輯），遼寧教育出版社，2000 年。

110. 郭店楚簡國際學術研討會：《郭店楚簡國際學術研討會論文集》，湖北人民出版社，2000 年。

111. 郭沂：《郭店竹簡與先秦學術思想》，上海教育出版社，2001 年。

112. 郭齊勇：《儒學與儒學史新論》，臺灣學生書局，2002 年。

113. 韓非子校注組，周勳初修訂：《韓非子校注》，鳳凰出版社，2009 年。

114. 何成軒：《儒學南傳史》，北京大學出版社，2000 年。

115. 侯外廬：《中國思想通史》，人民出版社，1957 年。

116. 胡厚宣、胡振宇：《殷商史》，上海人民出版社，2003 年。

117. 黃懷信、張懋鎔、田旭東撰，李學勤審定：《逸周書匯校集注》，上海古籍出版社，1995 年。

118. 黃懷信：《大戴禮記匯校集注》，三秦出版社，2005 年。

119. 黃懷信：《上海博物館藏戰國楚竹書〈詩論〉解義》，社會科學文獻出版社，2004 年。

120. 黃德寬：《古文字譜系疏證》，商務印書館，2007 年。

121. 黃德寬、何琳儀、徐在國：《新出楚簡文字考》，安徽大學出版社，2007 年。

122. 姜亮夫：《屈原賦校注》，人民文學出版社，1957 年。

123. 姜光輝主編：《中國哲學》第二十輯（郭店楚簡研究專號），遼寧教育出版社，2000 年。

124. 姜廣輝：《中國經學思想史》（第一、二卷），中國社會科學出版社，2003 年。

125. 〔美〕江文思、〔美〕安樂哲著、梁溪譯：《孟子心性之學》，社會科學文獻出版社，2005 年。

126. 蔣禮鴻：《商君書錐指》，中華書局，1986 年。

127. 金開誠等：《屈原集校注》，中華書局，1996 年。

128. 金春峰：《〈周易〉經傳梳理與郭店楚簡思想研究》，臺北臺灣古籍，2003 年。

129. 《孔子家語》，四部叢刊本。

130. 《孔叢子》，四部叢刊本。

131. 黎翔鳳：《管子校注》，中華書局，2004 年。

132. 李學勤：《周易經傳溯源》，（臺灣）麗文文化公司，1995 年。

133. 李學勤：《古文獻論叢》，上海遠東出版社，1996 年。

134. 李學勤：《走出疑古時代》，遼寧大學出版社，1997 年。

135. 李學勤，謝桂華主編：《簡帛研究二〇〇二——二〇〇三》，廣西教育出版社，2001 年。

136. 李學勤：《簡帛佚籍與學術史》，江西教育出版社，2001 年。

137. 李學勤：《重寫學術史》，河北教育出版社，2002 年。

138. 李學勤：《中國古代文明研究》，華東師範大學出版社，2005 年。

139. 李零：《李零自選集》，廣西師範大學出版社，1998 年。

140. 李零：《中國方術考》及《續考》，東方出版社，2001 年。

141. 李零：《上博楚簡三篇校讀記》，臺北萬卷書樓，2002 年。

142. 李零：《郭店楚簡校讀記》（增訂本），北京大學出版社，2002 年。

143. 李零：《簡帛古書與學術源流》，三聯書店，2004 年。

144. 李景明：《中國儒學史》（秦漢卷），廣東教育出版社，1998 年。

145. 李天虹：《郭店竹簡〈性自命出〉研究》，湖北教育出版社，2003 年。

146. 李均明：《古代簡牘》，文物出版社，2003 年。

147. 廖名春：《帛書易傳初探》，臺北：文史哲出版社，1998 年。

148. 廖名春：《新出楚簡試論》，臺北：臺灣古籍出版社，2001 年。

149. 廖名春：《周易經傳與易學史新論》，齊魯書社，2001 年。

150. 廖名春：《郭店楚簡老子校釋》，清華大學出版社，2003 年。

151. 廖名春：《出土簡帛叢考》，湖北教育出版社，2004 年。

152. 廖名春：《周易經傳十五講》，北京大學出版社，2004 年。

153. 林庚：《詩人屈原及其作品研究》，上海古籍，1981 年。

154. 林劍鳴：《秦漢史》，上海人民出版社，2003 年。

155. 劉文典：《淮南鴻烈集解》，中華書局，1989 年。

156. 劉起釪：《古史續辨》，中國社會科學出版社，1991 年。

157. 劉澤華主編：《中國古代政治思想史》南開大學出版社，1992 年。

158. 劉周堂：《前期儒家文化研究》，廣西師範大學出版社，1998 年。

159. 劉信芳：《簡帛五行解詁》，臺北藝文印書館，2000 年。

160. 劉信芳：《上海博物館藏戰國楚簡孔子詩論述學》，安徽大學出版社，2003 年。

161. 劉國忠：《古代帛書》，文物出版社，2004 年。

162. 劉釗：《郭店楚簡校釋》，福建人民出版社，2005 年。

163. 呂思勉：《先秦學術概論》，上海書店出版社，1992 年。

164. 呂思勉：《先秦史》，上海古籍出版社，2005 年。

165. 蒙文通：《經學抉原》，上海人民出版社，2006 年。

166. 歐陽禎人：《郭店儒簡論略》，臺北：臺灣古籍出版有限公司，2003 年。

167. 龐樸：《帛書五行篇研究》，齊魯書社，1988 年。

168. 龐樸：《古墓新知》，臺北：臺灣古籍出版有限公司，2002 年。

169. 龐樸等：《郭店儒簡與早期儒學》，臺北：臺灣古籍出版有限公司，2002 年。

170. 彭林、黃偉民主編：《中國思想史參考資料集》（先秦至魏晉南北朝卷），清華大學出版社，2005 年。

171. 駢宇騫、段書安編著：《二十世紀出土簡帛綜述》，文物出版社，2006 年。

172. 錢穆：《先秦諸子繫年考辨》，上海書店，1992 年。

173. 錢穆：《中國學術思想史論叢》（1～2 卷），安徽教育出版社，2004 年。

174. 錢穆：《先秦諸子繫年》，商務印書館，2005 年。

175. 裘錫圭：《中國出土文獻十講》，復旦大學出版社，2004 年。

176. 饒宗頤、曾憲通：《楚帛書》，中華書局香港分局，1985 年。

177. 饒宗頤、曾憲通：《楚地出土文獻三種研究》，中華書局，1993 年。

178. 任繼愈：《中國哲學發展史》，人民出版社，1983 年。

179. 商承祚：《甲骨文字研究》，天津古籍出版社，2008 年。

180. 上海大學古代文明研究中心、清華大學思想文化研究所：《上博館藏戰國楚竹書研究》，上海書店出版社，2002 年。

181. 上海大學古代文明研究中心、清華大學思想文化研究所：《上海館藏戰國楚竹書研究》（續編），上海書店出版社，2004 年。

182. 沈文倬：《宗周禮樂文明考論》，杭州大學出版社，1999 年。

183. 沈頌金：《二十世紀簡帛學研究》，學苑出版社，2003 年。

184. 史樹青：《長沙仰天湖出土戰國楚簡研究》，群聯出版社，1955 年。

185. 宋鎮豪：《夏商社會生活史》，中國社會科學出版社，1994 年。

186. 蘇輿：《春秋繁露義證》，中華書局，1992 年。

187. 孫作雲：《詩經與周代社會研究》，中華書局，1979 年。

188. 孫啟治：《古佚書輯本目錄》，中華書局，1997 年。

189. 孫以楷：《道家與中國哲學》（先秦卷），人民出版社，2004 年。

190. 譚戒甫：《公孫龍子形名發微》，中華書局，1963 年。

191. 譚戒甫：《墨辯發微》，中華書局，1964 年。

192. 譚戒甫：《公孫龍子形名發微》，中華書局，1987 年。

193. 湯炳正：《屈賦新探》，齊魯書社，1984 年。

194. 唐蘭：《西周青銅器銘文分代史徵》，中華書局，1986 年。

195. 童書業：《春秋史》，上海古籍出版社，2003 年。

196. 童書業：《春秋左傳研究》，中華書局，2006 年。

197. 涂宗流、劉祖信：《郭店楚簡先秦儒簡佚書校釋》，臺北萬卷書樓，2001 年。

198. 汪繼培：《潛夫論箋》，中華書局，1979 年。

199. 王國維：《觀堂集林》，中華書局，1950 年。

200. 王利器：《鹽鐵論校注》，古典文學出版社，1958 年。

201. 王利器：《新語校注》，中華書局，1986 年。

202. 王利器：《文子疏義》，中華書局，2000 年。

203. 王蘧常：《諸子學派要詮》，中華書局，1987 年。

204. 王小盾：《詩六義原始》，揚州大學中國文化研究所集刊第 1 輯，江蘇古籍出版社，1998 年。

205. 王博：《簡帛思想文獻論集》，臺北：臺灣古籍出版有限公司，2001 年。

206. 王鍔：《〈禮記〉成書考》，中華書局，2007 年。

207. 魏啟鵬：《德行校釋》，巴蜀書社，1991 年。

208. 魏啟鵬：《簡帛〈五行〉箋釋》，臺北萬卷書樓，2000 年。

209. 聞一多：《周易與莊子研究》，巴蜀書社，2003 年。

210. 吳則虞：《晏子春秋集釋》，中華書局，1962 年。

211. 吳龍輝：《原始儒家考述》，中國社會科學出版社，1996 年。

212. 吳辛丑：《簡帛典籍異文研究》，中山大學出版社，2002 年。

213. 蕭兵：《楚辭新探》，天津古籍出版社，1988 年。

214. 蕭公權：《中國政治思想史》，遼寧教育出版社，2001 年。

215. 邢文：《帛書周易研究》，人民出版社，1997 年。

216. 熊鐵基，馬良懷，劉韶軍：《中國老學史》，福建人民出版社，1995 年。

217. 熊良智：《楚辭文化研究》，巴蜀書社，2002 年。

218. 徐復觀：《中國人性論史》（先秦篇），上海三聯書店，2001 年。

219. 徐復觀：《中國思想史論集》，上海書店，2004 年。

220. 徐復觀：《中國思想史論集續編》，上海書店，2004 年。

221. 徐復觀：《論經學史二種》，上海書店出版社，2006 年。

222. 徐元誥：《國語集解》，中華書局，2002 年。

223. 徐旭生：《中國古史的傳說時代》，廣西師範大學出版社，2003 年。

224. 許維遹：《呂氏春秋集釋》，中國書店，1985 年。

225. 許倬雲：《西周史》，增訂本，北京三聯書店，1994 年。

226. 閻步克：《士大夫政治演生史稿》北京大學出版社，1996 年。

227. 楊樹達：《漢書管窺》，科學出版社，1955 年。

228. 楊樹達：《詞詮》，中華書局，1982 年。

229. 楊樹達：《積微居金文說》，中華書局，1997 年。

230. 楊向奎：《中國古代社會與古代思想研究》，上海人民出版社，1962 年。

231. 楊向奎：《宗周社會與禮樂文明》（修訂本），人民出版社，1997 年。

232. 楊伯峻：《列子集釋》，中華書局，1979 年。

233. 楊伯峻：《春秋左傳注》，中華書局，1981 年版，第 1656 頁。

234. 楊天宇：《禮記譯注》，上海古籍出版社，1997 年。

235. 楊朝明：《儒家文獻與早期儒學研究》，齊魯書社，2002 年。

236. 楊寬：《戰國史》：上海人民出版社，2003 年。

237. 楊寬：《西周史》，上海人民出版社，2003 年。

238. 姚小鷗：《出土文獻與中國文學研究》，北京廣播學院出版社，2000 年。

239. 尹振環：《楚簡老子辯析》，中華書局，2001 年。

240. 余嘉錫：《四庫提要辨正》，中華書局，1980 年。

241. 俞志慧：《君子儒與詩教》，三聯書店，2005 年。

242. 袁珂：《中國神話傳說》，人民文學出版社，1998 年。

243. 袁珂：《中國古代神話》，華夏出版社，2006 年。

244. 張光直、李光周、李卉、張充和：《商周青銅器與銘文的綜合研究》，《中央研究院史語所叢刊》，1973 年。

245. 張光直：《中國青銅時代》，三聯書店，1983 年。

246. 張光直：《中國青銅時代》二集，三聯書店，1990 年。

247. 張正明：《楚史》，湖北教育出版社，1995 年。

248. 張政烺：《張政烺文史論集》，中華書局，2004 年。

249. 張顯成：《簡帛文獻學通論》，中華書局，2004 年。

250. 趙吉惠：《中國儒學史》，中州古籍出版社，1987 年。

251. 趙輝：《楚辭文化背景研究》，湖北教育出版社，1995 年。

252. 趙逵夫：《屈原與他的時代》，人民文學出版社，1996 年。

253. 趙超：《簡牘帛書的發現與研究》，福建人民出版社，2005 年。

254. 中國社會科學研究院簡帛研究中心：《簡帛研究譯叢》第一輯，湖南出版社，1996 年。

255. 鄒衡：《夏商周考古學論文集》，文物出版社，1980 年。

256. 朱淵清主編：《上博藏館戰國楚竹書研究》，上海書店出版社，2002 年。

三、網站、期刊等論文

1. 曹峰：《〈凡物流形〉中的「左右之情」》，簡帛研究網 2009 年 1 月 4 日，又，清華大學簡帛研究網 2009 年 1 月 5 號。

2. 曹峰：《〈凡物流形〉中的「少徹」和「少成」——「心不勝心」章疏證》，簡帛研究網 2009 年 1 月 9 日，又，清華大學簡帛研究網 2009 年 1 月 10 號。

3. 曹峰：《從〈老子〉「不見而名」說〈凡物流形〉的一處編聯》，簡帛研究網 2009 年 3 月 9 日。

4. 曹峰：《從〈逸周書·周祝解〉看〈凡物流形〉的思想結構》，簡帛研究網 2009 年 3 月 9 日。

5. 曹峰：《釋〈凡物流形〉中的「箸不與事」》，簡帛研究網 2009 年 5 月 19 日。

6. 曹峰：《上博楚簡〈凡物流形〉「四成結」試解》，簡帛研究網 2009 年 8 月 21 日。

7. 曹峰：《凡物流形中的「左右之情」》，簡帛研究網，2009 年 1 月 4 日。

8. 曹峰：《上博楚簡《凡物流形》的文本結構與思想特徵》，《清華大學學報》2010 年第 1 期。

9. 曹錦炎：《楚竹書章〈問日〉與〈列子·湯問〉「小兒辯日」故事》，《古文字研究》第二十七輯，中華書局 2008 年。

10. 草野友子：《關於上博楚簡〈武王踐阼〉中誤寫的可能性》，復旦網，2009 年 9 月 22 日。

11. 陳冬冬：《再論〈凡物流形〉篇中用作「俯」之字》，武大簡帛網 2010 年 12 月 17 日。

12. 陳惠玲：《《凡物流形》簡 3「左右之情」考》，復旦大學出土文獻與古文字研究中心網 2009 年 4 月 22 日。

13. 陳惠玲：《《《凡物流形〉簡 3「左右之請」考〉補釋》，復旦大學出土文獻與古文字研究中心網 2009 年 4 月 22 日。

14. 陳劍：《釋上博竹書昭王毀室的「幸」字》，簡帛網 2005 年 5 月。又見：《甲骨金文考釋論集》，線裝書局 2007 年。

15. 陳劍：《上博竹書〈曹沫之陣〉新編釋文》（稿），簡帛研究網 2005 年 2 月 1 日。

16. 陳劍：《簡帛竹書拼綴經驗談》，復旦大學出土文獻與古文字研究中心網 2010 年 6 月 30 日。

17. 陳峻志：《《凡物流形》之「天咸」即「咸池」考》，簡帛網，2009 年 3 月 11 日。

18. 陳斯鵬：《上海博物館藏楚簡〈曹沫之陣〉釋文校理》，簡帛研究網，2005 年 2 月 20 日。

19. 陳偉：《〈武王踐阼〉小札》，武漢大學簡帛網 2009 年 1 月 4 日。

20. 陳偉：《讀〈武王踐阼〉小札》，武漢大學簡帛網 2008 年 12 月 31 日。

21. 陳偉：《〈鄭子家喪〉初讀》，武漢大學簡帛網 2008 年 12 月 31 日。

22. 陳偉：《〈鄭子家喪〉通釋》，武漢大學簡帛網 2009 年 1 月 1 日。

23. 陳偉：《〈君人者何必安哉〉初讀》，武漢大學簡帛網 2008 年 12 月 31 日。

24. 陳偉：《讀〈凡物流形〉小札》，武漢大學簡帛網 2009 年 1 月 2 日。

25. 陳偉：《〈君人者何必安哉〉再讀》，簡帛網，2009 年 2 月 6 日。

26. 陳偉：《上博七〈凡物流形〉「五度」句試說》，簡帛網，2009 年 6 月 17 日。

27. 陳偉：《讀〈吳命〉小札》，武漢大學簡帛網 2009 年 1 月 2 日。

28. 陳偉：《〈君人者何必安哉〉再讀》，簡帛網 2009 年 2 月 6 日。

29. 陳偉：《〈凡物流形〉「人中」試說》，武漢大學簡帛網 2011 年 4 月 17 日。

30. 陳偉：《上博七楚竹書「裧綺」試說》，武大簡帛網，2009 年 4 月 23 日。

31. 陳志向：《〈上博（七）‧武王踐阼〉韻讀》，復旦大學出土文獻與古文字研究中心網 2009 年 1 月 8 日。

32. 陳志向：《〈凡物流形〉韻讀》，復旦大學出土文獻與古文字研究中心網 2009 年 1 月 10 日。

33. 程燕：《上博七讀後記》，復旦大學出土文獻與古文字研究中心網 2008 年 12 月 31 日。

34. 程燕：《〈武王踐阼〉「考釋二則」》，復旦大學出土文獻與古文字研究中心網 2009 年 1 月 3 日。

35. 程燕：《〈武王踐阼〉「戶機」考》，復旦大學出土文獻與古文字研究中心網 2009 年 1 月 6 日。

36. 叢劍軒：《也說〈凡物流形〉的「敬天之明」》，簡帛網 2009 年 1 月 17 日。

37. 大丙（網名）：《〈吳命〉篇「暑日」補說》，復旦大學出土文獻與古文字研究中心網 2009 年 1 月 5 日。

38. 董珊：《讀〈上博七〉雜記（一）》，復旦大學出土文獻與古文字研究中心網 2008 年 12 月 31 日。

39. 復旦大學出土文獻與古文字研究中心研究生讀書會：《〈上博七‧武王踐阼〉校讀》，復旦大學出土文獻與古文字研究中心網 2008 年 12 月 30 日。

40. 復旦大學出土文獻與古文字研究中心研究生讀書會：《〈凡物流形〉重編釋文》，復旦大學出土文獻與古文字研究中心網 2008 年 12 月 31 日。

41. 復旦大學出土文獻與古文字研究中心研究生讀書會：《〈上博七·君人者何必安哉〉校讀》，復旦大學出土文獻與古文字研究中心網 2008 年 12 月 31 日。

42. 復旦大學出土文獻與古文字研究中心研究生讀書會：《〈上博七·鄭子家喪〉校讀》，復旦大學出土文獻與古文字研究中心網 2008 年 12 月 31 日。

43. 復旦大學出土文獻與古文字研究中心研究生讀書會：《〈上博七·吳命〉校讀》，復旦大學出土文獻與古文字研究中心網，2008 年 12 月 30 日。

44. 凡國棟：《〈上博七·鄭子家喪〉校讀札記兩則》，武大簡帛網 2008 年 12 月 31 日。

45. 凡國棟：《釋〈鄭子家喪〉的「滅覆」》，武大簡帛網 2008 年 12 月 31 日。

46. 凡國棟：《上博七〈凡物流形〉簡 4「九囿出牧」試說》，簡帛網 2009 年 1 月 2 日。

47. 凡國棟：《〈上博七·君人者何必安哉〉簡 4「州徒之樂」小識》，簡帛網 2009 年 1 月 3 日。

48. 凡國棟：《也說〈凡物流形〉「月之有軍（暈）」》，簡帛網 2009 年 1 月 3 日。

49. 凡國棟：《上博七〈凡物流形〉箚記一則》，簡帛網 2009 年 1 月 4 日。

50. 凡國棟：《上博七〈凡物流形〉簡 25「天弋」試解》，簡帛網 2009 年 1 月 5 日。

51. 凡國棟：《上博七〈凡物流形〉2 號簡小識》，簡帛網 2009 年 1 月 7 日。

52. 凡國棟：《上博校讀七札記》，簡帛網 2009 年 1 月 8 日。

53. 凡國棟：《上博七〈凡物流形〉甲 7 號簡從「付」之字小識》，簡帛網 2009 年 4 月 10 日。

54. 范常喜：《上博七〈凡物流形〉短札一則》，簡帛網 2009 年 1 月 3 日。

55. 范常喜：《上博七〈凡物流形〉「令」字小議》，簡帛網 2009 年 1 月 4 日。

56. 范常喜：《上博七〈吳命〉殘字補議》，簡帛網 2009 年 1 月 6 日。

57. 范常喜：《周易夬卦「喪」字補說》，簡帛網 2009 年 3 月 14 日。

58. 范常喜：《對楚簡「喪」字的一點補說》，簡帛網 2009 年 3 月 16 日。

59. 范常喜：《〈上博七·吳命〉「殃」補議》，簡帛網，2009 年 1 月 6 日。

60. 高祐仁：《釋〈吳命〉簡 3「天不中」》，簡帛網 2009 年 1 月 1 日。

61. 高祐仁：《釋〈武王踐阼〉簡的「其道可得而聞乎」》，簡帛網 2009 年 1 月 13 日。

62. 高祐仁：《也談〈武王踐阼〉簡 1 之「微喪」》，簡帛網 2009 年 1 月 13 日。

63. 高祐仁：《釋〈鄭子家喪〉的「滅嚴」》，復旦網，2009 年 1 月 14 日。

64. 高祐仁：《也談〈君人者何必安哉〉的「望」字》，簡帛網 2009 年 1 月 15 日。

65. 高祐仁：《釋〈凡物流形〉簡 8 之「通天之明奚得」》，簡帛網 2009 年 1 月 16 日。

66. 高祐仁：《〈曹沫之陣〉「君必不已則由其本乎」釋讀》，簡帛研究網，2005 年 9 月 4 日（2005）。

67. 葛亮：《〈上博七·鄭子家喪〉補說》，復旦大學出土文獻與古文字研究中心網 2009 年 1 月 5 日。

68. 顧莉丹：《〈上博七·君人者何必安哉〉之「侯子」》，復旦大學出土文獻與古文字研究中心網 2009 年 1 月 7 日。

69. 顧史考：《上博七〈凡物流形〉簡序及韻讀小補》，簡帛網 2009 年 2 月 3 日。

70. 顧史考：《上博七〈凡物流形〉上半篇試探》，復旦大學出土文獻與古文字研究中心網 2009 年 1 月 14 日（2009A）。

71. 顧史考：《上博七〈凡物流形〉上半篇試解》，復旦大學出土文獻與古文字研究中心網 2009 年 1 月 14 日（2009B）。

72. 郭永秉：《由〈凡物流形〉「鷹」字寫法推測與郭店〈老子〉甲組「朘」相當之字應為「鷹」字變體》，復旦大學出土文獻與古文字研究中心網 2008 年 12 月 31 日。

73. 何有祖：《〈凡物流形〉札記》，武大簡帛網 2008 年 12 月 31 日。

74. 何有祖：《釋「當楣」》，簡帛網 2008 年 12 月 31 日。

75. 何有祖：《上博七〈鄭子家喪〉札記》，武大簡帛網 2008 年 12 月 31 日。

76. 何有祖：《上博七〈君人者何必安哉〉校讀》，武大簡帛網 2008 年 12 月 31 日。

77. 何有祖：《〈凡物流形〉補釋一則》，簡帛網 2009 年 1 月 5 日。

78. 何有祖：《〈吳命〉小札》，武大簡帛網 2009 年 1 月 2 日。

79. 何有祖：《上博七〈武王踐阼〉「盥」補釋》，簡帛網 2009 年 1 月 2 日。

80. 何有祖：《〈武王踐阼〉小札》，武大簡帛網 2009 年 1 月 4 日。

81. 何有祖.《〈凡物流形〉札記》，武大簡帛網 2008 年 12 月 31 日（2008）。

82. 何家興：《說「乾」及其相關諸字》，復旦大學出土文獻與古文字研究中心網 2009 年 1 月 4 日。

83. 郝士宏：《讀〈武王踐阼〉小記一則》，復旦大學出土文獻與古文字研究中心網 2009 年 1 月 2 日。

84. 郝士宏：《讀〈鄭子家喪〉小記》，復旦大學出土文獻與古文字研究中心網 2009 年 1 月 3 日。

85. 郝士宏：《再讀〈武王踐阼〉小記二則》，復旦大學出土文獻與古文字研究中心網 2009 年 1 月 6 日。

86. 侯乃峰：《〈上博七·武王踐阼〉小札三則》，復旦大學出土文獻與古文字研究中心網 2009 年 1 月 3 日。

87. 侯乃峰：《〈上博七·吳命〉「姑娌」小考》，復旦大學出土文獻與古文字研究中心網 2009 年 1 月 5 日。

88. 侯乃峰：《〈上博七·鄭子家喪〉「天後（厚）楚邦」小考》，復旦大學出土文獻與古文字研究中心網 2009 年 1 月 6 日。

89. 侯乃峰：《上博（七）字詞雜記六則》，復旦大學出土文獻與古文字研究中心網 2009 年 1 月 16 日。

90. 黃錫全：《讀上博戰國楚竹書（三）札記六則》，簡帛研究網 2004 年 4 月 29 日。

91. 黃人二：《上博七〈君人者何必安哉〉試釋》，武大簡帛網，2009 年 1 月 6 日；又見：《故宮博物院院刊》2009 年第 6 期。

92. 胡長春：《釋〈上博七·武王踐阼〉簡 6 之「作」字》，復旦大學出土文獻與古文字研究中心網 2009 年 1 月 5 日。

93. 湖南省文物考古研究所等：《湖南慈利縣石板村 36 號戰國墓發掘簡報》，《文物》1990 年第 10 期。

94. 季旭昇：《上博七芻議》，復旦大學出土文獻與古文字研究中心網 2009 年 1 月 1 日。

95. 季旭昇：《上博七芻議二：凡物流形》，簡帛網 2009 年 1 月 2 日。

96. 季旭昇：《上博七芻議三：凡物流形》，復旦大學出土文獻與古文字研究中心網 2009 年 1 月 3 日。

97. 苦行僧：復旦大學出土文獻與古文字研究中心研究生讀書會《〈上博七‧君人者何必安哉〉校讀》一文後所附苦行僧（網名）2009 年 1 月 1 日的發言。復旦網，2008 年 12 月 31 日。

98. 來國龍：《〈凡物流形〉新研》(稿)，武漢大學簡帛網 2010 年 6 月 7 日。

99. 李天虹：《〈鄭子家喪〉補釋》，武大簡帛網，2009 年 1 月 12 日。

100. 李天虹：《〈君人者何必安哉〉補說》，武大簡帛網，2009 年 1 月 21 日。

101. 李銳：《〈武王踐祚〉研讀》，簡帛研究網，2009 年 1 月 2 日。

102. 李銳：《〈凡物流形〉釋讀札記》，「孔子 2000」網、清華大學簡帛研究網 2008 年 12 月 31 日；又：《〈凡物流形〉釋讀》，簡帛研究網 2009 年 1 月 2 日。

103. 李銳：《〈凡物流形〉釋文新編》，簡帛研究網 2008 年 12 月 31 日；又：《〈凡物流形〉釋文新編（稿）》，「孔子 2000」網、清華大學簡帛研究網 2009 年 1 月 2 日。

104. 李銳：《〈凡物流形〉釋讀札記續》，清華大學簡帛研究網 2009 年 1 月 1 日；又：《〈凡物流形〉釋讀（續）》，簡帛研究網 2009 年 1 月 2 日。

105. 李銳：《〈凡物流形〉釋讀札記再續（重訂版）》，清華大學簡帛研究網 2009 年 1 月 3 日；又：簡帛研究網 2009 年 1 月 3 日。

106. 李銳：《〈凡物流形〉釋讀札記》（三續），「孔子 2000」網、清華大學簡帛研究網，2009 年 1 月 8 日。

107. 李銳：《〈凡物流形〉釋讀札記》（三則），清華大學簡帛研究網 2009 年 1 月 8 日；又：簡帛研究網 2009 年 1 月 8 日。

108. 李銳：《〈凡物流形〉甲乙本簡序再論》，「孔子 2000」網、清華大學簡帛研究網 2009 年 1 月 9 日；又：簡帛研究網 2009 年 1 月 10 日。

109. 李銳：《讀〈吳命〉札記》，清華大學簡帛研究網 2009 年 1 月 11 日。

110. 李銳：《〈曹劌之陣〉重編釋文》，簡帛研究網，2005 年 4 月 3 日（2005）。

111. 李松儒：《上博竹書〈武王踐阼〉的抄寫特徵及文本構成》，復旦大學出土文獻與古文字研究中心網 2009 年 5 月 18 日。

112. 李松儒：《〈鄭子家喪〉甲乙本字跡研究》，復旦網，2009 年 6 月 2 日。

113. 李松儒：《〈凡物流形〉甲乙本字跡研究》，復旦網，2009 年 1 月 8 日。

114. 李詠健：《〈上博七·鄭子家喪〉「毋敢排門而出」考》，武漢大學簡帛網 2011 年 4 月 15 日。

115. 李詠健：《〈上博七·吳命〉「明日」考》，武漢大學簡帛網 2011 年 4 月 15 日。

116. 李詠健：《〈上博七·鄭子家喪〉「以邦之變」考》，武漢大學簡帛網 2011 年 4 月 16 日。

117. 李詠健：《〈上博七·武王踐阼〉「寧溺於井」說》，武漢大學簡帛網 2011 年 4 月 17 日。

118. 廖名春：《上海博物館藏楚簡〈武王踐阼〉篇管窺》，《新出楚簡試論》（臺北：臺灣古籍出版公司，2001），第 263～264 頁。

119. 廖名春：《〈凡物流形〉校讀零札（一）》，「孔子 2000 網」、清華大學簡帛研究網 2008 年 12 月 31 日。

120. 廖名春：《〈凡物流形〉校讀零札（二）》，「孔子 2000 網」、清華大學簡帛研究網 2008 年 12 月 31 日。

121. 林文華：《〈上博竹書·武王踐阼〉「民之反偌（覆）」解》，簡帛網 2009 年 1 月 2 日。

122. 林文華：《〈君人者何必安哉〉「州徒之樂」考》，簡帛網 2009 年 1 月 18 日。

123. 林文華：《〈君人者何必安哉〉「言不敢罩身」考》，簡帛網，2009 年 1 月 20 日。

124. 林文華：《也說〈吳命〉「天不中」》，簡帛網 2009 年 1 月 3 日。

125. 林文華：《〈吳命〉「孜亡尔社禝」解》，武大簡帛網，2009 年 1 月 4 日。

126. 林文華：《〈吳命〉1、3 號簡文補說》，簡帛網 2009 年 1 月 8 日。

127. 凌宇：《楚竹書〈上博七・吳命〉相關問題二則》，《社會科學論壇》2010 年 20 期，第 56～61 頁。

128. 劉洪濤：《談上博竹書〈武王踐祚〉的器名「枳」》，簡帛網 2009 年 1 月 1 日。

129. 劉洪濤：《談上博竹書〈武王踐祚〉的機銘》，復旦大學出土文獻與古文字研究中心網 2009 年 1 月 3 日。

130. 劉洪濤：《〈民之父母〉、〈武王踐祚〉合編一卷說》，復旦大學出土文獻與古文字研究中心網 2009 年 1 月 5 日。

131. 劉洪濤：《用簡本校讀傳本〈武王踐祚〉》，復旦大學出土文獻與古文字研究中心網 2009 年 3 月 3 日。

132. 劉洪濤：《上博竹書〈武王踐祚〉所謂「　」應釋為「戶」》，復旦大學出土文獻與古文字研究中心網 2009 年 3 月 14 日。

133. 劉洪濤：《釋上博竹書〈武王踐祚〉的「齋」字》，復旦大學出土文獻與古文字研究中心網 2009 年 4 月 5 日。

134. 劉洪濤：《上博竹簡釋讀札記》，簡帛網，2010 年 11 月 1 日。

135. 劉剛：《讀簡雜記・上博七》，復旦大學出土文獻與古文字研究中心網 2009 年 1 月 5 日。

136. 劉信芳：《竹書〈武王踐祚〉「反昃」試說》，復旦大學出土文獻與古文字研究中心網 2009 年 1 月 1 日。

137. 劉信芳：《竹書〈君人者何必安哉〉試說（之一）》，復旦大學出土文獻與古文字研究中心網 2009 年 1 月 5 日。

138. 劉信芳：《竹書〈君人者何必安哉〉試說（之二）》，復旦大學出土文獻與古文字研究中心網 2009 年 1 月 6 日。

139. 劉信芳：《竹書〈君人者何必安哉〉試說（之三）》，復旦大學出土文獻與古文字研究中心網 2009 年 1 月 18 日。

140. 劉信芳：《〈凡物流形〉櫝祭及相關問題》，簡帛網，2009 年 1 月 13 日。

141. 劉信芳：《試說竹書〈凡物流形〉「附而尋之」》，復旦網，2010 年 2 月 3 日。

142. 劉信芳：《〈上博藏（七）〉試說（之三）》，復旦網，2009 年 1 月 18 日。

143. 劉秋瑞：《再論〈武王踐阼〉是兩個版本》，復旦大學出土文獻與古文字研究中心網 2009 年 1 月 8 日。

144. 劉雲：《說上博簡中的從「屯」之字》，復旦大學出土文獻與古文字研究中心網 2009 年 1 月 5 日。

145. 劉雲：《說上博七〈吳命〉中的先人之言》，復旦大學出土文獻與古文字研究中心網 2009 年 1 月 7 日。

146. 劉雲：《說上博七〈吳命〉中所謂的「走」字》，復旦大學出土文獻與古文字研究中心網 2009 年 1 月 16 日。

147. 劉雲：《說上博七〈吳命〉中的「引」字》，復旦大學出土文獻與古文字研究中心網 2009 年 2 月 25 日。

148. 劉雲：《說上博七〈凡物流形〉中的「巽」字》，復旦大學出土文獻與古文字研究中心網 2009 年 2 月 8 日。

149. 劉雲：《上博七詞義五札》，簡帛網，2009 年 3 月 17 日。

150. 魯家亮：《〈吳命〉札記二則》，簡帛網 2009 年 1 月 1 日。

151. 魯家亮：《也談上博七〈吳命〉的「祥」字》，簡帛網 2009 年 1 月 7 日。

152. 魯家亮：《〈上博七·吳命〉的「祥」字》，復旦網，2009 年 1 月 8 日。

153. 羅小華：《〈鄭子家喪〉、〈君人者何必安哉〉選釋三則》，簡帛網 2008 年 12 月 31 日。

154. 羅小華：《〈凡物流形〉甲本選釋五則》，簡帛網 2008 年 12 月 31 日。

155. 羅小華：《〈凡物流形〉所載天象》，簡帛網 2009 年 1 月 3 日。

156. 孟蓬生：《〈君人者何必安哉〉勝義》，復旦大學出土文獻與古文字研究中心網 2009 年 1 月 4 日。

157. 孟蓬生：《〈君人者何必安哉〉剩義掇拾》，復旦網，2009 年 1 月 4 日。

158. 孟蓬生：《說〈凡物流形〉之「祭員」》，復旦大學出土文獻與古文字研究中心網 2009 年 1 月 12 日。

159. 孟蓬生：《〈吳命〉一得》，復旦大學出土文獻與古文字研究中心網 2009 年 1 月 16 日。

160. 淺野裕一：《〈凡物流形〉的結構》，簡帛網 2009 年 1 月 23 日。

161. 淺野裕一：《〈凡物流形〉的結構新解》，簡帛網 2009 年 2 月 2 日。

162. 淺野裕一：《上博楚簡〈凡物流形〉之整體結構》，復旦大學出土文獻與古文字研究中心網 2009 年 6 月 9 日。

163. 秦樺林：《楚簡〈凡物流形〉札記兩則》，簡帛網 2009 年 1 月 4 日。

164. 秦樺林：《楚簡〈凡物流形〉中的「危」字》，簡帛網 2009 年 1 月 4 日。

165. 秦樺林：《〈凡物流形〉第二十一簡試解》，復旦大學出土文獻與古文字研究中心網 2009 年 1 月 9 日。

166. 秦樺林：《〈凡物流形〉第二十一簡試解》，復旦大學出土文獻與古文字研究中心網 2009 年 1 月 9 日。

167. 單育辰：《佔畢隨錄之七》，復旦大學出土文獻與古文字研究中心網 2009 年 1 月 1 日。

168. 單育辰：《佔畢隨錄之八》，復旦大學出土文獻與古文字研究中心網 2009 年 1 月 3 日。

169. 單育辰：《佔畢隨錄之九》，復旦大學出土文獻與古文字研究中心網 2009 年 1 月 19 日。

170. 單育辰：《上博七〈凡物流形〉、〈吳命〉札記》（修訂），中國簡帛學國際論壇 2009 提交論文首發；簡帛網，2009 年 5 月 29 日。

171. 沈培：《略說上博七新見的「一」字》，復旦大學出土文獻與古文字研究中心網 2008 年 12 月 31 日。

172. 沈培：《上博（七）殘字辨識兩則》，復旦大學出土文獻與古文字研究中心網 2009 年 1 月 2 日。

173. 沈培：《上博七字詞補說二則》，復旦大學出土文獻與古文字研究中心網 2009 年 1 月 3 日。

174. 沈之傑：《讀〈上博七·君人者何必安哉〉札記一則》，復旦大學出土文獻與古文字研究中心網 2008 年 1 月 2 日。

175. 沈之傑：《讀〈上博七·君人者何必安哉〉札記一則（補記）》，復旦大學出土文獻與古文字研究中心網 2008 年 1 月 2 日。

176. 史德新：《〈君人者何必安哉〉補說》，簡帛網，2009 年 6 月 7 日。

177. 蕭聖中：《上博七〈凡物流形〉補釋五則》，武漢大學簡帛網 2010 年 6 月 7 日。

178. 宋華強：《〈武王踐祚〉「微忽」試解》，武大簡帛網，2009 年 7 月 7 日。

179. 宋華強：《〈武王踐阼〉「祈」即從「祈」之字試解》，武大簡帛網，2009 年 6 月 27 日。

180. 宋華強：《〈鄭子家喪〉〈平王問鄭壽〉「就」字試解》，武大簡帛網，2009 年 7 月 21 日。

181. 宋華強：《〈鄭子家喪〉「滅光」試解》，武大簡帛網，2009 年 6 月 12 日。

182. 宋華強：《〈君人者何必安哉〉「州徒之樂」試解》，簡帛網，2009 年 6 月 16 日。

183. 宋華強：《上博簡〈問〉篇偶識》，武漢大學簡帛網 2008 年 10 月 17 日。

184. 宋華強：《上博七〈凡物流形〉札記四則》，武漢大學簡帛網 2009 年 1 月 2 日。

185. 宋華強：《上博七〈凡物流形〉散札》，武漢大學簡帛網 2009 年 1 月 6 日。

186. 宋華強：《〈凡物流形〉「五音在人」試解》，簡帛網 2009 年 6 月 15 日。

187. 宋華強：《〈凡物流形〉甲本 5～7 號簡文釋讀》，簡帛網 2009 年 6 月 17 日。

188. 宋華強：《〈凡物流形〉「遠之步天」試解》，簡帛網 2009 年 6 月 22 日。

189. 宋華強：《〈凡物流形〉「之知四海」新說》，簡帛網 2009 年 6 月 24 日。

190. 宋華強：《〈凡物流形〉「上干於天，下蟠於淵」試解》，簡帛網 2009 年 7 月 5 日。

191. 宋華強：《〈凡物流形〉零箚》，簡帛網 2009 年 8 月 18 日。

192. 宋華強：《〈上博七·吳命〉「姑姊大姬」小考》，武漢大學簡帛網 2009 年 1 月 4 日。

193. 宋華強：《〈吳命〉5 號簡「志」字小議》，簡帛網，2009 年 8 月 1 日。

194. 蘇建洲：《〈武王踐阼〉簡 4「悤」字說》，復旦網，2009 年 1 月 5 日。

195. 蘇建洲：《說〈武王踐阼〉簡 3「曲（從木）」字》，武大簡帛網，2009 年 3 月 11 日。

196. 蘇建洲：《〈上博七·武王踐阼〉簡 6「　」字說》，復旦大學出土文獻與古文字研究中心網 2008 年 12 月 31 日。

197. 蘇建洲：《〈鄭子家喪〉甲 1「就」字釋讀再議》，復旦網，2010 年 5 月 1 日。

198. 蘇建洲：《〈君人者何必安哉〉札記一則》，復旦大學出土文獻與古文字研究中心網 2009 年 1 月 1 日。

199. 蘇建洲：《也說〈君人者何必安哉〉「人以君王為所以囂」》，復旦大學出土文獻與古文字研究中心網 2009 年 1 月 10 日。

200. 蘇建洲：《〈君人者何必然哉〉札記一則》，復旦網，2009 年 1 月 1 日。

201. 蘇建洲：《也說〈君人者何必然哉〉「先君靈王乾溪云薔」》，簡帛網，2009 年 1 月 10 日。

202. 蘇建洲：《上博七〈凡物流形〉「一」「逐」二字小考》，復旦大學出土文獻與古文字研究中心網 2009 年 1 月 2 日。

203. 蘇建洲：《釋〈凡物流形〉甲 15「通於四海」》，復旦大學出土文獻與古文字研究中心網 2009 年 1 月 14 日。

204. 蘇建洲：《試釋〈凡物流形〉甲 8「敬天之明」》，復旦大學出土文獻與古文字研究中心網 2009 年 1 月 17 日。

205. 蘇建洲：《〈凡物流形〉「問日」章試讀》，復旦大學出土文獻與古文字研究中心網 2009 年 1 月 17 日。

206. 蘇建洲：《釋〈凡物流形〉「一言而力不窮」》，復旦大學出土文獻與古文字研究中心網 2009 年 1 月 20 日。

207. 蘇建洲：《〈君人者何必安哉〉簡 1「命」字詞意補說》，復旦大學出土文獻與古文字研究中心網 2009 年 2 月 7 日。

208. 蘇建洲：《〈凡物流形〉甲 27「齊聲好色」試解》，復旦大學出土文獻與古文字研究中心網 2009 年 2 月 10 日。

209. 蘇建洲：《楚簡文字雜識》，簡帛研究網 2005 年 10 月 30 日。

210. 蘇建洲：《〈吳命〉「孜亡尔社禝」補說》，簡帛網，2009 年 1 月 16 日。

211. 蘇建洲：《〈吳命〉簡 9「吳害陳」段試讀》，復旦網，2010 年 11 月 24 日。

212. 孫飛燕：《讀〈凡物流形〉札記》，「孔子 2000」網，2009 年 1 月 9 日。

213. 孫飛燕：《讀〈凡物流形〉札記》（二）》，「孔子 2000」網，2009 年 1 月 15 日。

214. 孫合肥：《試說〈上博七〉「一」字》，簡帛網，2009 年 7 月 16 日。

215. 田河：《〈君人者何必安哉〉補議》，復旦網，2009 年 2 月 7 日。

216. 王暉：《楚竹書〈吳命〉綴連編排新考》，《中原文化研究》2013 年第 2 期。

217. 王暉：《楚竹書〈吳命〉主旨與春秋晚期爭霸格局研究》，《人文雜誌》2012 年第 3 期。

218. 王青：《「命」與「語」：上博簡〈吳命〉補釋》，《史學集刊》2013 年第 4 期。

219. 王繼如：《「有白玉三回而不炙」臆解》，復旦網，2009 年 1 月 14 日。

220. 王連成：《〈凡物流形〉中「道」字的識別》，簡帛研究網 2009 年 1 月 3 日。

221. 王連成：《上博七〈凡物流形〉中「每」與「緟」的識別與釋義》，簡帛研究網 2009 年 1 月 5 日。

222. 王連成：《上博七〈凡物流形〉「道言篇」釋義》，簡帛研究網 2009 年 1 月 31 日。

223. 王連成：《上博七〈凡物流形〉天地人篇釋義》，簡帛研究網 2009 年 1 月 31 日。

224. 王連成：《上博七〈凡物流形〉「事鬼篇」釋義》，簡帛研究網 2009 年 1 月 31 日。

225. 王連成：《再證〈凡物流形〉中的「道」和「㝵」非「一」非「嗚」》，簡帛研究網 2009 年 1 月 31 日。

226. 王連成：《上博〈吳命〉釋字四則》，簡帛研究網，2009 年 1 月 8 日。

227. 王中江：《〈凡物流形〉編聯新見》，簡帛網 2009 年 3 月 3 日。

228. 王中江：《〈凡物流形〉的宇宙觀、自然觀和政治哲學——圍繞「一」而展開的探究並兼及學派歸屬》，《哲學研究》2009 年第 6 期。

229. 王中江：《〈凡物流形〉的「貴君」「貴心」和「貴一」》，《清華大學學報》（哲學社會科學版）2010 年第 1 期。

230. 吳國源：《上博七〈凡物流形〉零釋》，清華大學簡帛研究網 2009 年 1 月 1 日；復旦網，2009 年 1 月 20 日。

231. 鄔可晶：《談上博七〈凡物流形〉甲乙本編聯及相關問題》，復旦大學出土文獻與古文字研究中心網 2009 年 1 月 7 日。

232. 鄔可晶：《上博七〈凡物流形〉補釋兩則》，復旦大學出土文獻與古文字研究中心網 2009 年 4 月 1 日。

233. 蕭聖中：《上博七〈凡物流形〉補釋五則》，簡帛網，2009 年 3 月 3 日。

234. 許文獻：《上博七釋字札記——〈武王踐祚〉「柩」字試釋》，復旦大學出土文獻與古文字研究中心網 2009 年 3 月 28 日。

235. 許文獻：《上博七〈武王踐祚〉校讀札記二則》，復旦大學出土文獻與古文字研究中心網 2009 年 3 月 31 日。

236. 許文獻：《上博七「沱」字與〈詩經〉「江有汜」篇詁訓試說》，復旦大學出土文獻與古文字研究中心網 2009 年 4 月 4 日。

237. 禤健聰：《上博（七）零箚三則》，簡帛網，2009 年 1 月 14 日（2009）。

238. 禤健聰：《說〈吳命〉簡 1 的「駭」字》，復旦網，2009 年 1 月 16 日。

239. 熊立章：《〈上博七·武王踐祚〉引諺入銘與〈烝民〉引言入詩合論》，武大簡帛網，2009 年 1 月 29 日。

240. 楊澤生：《上博七〈吳命〉中的「先人」之言補釋》，復旦大學出土文獻與古文字研究中心網 2009 年 1 月 8 日。

241. 楊澤生：《上博七補說》，復旦大學出土文獻與古文字研究中心網 2009 年 1 月 14 日，http://www.gwz.fudan.edu.cn/SrcShow.asp？Src_ID=656。

242. 楊澤生：《上博七〈凡物流形〉中的「一」字試解》，復旦大學出土文獻與古文字研究中心網 2009 年 2 月 23 日。

243. 楊澤生：《上博簡〈凡物流形〉中的「一」》，簡帛網，2009 年 2 月 15 日。

244. 楊澤生：《說〈凡物流形〉從「少」的兩個字》，簡帛網，2009 年 3 月 7 日。

245. 亦趨（陳偉）：《〈武王踐祚〉「應曰」應是「諺曰」》，武大簡帛網，2009 年 1 月 4 日「簡帛研讀」貼文。

246. 伊強：《〈君人者何必安哉〉札記一則》，武漢大學簡帛網，2009 年 1 月 11 日。

247. 張春龍：《慈利楚簡概述》，《新出簡帛研究》文物出版社，2004 年。

248. 張崇禮：《釋〈武王踐祚〉的「矩折」》，復旦大學出土文獻與古文字研究中心網 2009 年 1 月 5 日。

249. 張崇禮：《〈君人者何必安哉〉釋讀》，復旦大學出土文獻與古文字研究中心網 2009 年 1 月 13 日。

250. 張崇禮：《釋〈君人者何必安哉〉的「貞」》，復旦大學出土文獻與古文字研究中心網 2009 年 1 月 11 日。

251. 張崇禮：《釋上博七〈吳命〉中的「度日」》，復旦大學出土文獻與古文字研究中心網 2009 年 1 月 14 日。

252. 張崇禮：《釋「瘟氣」》，復旦大學出土文獻與古文字研究中心網 2009 年 1 月 16 日。

253. 張崇禮：《〈吳命〉短札一則》，復旦大學出土文獻與古文字研究中心網 2009 年 1 月 20 日。

254. 張崇禮：《〈吳命〉五號簡上考釋》，復旦大學出土文獻與古文字研究中心網 2009 年 1 月 22 日。

255. 張崇禮：《釋〈凡物流形〉的「端文書」》，復旦大學出土文獻與古文字研究中心網 2009 年 3 月 15 日。

256. 張崇禮：《〈凡物流形〉新編釋文》，復旦大學出土文獻與古文字研究中心網 2009 年 3 月 20 日。

257. 張崇禮：《釋〈凡物流形〉的「其央奚適，孰知其疆」》，復旦大學出土文獻與古文字研究中心網 2009 年 4 月 11 日。

258. 張新俊：《〈鄭子家喪〉「𢝔」字試解》，復旦網，2009 年 1 月 3 日。

259. 張新俊：《「人以君王為所以𡄹」別釋》，復旦大學出土文獻與古文字研究中心網 2009 年 1 月 8 日。

260. 張新俊：《釋上博簡〈凡物流形〉中的「及」》，武漢大學簡帛網 2011 年 4 月 14 日。

261. 張振謙：《〈上博七·武王踐阼〉札記四則》，復旦大學出土文獻與古文字研究中心網 2009 年 1 月 5 日。

262. 趙思木：《讀上博七〈君人者何必安哉〉札記》，簡本網 2009 年 1 月 4 日。

263. 趙平安：《〈武王踐阼〉「曼」字補說》，復旦網，2009 年 1 月 15 日。

264. 趙平安：《釋〈吳命〉七號簡「業」字》，復旦大學出土文獻與古文字研究中心網 2009 年 1 月 16 日。

265. 趙平安：《談「瑟」的一個變體》，復旦網，2009 年 1 月 12 日。

266. 趙平安：《上博藏〈緇衣〉簡字詁四篇：一、𠂤》，上海大學古代文明

研究中心，清華大學思想文化研究所編：《上博館藏戰國楚竹書研究》，
上海書店出版社，2002 年，第 440 頁。

267. 鄭玉姍：《上博四〈昭王毀室〉札記》，簡帛研究網 2005 年 3 月 31 日。

四、學位論文

1. 張新俊：《上博楚簡文字研究》，吉林大學博士論文，2005 年。

2. 楊澤生：《戰國竹書研究》，中山大學博士學位論文，2002 年。

3. 曹方向：《上海博物館藏戰國楚竹書（七）之〈吳命〉和〈凡物流形〉集釋》，武漢大學碩士學位論文，2009 年。

4. 劉靜：《上海博物館藏戰國楚竹書（七）之〈武王踐祚〉等三篇集釋》，武漢大學碩士學位論文，2009 年。

5. 黃蓓：《〈上海博物館藏戰國楚竹書（六、七）〉文字集釋評述》。華東師範大學碩士學位論文，2010 年。

6. 雷金方：《〈上海博物館藏戰國楚竹書（七）〉文字編》安徽大學碩士學位論文，2010 年。

7. 張心怡：《上海博物館藏戰國楚竹書（七）〈凡物流形〉研究》，臺灣師範大學碩士學位論文，2010 年。

8. 彭慧玉：《〈上海博物館藏戰國楚竹書（七）〉疑難字研究》，臺灣師範大學碩士學位論文，2011 年。

9. 韓義剛：《〈上海博物館藏戰國楚竹書（七）〉研究概況及文字編》，吉林大學碩士學位論文，2011 年。

10. 褚紅軒：《上博七〈凡物流形〉文字釋讀研究》，西南大學碩士學位論文，2011 年。

11. 楊宋鋒：《楚簡〈上博七·武王踐祚〉字詞研究》，安徽大學碩士學位論文，2011 年。

12. 劉中良：《上博楚竹書〈凡物流形〉研究》，三峽大學碩士學位論文，2011 年。

13. 米雁：《上博簡〈君人者何必安哉〉綜合研究》，安徽大學碩士學位論文，2012 年。

14. 李炎乾：《〈國語·吳語〉新探》，華東師範大學碩士學位論文，2016 年。

15. 劉子珍：《上博簡〈武王踐祚〉研究》，煙臺大學碩士學位論文，2017年。

五、網　站

1. 復旦大學出土文獻與古文字研究中心網站。
2. 武漢大學簡帛研究中心簡帛網。
3. 清華大學簡帛研究網。
4. 孔夫子 2000 網。
5. 簡帛研究網。